媽祖文化的傳說故事與形象美學之研究——以元代漕運河海沿岸地區為例

作者／楊佳蓉・出版／萬卷樓圖書股份有限公司

目錄

摘　要

　　媽祖信仰與社會生活有著濃密的契合和依存，成為普及性的媽祖文化，透過媽祖傳說故事的流傳，宋、元、明、清各朝代的重視與屢賜媽祖封號，以及元代以來河海漕運與海外貿易的傳播，媽祖的女神形象不斷提升與擴展；於是媽祖信仰從福建莆田區推展至北方、台灣與世界各地。媽祖文化受到儒、佛、道三家思想的影響，並與民間的情感融匯，成為一種深受認同的文化心靈。

　　媽祖的傳說故事從前生、降生、生平行事到升天之後非常豐富，影響媽祖的形象美學；除了生平傳說，還有傳奇故事：海洋救難、漕運救困、行善救助、建廟、鬥法故事等，並有與儒、佛、道的相關故事；經由這些傳說故事，媽祖呈現富有神威與神能的天后與女神形象。

　　元代媽祖文化與河海漕運的發展相得益彰，漕運的建立與媽祖護漕彼此呼應，河海漕運沿岸留有許多媽祖宮廟等文化遺跡，媽祖信仰成為一重要的精神力量；京杭大運河和海洋漕運的蓬勃發展，促使交通經濟繁榮，構成海上絲路網絡，影響媽祖文化廣為傳播。元代多次舉辦盛大的媽祖祭典，媽祖成為「護國為民」的形象；元河海漕運影響媽祖文化傳播延伸至明清時期。

　　媽祖的形像和媽祖歷代封號與祭祀、經典與史料的記載、特殊的意象有所關係，因而產生形像藝術，反映出媽祖文化中美好理想的現實形象。媽祖形像藝術包含整體造型、塑材、冠帽、容顏色彩、手勢與手持配件、服飾、造像裝飾與造像群等。儒、佛、道三者皆為媽祖的造像奠定了基礎的女神相貌。媽祖的形像從初始的漁家女，逐漸到具有超自然神力的女神形像。

　　媽祖在民間的造像呈現現實形象，其現實形象展現經貿精神、海洋精神、海商精神；由媽祖神話表現出媽祖的形象美學，媽祖從海神轉化為無所不能的全方位女神之形象；媽祖文化表現儒、佛、道的哲學思想與審美精神，形成其人文美學，產生兼容並蓄的崇高意境，使審美視野更加拓展。媽祖信仰影響人們的德行與文化涵養，而讓人們擁有善良虔誠的心，及協助個人創造自我生命的價值，實現生存需求與人生理想。

關鍵詞：媽祖文化、傳說故事、形象美學、元代漕運、儒佛道思想

Abstract

Mazu's belief and social life are closely connected and depend on each other, thus becoming a popular Mazu culture. Through the spread of Legends and stories of Mazu, the attention and titles of Mazu were given by the Song, Yuan, Ming and Qing dynasties, and the spread of Canal System by river and sea and overseas trade since the Yuan Dynasty, The goddess image of Mazu has been constantly enhanced and expanded. Therefore, Mazu belief was extended from Putian, Fujian to the north, Taiwan and other parts of the world. Mazu culture is influenced by Confucianism, Buddhism and Taoism, and it has become a highly recognized culture.

The legend of Mazu is very rich from the previous life, birth and life to the ascension, which affects the image aesthetics of Mazu. In addition to life stories, there are also legendary stories： sea rescue, Canal System rescue, charity rescue, temple building, cast spell, and other stories related to Confucianism, Buddhism, and Taoism；Through these legends and stories, Mazu presents the image of divinity and goddess who are rich in divine power.

The Yuan Dynasty Mazu culture and the development of Canals by river and sea complement each other, the establishment of Canals and the protection of Mazu echo each other, river and sea water transport left a lot of Mazu temple and other cultural relics, Mazu belief became an important spiritual force；The booming development of Beijing-Hangzhou Grand Canal and sea water transport promoted the prosperity of transportation and economy, formed the maritime silk road network, and influenced the wide spread of Mazu culture. The Yuan Dynasty held a grand Mazu festival many times, Mazu became the image of "protecting the country for the people"；The influence of The Canals by river and sea on The Mazu culture extended to the Ming and Qing Dynasties.

The image of Mazu has something to do with the titles and sacrifices of Mazu, the records of the classics and historical materials, and the special images, so the image art is produced, which reflects the realistic image of the beautiful ideal of Mazu culture. Mazu image art includes the overall shape, plastic material, cap, face color, hand gesture and hand accessories, clothing, image decoration and image group, etc. Confucianism, Buddhism and Taoism all laid the foundation for the statue of Mazu. The statue of Matsu from the initial fisherwoman, gradually to the goddess with supernatural powers.

The folk statue of Mazu presents a realistic image, which shows the spirit of economy and trade, the spirit of the sea and the spirit of the maritime dealer. The myth of Mazu shows the image aesthetics of Mazu, which transforms Mazu from sea god to omni-directional goddess. Mazu culture embodies the philosophical thoughts and aesthetic spirit of Confucianism, Buddhism and Taoism, forms its humanistic aesthetics, and produces an inclusive and lofty artistic conception, which further expands the aesthetic vision. Mazu belief affects people's moral and cultural cultivation, so that people have a kind and pious heart, and to help individuals create their own life value, to achieve survival needs and life ideals.

Key words： Mazu culture, legend, image aesthetics, Canals by river and sea in Yuan Dynasty, Confucianism, Buddhism and Taoism

第一章 緒論

　　媽祖信仰與地區中人們的生活相互融合，其屬於民間信仰，世俗化較高，雖無明顯的教義，但透過媽祖傳說故事流傳的影響，因而受到人們的信奉，傳說故事中媽祖具有海洋救難、漕運救困、行善救助、鬥法降魔、醫治病人、助軍作戰等神力，媽祖的女神形象不斷提升與擴展；並經由文化地理的認同、傳統文化的傳承、地區情感的連結、繞境祈福的儀式、社教娛樂的活動等累積，使得媽祖信仰與社會生活有著濃密的契合和依存，成為普及性的媽祖文化，加上宋、元、明、清各朝代的重視與屢賜媽祖封號，以及海上商人的推展，於是媽祖從福建莆田區傳播至台灣與世界各地。

第一節 研究動機

　　媽祖信仰來自媽祖傳說故事，民眾受到海神媽祖的生平傳說和各種傳奇神話的薰染，及與儒、佛、道有關的宗教性故事的影響，因而對媽祖產生特殊的尊奉。自元代開始，元、明、清定都北京，漕運經由水路運送稅糧物資，南漕北運使得河海聯運，媽祖的形象從海神而兼內河水神，並成為京杭大運河漕運的保護神，媽祖信仰產生重要的精神支持作用；且大運河與海洋的漕運及海上絲路，促使交通與經濟的發展，影響媽祖文化廣為傳播。

　　媽祖文化的研究愈來愈盛，研究各地媽祖文化的論文屢有可見，但結合傳說故事與形象美學尤其在元代漕運河海沿岸地區的研究卻較少，有鑑於此，興發此研究主題。綜合目前所掌握文獻與調研資料，可知在漕運河海沿岸留有許多元代媽祖文化遺跡與媽祖宮廟，因而產生研究動

機。媽祖文化是優秀文化遺產，連結漕運的媽祖形象美學與中華文化、經貿精神、海商精神、海洋文化息息相關，「海上絲綢之路」是古代中國與世界各地展開經濟文化交流的海上通路，主要以媽祖信仰為精神力量，至今媽祖的海神形象對於現代仍然饒富影響作用，因此對於媽祖文化的傳說故事與形象美學予以深入研究，並以元代漕運河海沿岸地區為例，特具學術與應用的研究價值。

第二節 相關研究的回顧

學術界對於媽祖的各種研究非常豐富，包含：媽祖研究來源、媽祖文獻史料、媽祖信仰文化與傳播、與媽祖有關的文學藝術與哲學宗教、媽祖形象、由媽祖信俗衍生的創意產業等研究，以及世界各地的相關研究，學術與應用研究的涉及面很廣，故回顧媽祖相關研究於下。

一、媽祖研究來源與文獻史料的探究

媽祖研究的來源，可追溯到《天妃顯聖錄》（照乘，明末清初），中國與世界各地對媽祖產生信仰的人口超過一億人，對於媽祖的認識主要來源即是《天妃顯聖錄》，所錄五篇序文作者為：林堯俞、林蘭友、林嵋、黃啟有與丘人龍，康熙年間加入林麟焻序文。目前常用版本為雍正年間版本，西元 1960 年台灣銀行經濟研究室據此印行，1996 年又經台灣文獻委員會轉印，兩岸交流後，鉛印本回流福建等地。此著作是研究媽祖信仰的重要書籍，是第一本有系統、全方位記載媽祖的書，記載媽祖生前與升天後事蹟、神話故事及歷代誥封等，今人詳考這本媽祖信仰經典的起源及流變，也連帶研究媽祖信仰的演進過程（蔡相煇 2016 等）。

對於媽祖文獻史料的研究，學者們主要從文獻史料彙編、文獻學、檔案的歷史演進及未來發展等研究媽祖文獻史料。在文獻史料彙編上包含歷代與斷代的彙編，提供詳盡的文獻史料（蔣維錟 1990；蔣維錟與

楊永占 2003；蔣維錟與周金琰 2007、2009；劉福鑄 2012 等）。而文獻學研究媽祖文獻歷代著錄情況與體裁體例等（曾美香 2008 等）。檔案的歷史演進及未來發展包含檔案的回顧與展望，以媽祖信俗非物質文化遺產檔案為物件，做進一步的分析研究（羅丹 2016；陳祖芬 2012、2018 等）。以上皆頗具參考價值。

二、媽祖信仰文化與傳播的研究

對於媽祖信仰的研究，學者們主要從全面性與區域性的媽祖信仰進行研究，前者含媽祖信仰史、媽祖信仰的歷史演進、與神跡有關的論述、與認同有關的論述等（徐曉望 2007；蔡相輝 2006；何世忠2001；陳宜安 2003 等）。後者區域性的研究，包含媽祖信仰地方史，及福建、台灣、上海、浙江、江蘇、山東、京津、河北、遼寧、廣東、廣西、江西、港澳等地，以及國外越南、菲律賓、馬來西亞、印尼、新加坡、泰國、日本等地媽祖信仰研究（蔡相輝 2018；石萬壽 2000；林美容 2006；尹國蔚 2003；王芳輝；林明太；閻化川 2006；李慶新、羅燚英；黃浙芬 2005；陳政禹 2017；吳麗麗 2010；李凡 2015；李天賜 2008-2011 等）。還有對於漕運及京杭大運河區域的媽祖信仰研究（王海冬 2016；黃少強 2019；黃瑞國、黃捷 2018；于國華 2017 等），皆提供了珍貴的研究成果。

對於媽祖文化的研究，學者們大都從縱觀性與現代視野來研究媽祖文化，前者以論叢或概論的形式出現，對媽祖文化有縱觀整體的研究（彭文宇 2012；黃瑞國 2013；孟建煌 2014；吳珊珊等）。後者在現代視野下論述，對於媽祖文化傳承發展的研究，或媽祖與現代海上經貿有關的研究，均具時代性的需求（宋建曉、 林孟蓉等）。

對於傳播媽祖文化信仰的研究，學者們對此研究很豐碩，主題有媽祖文化傳播的思想、媽祖信仰傳播史、如何傳播、傳播的地理或路徑、各朝代時間點的傳播等，提出傳播的時空歷程、推動傳播的因素、

傳播的方法與傳播的特點（蔡天新 2015；吉峰 2016、2015；鄭衡泌 2006；王芓萱 2008；張利民 2015；林晶 2019 等）。目前研究動態有《媽祖信仰世界傳播史》（孟建煌）、《媽祖信仰傳播與清代台灣社會發展研究》（潘是輝）等。

在媽祖信仰文化的研究著作，例如有徐曉望《媽祖信仰史研究》（福州： 海風出版社，2007 年）、蔡相煇《媽祖信仰研究》（台北：秀威資訊科技股份有限公司，2006 年）、黃瑞國主編《媽祖學概論》（人民出版社，2013 年）、孟建煌主編《媽祖文化研究論叢》（北京：中國文史出版社，2014 年）等。學者孟建煌論媽祖文化提及包含海洋精神，他說：

> 媽祖文化與海洋文化緊密相連。媽祖信仰在海洋文化中孕育、成長，海洋生態環境是媽祖信仰產生的客觀條件，對於在海上生活、生產的廣大民眾來說，他們的心理需求是媽祖信仰產生的主觀條件。媽祖文化又反映出東方海洋文化的屬性，媽祖文化的傳播環境是東方海洋文化圈，媽祖文化的受眾具有東方海洋文化性格。如今媽祖……成為世界人民共同信奉的「世界海上和平女神」。[1]

並說：「海洋文化是海洋生態環境所提供的對人們生活、生產、價值觀念、性格、習俗的、物質的、精神的總體文化現象和表現。」[2] 此海洋生態環境也是媽祖文化的客觀條件，加上「從事海洋事業的廣大群眾的心理需求」是媽祖文化的主觀條件，媽祖精神與「中國航海文化史」、「海上戰爭史」與「對外交流史」相互聯繫，媽祖因而成為世界和平女神。

媽祖信仰在台灣發展的研究上，學者蔡相煇於《台灣的媽祖信仰》一書研究說：「華人進入台灣的澎湖約在元朝，政府並設置巡檢，防止

1 孟建煌、張峭，〈論媽祖文化包含海洋精神〉，《媽祖文化研究》（莆田：莆田學院媽祖文化研究院，2018 年第 4 期），頁 18。
2 孟建煌、張峭，〈論媽祖文化包含海洋精神〉，《媽祖文化研究》，頁 18-19。

海盜嘯集。……萬曆年間明朝官員董應舉即提及澎湖有天妃（媽祖）廟，此為台灣最早有媽祖廟的記載。」[3] 可知台灣最早的媽祖廟記載是位於澎湖；而台灣本島最早的媽祖廟應是台南市的「開基天后宮」，建立時間明代永曆十七年（西元 1662 年），為鄭成功在當時攻下普羅民遮城後，改建德慶溪口的「媽祖寮仔」而成。台灣的媽祖廟接著有「台南市大天后宮、旗後媽祖宮、北港朝天宮、關渡宮、彰化南瑤宮、台中縣大甲鎮瀾宮、新港奉天宮及隨政府行政區域擴增而新建的廟宇陸續建立，為台灣媽祖信仰之重鎮。」[4] 書中並說：

> 台灣媽祖廟，可依創建者之不同，分為官方、民間創建二大類。官方建廟一般均為政治體制規定相關祀典之需要，清朝將天后列為政府祀典，中央政府及沿江沿海各府州縣政府所在地均需建廟，因此台灣各府、州、縣所在地都有天妃廟。祀典廟宇之主要功能，為教化百姓，希望百姓有了宗教信仰得安居樂業。[5]

媽祖廟分為官方、民間興建二大類，在台灣亦是這二大類，官方建廟為國家祭祀的需要；媽祖信仰遂成為台灣最主要的官方與民間的信仰，媽祖廟宇因而成為台灣社會的重心，提供居民信仰的需求，也成為居民的經濟生活與社會教育活動的中心。

媽祖信仰在區域性的研究上，例如陳政禹在〈宋元以來江蘇媽祖信仰研究初探〉一文中說：

> 江蘇的媽祖信仰始於宋代，有文獻可考修建最早的媽祖廟在蘇州，時間在北宋元祐間。江蘇的媽祖信仰與漕運密切相關，廟宇主要沿河道和運河分佈。媽祖信仰在江蘇的傳播過程中出現了「佛教化」的傾向，並出現和碧霞元君的混同。從修建群體

---

[3] 蔡相煇，《台灣的媽祖信仰》（台北：獨立作家，秀威資訊科技股份有限公司，2018年），頁7。
[4] 蔡相煇，《台灣的媽祖信仰》，頁9。
[5] 蔡相煇，《台灣的媽祖信仰》，頁8。

上來說，自宋代到明代中期，官吏是江蘇媽祖廟的修建主體。明代中期後，海商成為媽祖廟的主要修建力量，而江蘇民間媽祖廟的修建力量卻比較弱小。[6]

江蘇的媽祖廟宇大都是分佈於河流和運河沿岸，與漕運的關係密切，自宋代到明代中期，主要由官方建立媽祖廟宇，明代因鄭和下西洋而敬奉媽祖，更因漕運的發展而產生「江海河漢之濱，悉崇奉之」的盛況，使得江蘇的媽祖廟增多；明代中期之後則由海商修建佔大部分，使得江蘇的媽祖信仰呈現上升情形。

對於漕運及京杭大運河區域的媽祖信仰研究，有黃瑞國、黃捷的〈京杭大運河的媽祖文化〉[7]，于國華的〈元代京杭大運河的精神之魂：媽祖信俗〉[8]，王海冬的〈元代海上漕運與媽祖信仰的發展〉[9]等。學者黃瑞國研究「京杭大運河媽祖文化的若干特徵及其文化產業」說：

> 媽祖文化體現了中國哲學中「和」的精髓……媽祖文化之所以歷久彌新，展現出蓬勃的生命力，其主要原因是集儒、道、釋、海洋文化、民俗文化等諸多文化為一體的一種特色文化，其根本屬性是民間文化，故不宜用單一的屬性來解釋媽祖文化的屬性……2.數以千年的京杭大運河傳播了千餘年的媽祖文化，同時，千餘年的媽祖文化也為數以千年的京杭大運河文化注入了生機與活力。……3.媽祖文化的產業化，京杭大運河千餘年來，商家、船家極為崇拜媽祖，所以凡是有碼頭的地方，大都有媽祖廟，同時也是商業集市的重鎮，這就形成了頗為壯觀長達一千多公里的媽祖文化帶和經濟帶。[10]

6　陳政禹，〈宋元以來江蘇媽祖信仰研究初探〉，《中國地方誌》（2017年2），頁43。

7　黃瑞國、黃捷，〈京杭大運河的媽祖文化〉，《媽祖文化研究》（莆田：莆田學院媽祖文化研究院，2018年）。

8　于國華，〈元代京杭大運河的精神之魂：媽祖信俗〉，《媽祖文化研究》（莆田：莆田學院媽祖文化研究院，2017年）。

9　王海冬，〈元代海上漕運與媽祖信仰的發展〉，《莆田學院學報》（莆田：莆田學院，2016年4）。

10　黃瑞國、黃捷，〈京杭大運河的媽祖文化〉，《媽祖文化研究》，頁69-70。

由上知媽祖文化具有強大包容性，生動的表現中華儒家思想的「和」文化；媽祖文化與京杭大運河文化相得益彰，媽祖文化透過京杭大運河而廣為傳播，京杭大運河文化也憑藉媽祖信仰而有了新的生命；媽祖文化促進京杭大運河碼頭和沿岸地區的經濟繁榮，也造成媽祖文化的經貿精神與產業化現象。

在傳播媽祖文化的研究上，蔡天新於〈古絲綢之路的媽祖文化傳播及其現實意義〉的研究中說：

> 自北宋以來，媽祖從一名普通民間女子變成萬民敬仰的天上聖母；從一個地方小神上升到國家祭典的全國性神祇；從航海者的保護神發展為世界各地華人華僑的普遍信俗；從地方民間信仰演變成跨越國界的世界性海洋文化，並列入世界非物質文化遺產名錄，實屬罕見。從歷史的角度考察，媽祖文化的形成具有一定的偶然性，但偶然性背後卻有必然性的規律。研究媽祖文化形成與發展的歷史過程，就可以還原中國古代對外經濟交流的深度與廣度，明確媽祖信仰傳播與傳承的國家和地區，瞭解古絲綢之路形成與發展的時間和空間。[11]

由以上知媽祖文化於古絲綢之路上廣為傳播，媽祖文化因而從地方性轉變成全國性，再演變成世界性的海洋文化，研究媽祖文化的海洋傳播可以還原中國古代對海外經濟交流的風貌。

三、與媽祖有關的文學、藝術與哲學宗教的研究

對於與媽祖有關的文學、藝術與哲學宗教的研究，學者們對此研究呈現多元性、多樣化，文學上有媽祖故事、詩詠等（楊淑雅 2011；劉福鑄、王連弟 2007；謝瑞隆 2019 等）。藝術上有媽祖祭祀表演、音樂、視覺圖像、造像等研究（程揚 2019；陳美靜 2014；郭峰；黃勁

---

[11] 蔡天新，〈古絲綢之路的媽祖文化傳播及其現實意義〉，《世界宗教文化》（2015 年 6），頁 50。

2019；王暎 2014；張蓓蓓 2017；王永裕 2002；吳榮賜 2006；侯傑、王風等）。哲學宗教上，有關媽祖信仰與儒佛道融合的三家並論與個別研究，以及女神崇拜的研究等（王文欽 1997；謝重光 1990；李舒燕、馬新廣 2008；王福梅 2010；李豐斌；蕭登福 2011；鄭冰堯 2012；謝清果 2017；陳祖芬 2018；姜家君 2019；林明太 2019；張善文；菊地章太、張宇紅 2016 等）。目前研究動態有《媽祖圖像的收集整理與研究》（肖海明 2016-）等。

在媽祖傳說故事的研究上，楊淑雅於《媽祖故事與媽祖文化研究》中說：

> 這些傳說故事，具體生動地勾劃出了媽祖簡單的一生。媽祖降生於湄州莆田縣，是觀音菩薩賜予官員或漁民。宋太祖建隆元年庚申（西元 960 年）三月二十三日誕生。當時紅光入室，香氣繚繞，但因為從出生至滿月，皆無啼哭聲，家人因而命名為「林默」。在成長的過程中，得到道士賜天書，因而具有神力，救助家人、拯救遇難商船。或紀錄媽祖天生具有出原神海上救人的能力。民間因而以航海女神稱呼她。[12]

從傳說故事的研究可知媽祖的生平和神跡，媽祖救助海上危難有許多顯靈、靈驗事蹟，故成為家喻戶曉的海神；媽祖經歷了從人到神的轉變，由宋代出生於漁村的女子，到升天後，逐漸被塑造成富超自然神力的女神形象。謝瑞隆於〈媽祖傳說在海上絲綢之路的傳衍、變異及其海洋文化質素〉文中說：

> 我們觀察媽祖靈應故事的衍化來促成其成為全能之神的發展過程中，發現媽祖常見的靈應故事類型除了媽祖護航免難的故事類型外，媽祖助戰禦敵、媽祖止旱澇天災、媽祖治病除瘟、媽

---

[12] 楊淑雅，《媽祖故事與媽祖文化研究》（台北：中國文化大學中國文學研究所，2011 年）博士論文，頁 24。

祖拯飢、媽祖助堤止水患、媽祖伏妖制祟、媽祖示警止禍、水
族朝聖等靈應故事類型基本上便是以媽祖護航免難為基礎衍化
而來，也就是上述各種靈應故事類型是以媽祖海神（水神）的
思維而產生出來的。大抵而言，媽祖「海神」形象從其原型女
巫轉型而成為典型，海神是其外顯的形象。[13]

由上可知媽祖傳說圍繞媽祖為海神（水神）形象的思維，以海上護航免
難為基礎，而衍生許多靈應故事類型。

在媽祖造像藝術的研究上，王暎於〈從媽祖造像看中國神像造型美
學的意涵〉一文中說：

媽祖信仰歷史悠久，在漫長的歲月中留下了品類多樣造型豐富的
媽祖造像。神借造像現形於世，世人借造像寄情於神。媽祖傳統
造像成為人間連通天界並展現世俗文化觀念的平臺，也成為後人
追尋往昔的時光通道，在幻覺中與媽祖交心對話的媒介。[14]

媽祖神像造型多樣豐富，憑藉媽祖造像讓神現形於世，使世人能寄情於
神；由歷代媽祖形象的演變過程中反映出中國民間的造神規律，神皆有
著不平凡的經歷和屢次升格，而媽祖造像表現了中國傳統神像造型具有
特殊的藝術規律，並顯示中國傳統宗教信仰中造像「勸善戒惡」的倫理
觀念，以及顯現女神高尚美好的審美觀念。還有，張蓓蓓於〈媽祖形像
考—兼論媽祖服飾及媽祖形像復原實踐〉的研究中說：

媽祖整體服飾原型的復原實踐意在尋找一種接近初始信仰的形
態，在現今各地眾多形貌殊異的媽祖造型中，從史料文本的云云
記載中，從初始成神時相關傳說的種種描述中，從現存早期宗教
藝術變現的形形色色中，撥開層層迷霧，剝離和梳理出媽祖原始

---

[13] 謝瑞隆，〈媽祖傳說在海上絲綢之路的傳衍、變異及其海洋文化質素〉，《媽祖文化研
究》（莆田：莆田學院媽祖文化研究院，2019 年第 3 期），頁 18。
[14] 王暎，〈從媽祖造像看中國神像造型美學的意涵〉，《福建師範大學學報（哲學社會科
學版）》（2012 年第 3 期），頁 126。

形貌，用圖像描摹的顯影表徵反映媽祖初期的模真造型。[15]

由上可知研究者欲藉著媽祖形像的各種考證，以及媽祖服飾形貌的復原實踐，而進一步建立和恢復媽祖初始的形像，顯現媽祖典型衣飾的風貌，提供可參考的媽祖塑像初始的範本。

在媽祖與哲學宗教的研究上，有關媽祖信仰與儒佛道融合的三家並論研究，顯示媽祖信仰逐漸融入儒、釋、道的因素，代表性的研究成果有：謝重光《媽祖信仰與儒、釋、道三教的交融》、王文欽《媽祖崇拜與儒釋道的融合》等。王文欽的研究說：

> 多少世紀以來，媽祖信仰隆重而熱烈，將華族尊儒、崇道、信佛、膜拜地方神祇熔為一爐，可以說是「中國式宗教文化」的一個縮影。因此，通過媽祖崇拜現象，能透視中國傳統文化三教融合的特點。[16]

文中指出媽祖信仰是儒、佛、道三教與地方神祇的融匯，而成為「中國式宗教文化」。謝重光的研究亦說：

> 媽祖信仰本是以古代福建巫現迷信為基礎孕育出來的一種民間信仰。產生初期，基本上屬於福建地方民間文化的範疇。但由於士大夫的介入，受上層文化的強烈影響，具體表現為儒、釋、道三教對媽祖信仰的滲透和改造，從另一個角度看，則是媽祖信仰對儒、釋、道三教思想的兼收並蓄。這一過程，就是媽祖信仰與儒、釋、道三教互相交融的過程。[17]

原為民間信仰的媽祖信仰受到士大夫上層文化的影響，致使儒、佛、道三教對於媽祖信仰有所滲透和改造，相對的，媽祖信仰也對儒、佛、道

---

[15] 張蓓蓓，〈媽祖形像考—兼論媽祖服飾及媽祖形像復原實踐〉，《民族藝術研究》（2017年），頁158。

[16] 王文欽，〈媽祖崇拜與儒釋道的融合〉，《孔子研究》（1997年，第1期），頁105。

[17] 謝重光，〈媽祖信仰與儒、釋、道三教的交融〉，《汕頭大學學報》（汕頭大學，1997年05期），頁47。

三教相容並蓄，因此產生媽祖信仰與儒、佛、道三教相互融合的情形。

　　媽祖信仰與儒佛道個別研究上，代表性作品例如：鄭冰堯《媽祖信仰與儒家思想關係之初探》、姜家君〈媽祖信仰與儒家文化的互滲探析〉、陳祖芬〈佛教對媽祖文化的影響〉、李舒燕與馬新廣〈佛道介入與媽祖信仰的嬗變〉、謝清果〈媽祖文化中道家元素與信俗傳播的社會功能〉、王福梅〈媽祖信仰與道教關係調查研究〉等。鄭冰堯說：

> 儒家思想主張以德治國，用教化來治理國家，把「仁」作為最高的道德標準，以孝悌作為仁的基礎。媽祖以孝女聞名鄉里，在其羽化成仙後又顯靈庇民護國，這自然成為儒家教化民眾的典範。在今日社會中媽祖文化的孝悌博愛等精神仍然是符合時代需求的。[18]

可知媽祖孝悌仁愛、忠國庇民的事跡符合儒家思想，媽祖信仰與儒家文化相互結合具有多重價值與貢獻。姜家君說：

> 儒家文化並不單單是一個形而上的理論體系，它構成了影響整個社會存在　的道德理念和制度規定，更具有社會意義的教化功能，而它傳播於平民社會的一個載體就是民間信仰。……媽祖信仰體系的建構和發展是儒家文化民間化和世俗化的過程。[19]

媽祖信仰憑藉儒家文化而具有中華文化主流思想，儒家文化也透過媽祖信仰而廣大傳播，媽祖信仰成為儒家文化普及於民間社會的一個重要載體。陳祖芬在〈佛教對媽祖文化的影響〉中說：「媽祖文化與佛教長期共存、相互包容、關係甚密。無論是在歷史上，還是在今天的社會生活中，佛教對媽祖文化的產生和發展有著重要的影響。」[20] 媽祖文化與佛教的關係密切，在媽祖傳說故事、外在形象、媽祖神格與媽祖宮廟上，

---

[18] 鄭冰堯，《媽祖信仰與儒家思想關係之初探》「摘要」（華中師範大學，2012 年）。

[19] 姜家君，〈媽祖信仰與儒家文化的互滲探析〉，《魯東大學學報（哲學社會科學版）》（魯東大學，2019 年 3 月），頁 44。

[20] 陳祖芬，〈佛教對媽祖文化的影響〉，《中國宗教》（2018 年 03 月），頁 60。

都有許多佛教的因素。李舒燕、馬新廣在〈佛道介入與媽祖信仰的嬗變〉中說：

> 佛道介入媽祖信仰，深刻地改變了媽祖信仰各個層面的形式和內容，再加上政治、經濟、文化及其他宗教因素的介入，使媽祖信仰呈現出極為涵容混雜的態勢，從而引起後世關於媽祖信仰終究歸屬何方的種種爭議。[21]

佛道兩教介入媽祖信仰之後，改變了媽祖形象，道教與佛教分別經由塑造媽祖的出身、神蹟與職能，而各自將媽祖納入了道教的神靈體系及佛教的神靈體系。謝清果在〈媽祖文化中道家元素與信俗傳播的社會功能〉中，以媽祖的「默」與道家的「無」做論述，彰顯媽祖「大愛無疆」，且「默」與「不言」相應，表現媽祖的「人生大境界」；再論媽祖「海神」形象與道教「水」的關係，提及「水之七善與媽祖之萬能」、「水之歸海與媽祖之敬道崇德」、「水之陰柔與媽祖對世人的慈愛」[22]，顯示媽祖文化與道家思想有內在的相合處，逐漸的媽祖精神傳播至世界各地。王福梅在〈媽祖信仰與道教關係調查研究〉一文中說：「道教是我國土生土長的宗教，素有兼收並蓄的優良傳統。自南宋始，道教就開始對媽祖信仰加以創造和吸收，至明代尤甚。」因而「結合文獻資料和田野調查所得，試圖從媽祖的神話傳說、道教及媽祖信仰的有關經籍、媽祖祭祀活動、媽祖信仰宗教活動的組織與管理四方面入手。」[23] 而展開分析。

---

[21] 李舒燕、馬新廣，〈佛道介入與媽祖信仰的嬗變〉，《廣東海洋大學學報》（廣東海洋大學，2008 年 4 月），頁 23。

[22] 謝清果，〈媽祖文化中道家元素與信俗傳播的社會功能〉，《媽祖文化研究》（莆田：莆田學院媽祖文化研究院，2017 年第 3 期），頁 65 -67。

[23] 王福梅，〈媽祖信仰與道教關係調查研究〉，《宗教學研究》（2010 年第 4 期），頁 194。

四、媽祖形象的研究

對於媽祖形象的研究，學者們著重媽祖形象的塑造與演變的研究，採取歷史與傳說演變的資料，研究媽祖的現實與神話形象，主要從媽祖的原型形象進行研究，著力于海洋女神媽祖的特點分析，以及經歷儒、佛、道對其形象影響的研究，並有媽祖形象和歷代褒封祭祀具關聯性的研究等，在傳播與女權視域下解讀媽祖形象亦有研究，以上文獻頗具參考價值（參見楊曉雙；王蘭鳳 2013；魏愛棠 2001；蘇亞紅 2011；李伯重 1997；吉峰 2012；黃志霖 2018；莊美連 2011、2014；黃勁；李文睿 1998；鐘祺；詹晨引 2010；張瑞波；肖景仁；餘榮敏 2007 等）。

媽祖形象的研究上，楊曉雙在〈海洋女神—媽祖形象研究〉文中說：

> 對媽祖形象進行深入的分析，理清媽祖形象的轉換軌跡，即媽祖成為世界華人共同尊奉的海洋女神的過程，應當是媽祖研究的一個基礎性工作。媽祖的形象，是群眾性（的），因而也是歷時性的、動態的聚合，單一化、固定化的思路無疑會使媽祖形象喪失生機。（故）從三個方面：護航促商的海洋女神、保疆衛國的海洋女神、普世和諧的海洋女神，對媽祖形象進行研究。[24]

媽祖成為海神，主要因為媽祖的品德高尚，人們希望祂的精神能永久長存；在當時社會、經濟、文化等歷史背景下，促進航海事業興起，但海洋變化莫測，因而把航行的平安順利寄託於媽祖的庇佑；媽祖的形象進展成為護航促商、保疆衛國、普世和諧的海洋女神。在王蘭鳳的〈媽祖形象研究〉中說：

> 根據宋代資料，媽祖原型形象是宋朝湄州林氏女，她預知禍福、慈悲行善、終生未嫁。雖年少離世、卻屢顯靈驗。經過歷代官方敕封，其聖格不斷上升。後世歷經宋元明清，儒釋道對

---

[24] 楊曉雙，〈海洋女神—媽祖形象研究〉，《大眾文藝》(1)，頁 118。

媽祖形象進行了吸納、神化，媽祖被尊奉為道教的神仙、佛教的菩薩、儒家佑國護民的忠孝神。後世媽祖成為儒釋道共同尊崇的偶像，成為集儒釋道於一身的中華民族傳統文化形象，體現了三教合一的歷史發展趨勢，表現出中華民族傳統文化「和而不同」的特點。[25]

上文指出媽祖經由歷代官方的推崇和褒封，使得媽祖由民間神明提升為國家的航海保護神，神格愈來愈高，傳播愈來愈廣；加上媽祖是儒、佛、道共同尊崇的神靈，媽祖文化吸收儒、佛、道三家思想於一身，成為中華傳統文化的一個形象，表現出「和而不同」的特點。

在媽祖神話形象的研究上，魏愛棠於〈媽祖神話的隱喻與歷史進程〉一文中說：「神話是文化的一部分，它根植於所發生的文化，與文化生活的其他部分緊密地聯繫在一起，並隨著文化的發展變遷不斷演繹著自己的歷史。」他認為：「媽祖神話不斷演繹、神格不斷提升、影響不斷擴大的過程，其實喻示著國家（大傳統）與社會（小傳統）之間彼此利用又互相競爭的關係。」[26]可知媽祖神話演化過程中包含了國家（大傳統）與社會（小傳統）之間的互動，使得媽祖信仰的闡釋、媽祖神話的隱喻與媽祖形象的意義歷經了具動態的發展過程。

五、由媽祖信俗衍生創意產業的研究

對於由媽祖信俗衍生創意產業的研究，學者們主要在旅遊型、體育型等型態進行信俗產業研究，以及在媽祖聖地湄洲島、大運河文化帶、港澳等區域進行文化創意開發研究（林明太 2013；蔣長春 2015；劉青健 2015；胥凡 2015；黃秀琳 2013；蔡加珍；胡梅慧；吳冰、肖熙然；蔣長春、李聰穎；尚光一 2020 等）；並有媽祖文創美的研究（李宇光

---

[25] 王蘭鳳，〈媽祖形象研究〉，《懷化學院學報》（2013 年 6 月），頁 14。
[26] 魏愛棠，〈媽祖神話的隱喻與歷史進程〉，《莆田高等專科學校學報》（2001 年 9 月第 8 卷第 3 期），頁 72、68。

2019；閔志勇 2007 等），及關於建構創意產業發展與助於經濟發展的研究（蔡泰山 2009；陳淑媛 2012 等）。可發現有關產業的應用研究逐漸增多。

在學者尚光一〈論大運河文化帶的媽祖文化創意開發〉的研究中說：

> 媽祖信俗宋代就已經開始隨著航運貿易的拓展而向外傳播，元代時圍繞三岔河口（今屬天津）的天妃宮甚至形成了一個繁榮的商業區。至明清時期，從東北渤海灣沿岸到西部內陸地區的四川、陝西各省，都出現了媽祖宮廟。[27]

而台灣的媽祖宮廟遍佈全島，由南向北形成媽祖信仰中心線，是媽祖信奉最普及、信眾最多的區域；並向海外傳播，由日本、越南、泰國至美國紐約、法國巴黎等地，只要有華人的地方都有媽祖廟，可見媽祖信仰深具國際影響力。在元代，媽祖信仰與河海漕運的關係密切，並且海漕興盛，海運發達；直到明代中葉，由於當時實行海禁，海漕被改為河漕，原為海神的媽祖轉變為大運河的保護神，媽祖信仰沿著京杭大運河傳播，南起浙江，北至天津，留下許多媽祖文化遺產，例如：北京通州的佑民觀、山東台兒莊、江蘇泗陽天后宮，也建設了泗陽媽祖文化園，就是大運河文化帶屬於媽祖文化創意開發的例子。尚光一說：

> 隨著經濟社會的發展和物質生活水準的提高，民眾的文化消費能力不斷增強，精神文化需求成為民眾生活的重要組成部分，並呈現出多層次、多形式、多樣化的特點，而涉及傳統民間信俗的文化活動、文化產品、文化體驗項目也越來越多。可以說，傳統民間信俗已不僅是人們尋求心靈棲居的載體，也成為帶動經濟發展的一種珍貴的資源。[28]

---

[27] 尚光一，〈論大運河文化帶的媽祖文化創意開發〉，《媽祖文化研究》（莆田：莆田學院媽祖文化研究院，2020 年第 1 期），頁 61。

[28] 尚光一，〈論大運河文化帶的媽祖文化創意開發〉，《媽祖文化研究》，頁 62-63。

由上可知媽祖信仰不僅給予人們心靈的慰藉，也衍生出創意產業開發，成為帶動經濟發展的可貴資源。

六、世界各地的媽祖相關研究

世界各地的媽祖文化的研究也有增加的趨勢，在世界各地的華人與外國人學者在當地研究，在澳大利亞、日本、越南、新加坡、馬來西亞、泰國、韓國等地，皆有媽祖文化信仰的傳播、現狀和發展的研究（林亦翰 2018；潘宏立 2019、林雅清；小林康正、安田廣美；蔡桂芳、林緯毅；劉崇漢；阮玉詩；阮福才、阮順貴、陳夢儀；朱斯 2019；朴淳哲、咸翰姬 2018）等。另一種研究以媽祖信仰與外國神祉信仰的比較或合併研究，譬如與韓國海神、與古希臘古羅馬神祉的研究（韓：李鐘周；法：柯孟德、何浪日 2018）等。外文的著作或從祭典來論述神的回歸（Kenneth Dean and Zheng Zhenman2009），或論造型藝術的意義（Erwin Panofsky1997），或研究中國的道教、地方宗教與神性模式（Robert Hymes2002）或研究中國的婦女與宗教問題（Kang Xiaofei2014）等，皆具參考價值。

華裔澳大利亞籍的學者林亦翰在〈澳大利亞媽祖文化傳播歷史、現狀與展望〉文中說：

> 媽祖文化傳入澳大利亞，源於 19 世紀 40 年代末契約華工的輸入和 50 年代的淘金潮時代。在當時的「黃金時代」，吸引了包括廣東、福建在內的東南沿海 4 萬多華人移民澳洲。伴隨著華人定居的同時，他們也帶來了自己的信仰和傳統文化。

> 20 世紀 70 年代，多元文化的推行，使得許多深受媽祖文化影響的東南亞華人移民來到澳洲。媽祖廟宇建造逐漸形成規模。媽祖文化已經成為跨國移民背景的許多華人的共同文化。在一個

傳統的西方國家，媽祖文化在澳洲的傳播可謂欣欣向榮。[29]

媽祖文化於世界各地傳播，在澳大利亞由於華人移民帶來媽祖信仰，「先人後廟，以廟聚人」，逐漸興建不少媽祖廟宇，在澳洲多元文化的環境下，媽祖文化尤其大放異彩。又如華裔日本學者潘宏立於〈日本媽祖信仰之流佈及其類型演化〉一文中對於媽祖文化於日本傳播的過程與類型有所研究，他說：

> 從 16-17 世紀開始，媽祖（天妃）信仰伴隨著中國東南沿海的華人進入日本本土西南部地區，隨後逐漸在日本傳播，至江戶時代前期，更有部分地區盛行媽祖信仰。媽祖信仰最初是由福建、浙江等中國東南一帶的海商赴日經商由九州西南部地區傳入的，當時，媽祖在以長崎和鹿兒島為中心的華人社區中的唐人街和黃檗宗寺院內被供奉祭拜。19 世紀中期以後隨著旅日華人陸續遷入本州關西地區的大阪、神戶、京都，甚至東京、橫濱等關東地區，媽祖信仰也隨之傳播到本州，在大阪、神戶、橫濱的華人社區或在關帝廟內或獨立建廟來供奉媽祖。媽祖信仰傳入日本後，長期以來不僅根植於華人社會，也逐步滲透到日本社會中，與日本傳統信仰相互融合。[30]

由上可知媽祖信仰於日本傳播的簡要歷史，從 16-17 世紀九州西南部地區開始，到 19 世紀中期以後陸續傳播到本州關西和關東地區，最初由福建、浙江等中國東南沿海的海商傳入，不只於日本華人社會中供奉媽祖，媽祖信仰與日本傳統信仰也逐漸融合。

---

[29] 林亦翰，〈澳大利亞媽祖文化傳播歷史、現狀與展望〉，《媽祖文化研究》（莆田：莆田學院媽祖文化研究院，2018 年第 4 期），頁 24。

[30] 潘宏立，〈日本媽祖信仰之流佈及其類型演化〉，《媽祖的信仰、文化、傳統與創新》（台北：關渡宮，關渡宮媽祖信仰國際研討會論文集，2019 年），頁 11。

綜上所述，目前研究者對於媽祖的研究關於文化、信仰、歷史與傳播上的探討已建立相當的積累，對於結合傳說故事與形象美學尤其在元代漕運河海沿岸地區的探討卻很少，若能在現有的研究基礎上，對於豐富的漕運媽祖文化深耕研究，並研究其形象美學，從藝術學學理與藝術美學去分析，綜合為重要的人文美學，定能在學術上提出貢獻。

並且目前在媽祖文化的研究上，研究媽祖從福建莆田區的地方神，傳播向南方與台灣的研究較多，傳播至世界各地的研究也有之；從福建莆田區北傳的路線，得到較多關注的是上海、山東、天津和遼寧等省市的沿海地帶，漕運的京杭大運河路線與江蘇沿海的研究卻較少，而杭州是京杭大運河的南方起點，建有天妃宮，北京是大運河的北方終點，雖遠離海洋，亦建有媽祖宮廟，即是京杭大運河的緣故，並且江蘇大運河沿岸的媽祖宮廟是大運河沿線最豐富的地區，江蘇在元代漕運時期即有平江、瀏河、劉家港、昆山、淮陰清口等天妃廟，即因河海漕運而興起媽祖文化；漕運中京杭大運河與海運相連，更與海上絲路相通，漕運的媽祖形象對於現代富有影響力；因此本主題極具研究價值。

第三節　研究方法

本主題的研究方式包括文獻研究法與調查研究法，在學理上主要以四種研究方法進行，包含理論研究法、歷史與比較研究法、圖像研究法、演繹與歸納研究法等，分述如下：

一、理論研究法

參考文獻著作，運用文藝學探討媽祖的傳說故事，並運用藝術和美學的理論和法則，分析媽祖文化包含元代漕運區域的形象建構，及各媽祖塑像等的藝術特徵、風格、形式與意境。

二、歷史與比較研究法

從歷史上探討媽祖文化，並探討漕運各媽祖宮廟的時空背景，從中研究媽祖形象的轉變。且運用比較研究法，依據時代背景、美學思想與具體作品，比較分析媽祖藝術形象的差異性。

三、圖像研究法

從媽祖塑像等創作的主題形像、內容象徵到心靈綜合，分析圖像所透露的形象內涵，分析其所呈現的理想形象美與意境美，並由圖像解析風格美與形式美，在形式美中，探討媽祖美術的空間美學、色彩美學、圖像美學等。

四、演繹與歸納研究法

經由文藝學、美學、藝術觀念及文化風俗，演繹推論元代漕運媽祖文化及其他時地的媽祖塑像等創作的形象呈現。並運用歸納研究法，由媽祖文化所創作的具體作品，探討題材選擇與表現型態等，歸納出形象特徵與風格。

由以上四種研究法，可知在理論研究法中，實含有其他各種研究法，如文藝學、美學、與哲學研究法等。在圖像研究法中，也含有象徵、形式、符號與審美心理研究法等；本研究並沒有特別採用某種思維模式，然在研究析論中與這些方法皆有所呼應。總之，本課題以各種現代研究方法與傳統直觀方式並行，期以較為周延、詳盡的方式進行本研究的析論。

第四節 研究範圍與架構

本研究以媽祖傳說故事與形象美學為主，並以元代漕運河海沿岸地區為例，故以元代河海漕運的媽祖文化為重心，在媽祖形象的樣式上，也包含元代漕運範圍的媽祖塑像的造型藝術，探討其造型、視覺藝術意涵與媽祖形象。媽祖造型呈現民眾心中美好的現實形象，其象徵意涵反映出神話中救苦救難的女神形象、具生殖意義的母神形象、母儀天下的帝后形象，並轉化為更富神能的女神。本研究架構如下。

一是研究媽祖文化的傳說故事，包含媽祖的生平傳說、媽祖的傳奇故事（海洋救難故事、漕運救困故事、行善救助故事、建廟故事與鬥法故事等）以及媽祖與儒、佛、道有關的宗教性故事、歷史故事，據以研究媽祖故事的意涵與形象美學，以及與元代漕運的關係。

二是研究元代河海漕運的媽祖文化，內容包含元代的漕運建立與信奉媽祖的情形、元代漕運河海沿岸的媽祖文化遺跡、元代儒佛道背景與媽祖文化呈現三家思想的包容性、元代貿易背景與媽祖文化展現經貿與海商精神、元代漕運媽祖文化對明清時期的影響。

三是研究媽祖的形像藝術，內容為媽祖形像與封號和祭祀的關係、媽祖形像與典籍的關係、媽祖形像與意象的關係，以及媽祖形像藝術分析——含漕運地區與台閩地區的比較，包括媽祖像的整體造型、塑材、冠帽、容顏色彩、手勢與手持配件、衣飾、媽祖造像裝飾與造像群等；並析論媽祖造型藝術的意涵，從造型、視覺藝術呈現形象美學的義理。

四是媽祖形象美學——含元代漕運地區與其他地區的整體形象，由元代漕運地區與其他地區的媽祖造型與視覺藝術以及媽祖故事的意涵，融會析論媽祖形象的人文美學，包含現實形象的象徵意涵、神話表現的形象美學、具儒佛道思想的審美精神。

　　總而言之，本研究探析媽祖傳說、宗教性與歷史故事，尤其與漕運相關的故事，深入瞭解媽祖故事的意涵，並分析媽祖傳說故事如何輔助媽祖形象美學的建構。接著探討元代漕運建立對於媽祖文化傳播的影響，並探討在對媽祖形象的認同下，於漕運河海沿岸所呈現的具體媽祖文化現象，包括媽祖宮廟與各種遺跡。為增進元代漕運媽祖文化的形象美學思想的創建，對於漕運媽祖文化有更新穎的詮釋，故以媽祖的造型視覺藝術所蘊藏的象徵意義與審美價值為重點加以探析，並與台閩地區做為比較；最後由媽祖形象陶鑄成人文美學內容，從媽祖的現實形象表現抽象象徵的內涵以及展現經貿、海洋、海商的精神，從媽祖的神話反映其全方位女神的形象，從儒佛道思想相互融合下產生崇高的審美意境，因而完整呈現媽祖的現實形象、神話形象與審美形象的美學思想。以上為本研究的整體範圍與架構。

第二章 媽祖文化的傳說故事

　　媽祖是民間信仰裡重要的神祇之一，受到人們的信崇，媽祖的生平傳說、傳奇神話、與儒、佛、道有關故事等透過時間流傳、空間散播，成為人們的精神支柱，人們對媽祖誠心敬奉，累積成特別的生活形態與社會習俗，成為普及的媽祖文化。依文獻所記載的傳說故事中媽祖具有許多特殊神力，信眾建立廟宇供奉媽祖，甚為虔誠，媽祖信仰遂成為民間信仰的一種，且自宋代以來不斷受到官方重視，媽祖從福建莆田區域信奉的地方神，進而傳播至各地方。

第一節 媽祖的生平傳說

　　媽祖生於北宋，其生平故事傳經兩宋、元、明、清至現代，在歷史文獻上皆可見記載。除了生平傳說的記載之外，還有許多傳奇故事；媽祖的傳說故事指以媽祖為主角，具有基本情節的口頭文學，這些饒富文學趣味的故事均成為媽祖信仰的淵源。

　　據明末清初照乘《天妃顯聖錄》的說法，媽祖（西元 960-987 年）姓林名默，通稱為默娘，於北宋太祖建隆元年出生，在宋太宗雍熙四年逝世，享年二十八歲。目前最早記載媽祖的史料文獻應見於〈聖墩祖廟重建順濟廟記〉，此為南宋高宗紹興二十年（西元 1150 年）廖鵬飛所撰寫的廟記，其中記載：

> 姓林氏，湄洲嶼人。初，以巫祝為事，能預知人禍福，既歿，眾為立廟於本嶼。聖墩去嶼幾百里，元祐丙寅歲，墩上常見光氣夜現，鄉人莫知為何祥。有漁者就視，乃枯槎，置其家，翌日自還故處。當夕遍夢墩旁之民曰：「我湄洲神女，其枯槎實

所憑，宜館我於墩上。」父老異之，因為立廟，號曰聖墩。歲水旱則禱之，癘疫崇則禱之，海寇盤桓則禱之，其應如嚮。故商舶尤籍以指南，得吉蔔而濟，雖怒濤洶湧，舟亦無恙。[1]

以上是廟記所載即與海洋和商船有關，出生於湄洲嶼（今福建省莆田地區）的媽祖在人間時具女巫的身分，有預知與通天的能力，升天後的媽祖成為神女，具有廣大的神力，當地父老為媽祖立廟供奉（元祐丙寅歲，西元 1086 年），立廟當晚媽祖曾於墩上枯木顯靈，並託夢給漁民，自稱「我湄洲神女……」，故所立的廟稱為「聖墩」廟。居民遇到困難，如天災、瘟疫、海盜來襲或商船遇海難，均向媽祖祈求救助，定能得到救濟，度過苦難，商船占卜祈求出海順利，即使遇到滾滾波濤，也能平安度過。當時所修建的「涵江聖墩神女祠」，成為世界上的第一座媽祖分靈廟。

南宋紹興二十一年（西元 1151 年），莆田籍的狀元黃公度被貶至平海軍（今泉州）任節度使判官時，遊聖墩順濟廟，寫下〈題順濟廟〉一詩：「枯木肇靈滄海東，參差宮殿崒晴空，平生不厭混巫媼，已死猶能報國功。萬戶牲醪無水旱，四時歌舞走兒童。傳聞利澤至今在，千里危檣一信風。」[2] 在 56 字簡短的詩中，清楚的表明媽祖生平為女巫與升天後顯靈救助人民的事蹟，也顯示當時百姓熱烈信奉媽祖，建廟崇祭衪，媽祖庇護人民的恩澤持續產生。

到了明初，才出現媽祖生日的傳說，《三教源流搜神大全》卷四《天妃娘娘》記載：

母陳氏，嘗夢南海觀音與以優鉢花，吞之而孕。十四月胎免身得妃，以唐天寶元年三月二十三日誕。誕之日異香聞裡許，經

---

[1] （南宋）廖鵬飛，〈聖墩祖廟重建順濟廟記〉載清代鈔本《白塘李氏族譜》忠部。見蔣維錟、周金琰輯纂《媽祖文獻史料彙編》（第一輯）碑記卷（北京：中國檔案出版社，2007 年），頁 1-2。

[2] 黃公度，〈題順濟廟〉，蔣維錟、劉福鑄編，《媽祖文獻史料彙編》（第一輯）詩詞卷（北京：中國檔案出版社，2007 年），頁 1。

旬不散。幼而穎異，甫周歲，在繼褓中見諸神像，叉手作欲拜狀。五歲能誦《觀音經》，十一歲能婆娑按節樂神。[3]

且在明崇禎三年（西元 1630 年）伍瑞隆的〈大欖天妃廟碑記〉中記述：

> 天妃本莆田之湄洲人，都巡檢林願第六女，母王氏夢觀音大士授優鉢曇花，食之孕十四月生妃，時地變紫色，異香聞海上，空中作蕭鼓聲，時宋開寶元年三月二十三日。……妃既有道術，每淩行島嶼間，或乘雲往來，人皆見之。忽於雍熙四年丁亥二月十九日端坐而化，年止二十。[4]

以上兩則記載天妃的母親王氏夢見觀音大士授給優鉢曇花，服食後生下天妃，故媽祖因觀世音菩薩的賜與而誕生。記錄中有媽祖出生與昇天的年代（西元 968-987 年），享年二十。

清雍正年間，據明林堯俞供稿，由僧人照乘所輯成的《天妃顯聖錄》中記載媽祖的母親王氏夢見大士「出丸藥示之」，並說：「服此當得慈濟之贶」，此乃認為媽祖的母親夢得南海觀音所賜的藥丸服用而懷孕，生下媽祖；在照乘的《天妃顯聖錄》中紀錄媽祖的身世，現多採此種說法：

> 宋太祖建隆元年庚申三月二十三日方夕，見一道紅光從西北射室中，晶輝奪目，異香氤氳不散。俄而王氏腹震，即誕妃於寢室。……自始生至彌月，不聞啼聲，因命名曰「默」。……道成，白日飛升；時宋雍熙四年丁亥秋九月重九日也。[5]

由上文知媽祖享年二十八（西元 960-987 年）。

3　〈天妃娘娘〉，《繪圖三教搜神大全》卷四（台北：聯經出版事業公司，1986 年），頁 186。

4　伍瑞隆，〈大欖天妃廟碑記〉，載清光緒《香山縣志》卷六。見蔣維錟、周金琰輯纂，《媽祖文獻史料彙編》（第一輯）碑記卷，頁 87-89。

5　（明末清初）照乘，〈天妃誕降本傳〉，《天妃顯聖錄》，台灣文獻叢刊第 77 種（台北：台灣銀行發行，1961 年），頁 17。

現今媽祖昇天的傳說有三種不同的版本，一為「坐化昇天」[6]明萬曆年間的《三教源流搜神大全・天妃娘娘》記載：「居無何，儼然端坐而逝，芳香聞數裡，亦猶誕之日焉。」[7]及伍瑞隆〈大欖天妃廟碑記〉的記載：「端坐而化」，即為媽祖端坐而逝的說法。明末張燮《東西洋考》說：「雍熙四年二月十九日升化，蓋是時妃年三十餘矣。」[8]所說「升化」是現存文獻中最早提出此說法的，之後《天妃顯聖錄・天妃誕降本傳》亦記敘「白日飛升」，媽祖飛升成神的說法漸成主流。第二種版本：「其父捕魚罹難，投海覓救，卒以身殉」[9]此種說法從媽祖「蹈海而卒」、「營救海難而卒」而衍化為投海救父而卒，明代朱湘《天妃辯》說：「宋元間，吾莆海上黃螺港林氏之女，及笄蹈海而卒。……今荒山野廟之中，宣封護國侯王者在處有之，而天妃以女身獨存，又云顯跡海上，故海人尤尊事之。」[10]以及海南海口《南海女神媽祖》傳說的記載：「宋雍熙四年，九月初九日，她營救海難，不幸被船桅擊中身死，時年 28 歲，後人敬她為女神。」[11]由上衍生以至馬祖、浙江、琉球等地方皆有媽祖因於海上營救父親而卒的故事，福建連江馬祖的《馬港天后宮・媽祖靈穴記》說：

> 天后媽祖閩莆田湄洲嶼林氏女，名默娘，秉性賢淑，事親至孝。其父捕魚罹難，投海覓救，卒以身殉，負屍漂流至昔稱南竿塘斯島現址（即馬祖島），鄉人感其孝行足式，乃厚葬於此。嗣後常顯神靈護佑漁航，民感慈德，立廟奉祀，尊為媽祖，敕封天后。

6　故事見〈坐化昇天〉，《中國民間故事集成・福建卷》（北京：ISBN 中心，1998 年），頁 191-192。

7　（明）《三教源流搜神大全・天妃娘娘》，《媽祖文獻史料彙編（第一輯）散文卷》（北京：中國檔案出版社，2007 年），頁 55。

8　（明）張燮，《東西洋考》，《媽祖文獻史料彙編（第二輯）史摘卷》（北京：中國檔案出版社，2009 年），頁 35。

9　故事見陳心亭編著，《媽祖在馬祖》（台北：泓文堂書坊，2006 年），頁 223-224。

10　（明）朱湘，《天妃辯》，《媽祖文獻史料彙編（第一輯）散文卷》，頁 33。

11　中國民間文學集成全國編輯委員會，《中國民間故事集成・海南卷》（北京：中國 ISBN 中心，2002 年），頁 45。

> 本境因后名馬祖澳列島，亦因后稱馬祖，今廟遺墓石即為後之靈
> 穴，庇佑歷千餘載，覃恩浩蕩，坤德長，垂勒石永誌。[12]

上文可知媽祖投海覓救父親而卒的故事，以及了解媽祖與馬祖島關係密
切的源由，媽祖救父身殉，漂流至島嶼，鄉人厚葬媽祖後，媽祖經常顯
現神靈以護佑漁航，鄉人建廟奉祀媽祖，島嶼亦稱為馬祖；台灣〈重建
「鳳藝宮」廟誌〉亦有媽祖救父的記載：「凡人終不免於一死，豈有因
無疾而終者，故有海中救父，而為巨浪吞噬之說，時值重九日焉。」[13]
為同樣的說法，第三種版本為其父出海遇難，媽祖夢中營救未果，哭
泣致死，皇帝封為神[14]。媽祖昇天的多種故事為祂的生平增添更多傳奇
性，海上救父親的情節亦與海難救助有關。

在《天妃顯聖錄》〈天妃誕降本傳〉中記述：

> （媽祖）十三歲時，有老道士玄通者往來其家，妃樂捨之。道
> 士曰：「若具佛性，應得渡人正果。」乃授妃玄微秘法，妃受
> 之，悉悟諸要典。十六歲窺井得符，遂靈通變化，驅邪救世，
> 屢顯神異，常駕雲飛渡大海，眾號曰通賢靈女。越十三載，道
> 成，白日飛升，時宋雍熙四年丁亥秋九月重九日也。[15]

以上的「老道士」可能就是由僧侶所變裝，故有「若具佛性」的詞語，
他挑選當時十三歲的媽祖為傳人（北宋太祖開寶五年，西元 972 年），
此舉與華嚴宗初起的做法很類似，由此可見道教改變了媽祖的現世，將
媽祖成為一位學道的女子。由於老道士傳授，媽祖開始習法，領受「玄

---

[12] 《馬港天后宮・媽祖靈穴記》，轉引自謝瑞隆，〈媽祖傳說在海上絲綢之路的傳衍、變異
及其海洋文化質素〉，《媽祖文化研究》（莆田：莆田學院媽祖文化研究院，2019 年第
3 期），頁 22。

[13] 王三慶，〈重建「鳳藝宮」廟誌〉，《漁父編年詩文集》（台南：台南市文化局，2004
年），頁 40。

[14] 故事見〈天后宮〉，《中國民間故事集成・浙江卷》，頁 410。

[15] 〈天妃誕降本傳〉，《天妃顯聖錄》，轉引自蔡相煇，《《天妃顯聖錄》與媽祖信仰》（台
北：獨立作家出版，秀威資訊科技股份有限公司，2016 年），頁 351。張菱編訂，《天
妃顯聖錄》（聖德寶宮、聖德雜誌社，1987 年），頁 65。

微秘法」，三年後媽祖十六歲道成。最有名的媽祖學道故事是「窺井得符」，相傳媽祖十六歲時，「與諸女游，窺古井，忽見神人捧銅符一雙上，有仙官擁護；群女駭奔，後受之不疑。自此法力玄通，屢顯神異。」[16] 故媽祖能顯神能驅邪救世，且常駕雲渡海，這是道教神仙的象徵，並且媽祖得「通賢靈女」的稱號；媽祖卒日為宋雍熙四年（西元987 年）九月二十九日。

有關媽祖家世的傳說故事，在元代產生漁家女的異文，元代以後將媽祖的出身從巫女、漁家民女轉變為官宦之女，欲賦予更高貴的出身或形象，元代程端學〈靈濟廟事跡記〉說：「神姓林氏，興化莆田都巡君之季女。生而神異，能力拯人患難，室居未三十而卒。宋元裕年，邑人祠之。水旱癘疫，舟航危急，有禱輒應。」[17] 以及明末清初《天妃顯聖錄》記載：

> 天妃，莆林氏女也。始祖唐林披公，生子九，俱賢。……子孚承襲世勳，為福建總管。孚子惟愨諱願，為都巡官，即妃父也。娶王氏，生男一，名洪毅，女六，妃其第六乳也。[18]

文中皆將媽祖的出身背景轉化為官宦世族的後代，其父親為興化莆田都巡官；此種說法在海絲之路方面脫離了媽祖信仰的核心區，於是出現了許多媽祖是漁家女的傳說，例如：浙江省寧波流傳的故事：「媽祖與她的娘、爹、兄弟五個人，從福建搬到阿拉象山東門，以討海為業。每日，爹、兄弟出海，媽祖在屋裡掃地，到船埠頭看天，和漁民聊天，生活方式和打魚漁民一樣。」[19] 還有浙江省溫嶺縣流傳的《天后宮》故事：「箬山鄉東海村有一座天后宮，宮裡供奉著天后娘娘。這娘娘原來

---

[16] 蔣維錟編校，《媽祖文獻資料》（福州：福建人民出版社，1990 年）。

[17] （元）程端學，〈靈濟廟事跡記〉，見蔣維錟、周金琰輯纂《媽祖文獻史料彙編（第一輯）碑記卷》，頁 19。

[18] 林堯俞供稿，照乘等修訂刊佈，《天妃顯聖錄·天妃誕降本傳》，《媽祖文獻史料彙編（第二輯）著錄卷·上編》（北京：中國檔案出版社，2009 年），頁 87。

[19] 《浙江省民間文學集成·寧波市卷》（北京：中國民間文藝出版社，1989 年），頁 223-224。

是漁家女兒。相傳在八百多年前，海邊有一戶姓林的討海人家，兩個哥哥跟著阿爸討海，阿妹十七歲，在家裡紡棉紗。」[20] 媽祖為漁家女的傳說故事合乎其出身於海洋環境的聯想，也合乎媽祖是海神的典型形象，雖傳說的內容很模糊不清，但仍然有不少這方面的傳說。

第二節 媽祖的傳奇故事

媽祖的神話形象，在於其具有受人們推崇的才德與特殊的神力，媽祖前生是仙女形象，降生人間救民疾苦，生平是女巫形象，在昇化之後成女神形象，能夠救難助人、消災解厄、除妖降魔，成為人們於現實生活裡的精神寄託。照乘《天妃顯聖錄》中，例如：「窺井得符」、「降伏二神」、「靈符回生」、「泥洲飛升」等故事與道教有關。又如「禱雨濟民」、「焚屋引航」、「化草救商」、「解除水患」、「懇請治病」、「驅除怪風」等故事，表現媽祖悲天憫人、救苦救難的胸懷，與佛教的佛性有關。

媽祖從前生、降生、生平行事到升天之後的傳說故事很多，並且以此影響媽祖的形象美學。除了上述生平傳說，在此續以傳奇故事，包含海洋救難、漕運救困、行善救助、建廟、鬥法故事的類別，分述於下。

一、海洋救難故事

在後人傳頌媽祖的故事裡，以媽祖海洋救難的故事佔大部分。「伏機救親」[21] 是媽祖最早顯露神力的故事，祂伏睡在織布機上，卻神出在海上拯救家人，救了父親，由於母親的叫喊而醒來，致使兄長無法救起；這故事使媽祖的聲名遠播。《敕封天后志》中記載此神話傳說 --〈機上救親〉與〈訪海尋兒〉如下：

---

[20] 中國民間文學集成全國編輯委員會，《中國民間故事集成・浙江卷》（北京：中國 ISBN 中心，1997 年），頁 410。

[21] 故事見〈伏機救親〉，《中國民間故事集成・福建卷》，頁 187-188。

秋九月，父與兄渡海北上。時西風正急，江上狂濤震起。天後
方織，忽於機上閉睫，顏色頓變。手持梭，足踏機軸，狀若有
所挾而惟恐失者。母怪，急呼之醒。而梭墜，泣曰：「阿父無
恙，兄歿矣。」頃而報至。果然，彼時父於怒濤中，倉皇失措，
幾溺者屢，隱似有住其舵，與其兄舟相近，無何其兄之舵摧舟
覆。蓋天后當閉睫時，足踏者，父之舟；手持者，兄舵也。

後因兄溺水，同母嫂渡海尋屍，望見水族轇集，擁以尊官，鞠
躬在前。水洶湧，舟中人皆戰慄。後曰：「不須憂。」突然水
色澄清，兄屍已浮水面。始知水神護屍而然也。此後，凡遇天
后誕辰，半夜即有大魚成群，環列於湄嶼之前，若拜舞狀，黎
明始散，他日無之。詢於海邊之人，咸云至今猶然，是日漁者
不敢施眾下網。[22]

傳說中媽祖神遊於現實裡，慈愛父兄的海上救難行為，顯示媽祖孝悌的
品德。

　　海上救難的故事有最早的紀錄，即護佑宋使臣路允迪的故事。在丁
伯桂的〈順濟聖妃廟記〉（南宋紹定二年，西元 1229 年）中紀錄：

神莆陽湄洲林氏女，少能言人禍福，歿，廟祀之，號通賢神
女。或曰：龍女也。……宣和壬寅給事路公允迪，載書使高麗，
中流震風，八舟沉溺，獨公所乘，神降於檣，穫安濟。明年奏
於朝，錫廟額曰「順濟」。……祠立二年，海寇憑陵，效靈空
中，風掃而去，州上厥事，加封「昭應」。……慶元四年，加
「助順」之號；嘉定元年，加「顯衛」之號；十年，加「英烈」
之號。……。[23]

---

[22] 《敕封天后志》〈機上救親〉與〈訪海尋兄〉，轉引自林慶昌，《媽祖真跡》（廣州：中
山大學出版社，2003 年），頁 164。

[23] （南宋）丁伯桂，〈順濟聖妃廟記〉，載潛說友《咸淳臨安志》卷七十三。見蔣維鋑、周
金琰輯纂，《媽祖文獻史料彙編》（第一輯）碑記卷，頁 2-4。

在這篇廟記中，可知北宋徽宗宣和四年（西元 1122 年），外交使節路允迪在海上遇船難，媽祖現身拯救，被尊稱為「通賢神女」與「龍女」的媽祖在隔年被朝廷賜予「順濟」名號的廟額，這是在宋徽宗的第一次對於媽祖賜予廟額名號，意義重大，使媽祖從湄洲地方性的小神，演變為宋朝廷認可的公共神祇。後來海寇肆虐，媽祖顯靈，趕跑海寇，加封「昭應」。祂的神力逐漸顯現擴大，朝廷屢次頒賜封號：「助順」、「顯衛」、「英烈」等，媽祖遂提升為神女的高崇地位。

南宋最早記載媽祖的文獻〈聖墩祖廟重建順濟廟記〉（西元 1150年）中廖鵬飛記述：

> 商舶尤藉以指南，得吉蔔而行，雖怒濤洶湧，舟亦無恙。寧江人洪伯通嘗泛舟以行，中途遇風，舟幾覆沒，伯通號呼祝之，言未脫口而風息。既還其家，高大其像，築一靈於舊西以妥之。[24]

以上的內容引人注目，於海上救助寧江人洪伯通的神明即為媽祖，媽祖漸成為海上護航並促進商貿的的海洋女神。

救難故事裡有媽祖拯救商船，並用筷子或小草等變成大杉木，救了在海上遇船難的商人船舶，如〈化草救商〉：

> 一日商船航行至「文甲」，遭風暴襲擊，船上人員向島上求救。林默娘聽到呼救聲，拔起幾根小草拋向大海，一瞬間小草變成巨大的杉木，向商船漂去，商船受到巨杉托附，不致翻覆。風暴平息後，船上人員等登岸補船時，問岸上鄉民，才知杉木是林默娘施法力所為。[25]

---

[24] （南宋）廖鵬飛，〈聖墩祖廟重建順濟廟記〉，載清代鈔本《白塘李氏族譜》忠部。見蔣維錟、周金琰輯纂，《媽祖文獻史料彙編》（第一輯）碑記卷，頁 1-2。

[25] 〈化草救商〉，何世忠等，《媽祖信仰與神蹟》（台南：世峰出版社，2001 年），頁 17-18。

除了以上，還有類似的故事〈撒筷救商〉[26]，媽祖施展法力，撒出筷子，使海面出現許多杉木，救商船脫離海難。

也有媽祖預示海上風暴，協助商人平安出航的故事，這是藉大海龜占卜氣候展現神力，如〈三寶建廟〉：北宋雍熙四年（西元 987 年），大商人三寶載著一船貴重貨物欲前往暹羅國，因天氣惡劣，停靠在湄洲灣過夜，卻被大海龜壓住船碇，無法啟航，因而避過海上的大風暴，三寶到「通賢神女」祠裡向媽祖燒香許願，祈能平安航行，之後三寶經商發大財，趕忙答謝神女，並將媽祖廟擴建得富麗堂皇。[27]《福莆仙鄉賢人物志》也有記述：

> 有一艘滿載貨物的商船，準備從湄洲駛往外地，啟航時，碇卻起不上來。船主三寶很是驚異，登岸詢問當地百姓，百姓告知以「通賢靈女」最靈應。於是，三寶就到廟裡禱祀立願，碇才起上來。後來這位商人安全返航，發了大財，詣廟謝神。看到三年前在廟前石間立願所插的三住香，已化成三棵大樹，枝葉茂盛，香氣濃鬱。正值三月二十三媽祖生日，商人感其靈應，捐金就地擴建廟宇，廊廡益增巍峨。[28]

三寶商人相信是媽祖顯靈協助平安出航的結果，並且擴建廟宇感謝媽祖，這是人們美好的感恩與信仰的表現。

宋代《興化軍祥應廟碑記》記載：

> 郡北十裡有神祠，故號大官廟。宋大觀二年（西元 1108 年），賜號曰祥應。往時，遊商賈風波險阻，牟利城分群外藩者，未

---

[26] 故事見〈撒筷救商〉，林仙久搜集，〈南海媽祖—媽祖〉，卓鐘霖等編，《福建文學四十年選·民間文學卷》（福建：海峽文藝出版社，1990 年），頁 211-212。

[27] 故事見〈三寶建廟〉，林仙久搜集，〈南海媽祖—媽祖〉，卓鐘霖等編，《福建文學四十年選·民間文學卷》，頁 198。

[28] 印尼興安同鄉會，《福莆仙鄉賢人物志》（莆田：福莆仙文化出版社，1990 年），頁 478。

> 嘗至祠下，往往不幸有覆舟於風波，遇盜于蒲葦者。其後，郡
> 民周尾商於兩浙，告神以行，舟次鬼子門，風作惡，尾呼號求
> 助，空中甚有應聲，俄頃風恬浪息。其後，泉州綱首朱紡舟往
> 三佛齊國，亦請神之香而虔奉之，舟行迅速，無有險陰。往返
> 不逾年，獲利百倍。自是商人遠行，莫不來禱。[29]

文中記述媽祖應商人的航行前禱求與海上呼救，平息風浪，之後泉州商
人船往三佛齊國（今印尼境內）時，也到媽祖廟裡祈求保佑，同樣船行
無礙，貿易獲利無數；從此福建沿海商人遠至東南亞各國進行海上貿
易時，莫不在出海前到廟裡祈求媽祖保佑，媽祖已成宋代航海經商者的
心中最尊崇的神祇。

明成祖〈御製弘仁普濟天妃宮之碑〉中記載：

> 朕承鴻基。勉紹先志，罔敢或怠，撫輯內外，……其初，使者涉
> 海洋，經浩渺，颶風黑雨，晦暝黯慘，雷電交作，洪濤巨浪，
> 摧山倒嶽，龍魚變怪，詭形異狀，紛雜出沒，驚心駭目，莫不
> 錯愕。乃有神人飄飄雲際，隱顯揮霍，上下左右，乍有忽無，
> 以孚以佑。……已而煙消霾霽，風浪貼息，海波澄鏡，萬裡一
> 碧，龍魚遁藏，百怪潛匿。……此天妃神顯靈應，默加佑相。
> 歸日以聞，朕嘉乃績，特加封號「護國庇民妙靈昭應弘仁普濟
> 天妃」，建廟於都城之外，龍江之上，祀神報貺。[30]

以上記載海上險惡，幸有媽祖神顯庇佑使者，故受明成祖特加封號與
建廟奉祀。天妃宮是鄭和第一次下西洋時所建造（永樂三年－永樂五
年），此碑建立於永樂十四年（西元 1416 年），鄭和第四次下西洋，
平安賦歸後，明成祖朱棣親自撰寫的。此後朝臣出使琉球等外國，皆致
祭媽祖，行前有祈，歸後有報，萬曆之後成例行方式。明代洪熙元年

---

[29] 朱維幹，《莆田縣簡志》（北京：方志出版社，2005 年），頁 275。
[30] 轉引自蔣維錟，《媽祖文獻資料》。

（西元 1425 年），「庇楊洪使諸番」的故事如下：

> 洪熙元年，太監柴山往琉球，載神香火以行。至外洋，突陰霾蔽
> 天，江翻浪滾，桅檣顛倒，孤舟漂泊於洪波中，墜水者數人。舵
> 工急取木板擲水中，數人攀木而浮，隨波上下，呼媽祖求救，哀
> 聲震天。忽見燈光自天而下，風靜浪平，墮水者悉獲救登舟。[31]

明代朝廷太監柴山前往琉球，船上載著媽祖神靈香火航行，舟人遇洪波
墮水，求救於媽祖，立刻風靜浪平，所有人都獲救，此即媽祖顯靈於海
洋救難的故事。

清代趙翼《陔餘叢考》中記載：

> 相傳大海中，當風浪危急時，號呼求救，往往有紅燈或神鳥
> 來，輒得免，皆妃之靈也。……台灣往來，神跡尤著，士人呼神
> 位媽祖，倘遇風浪危急，呼媽祖，則神披髮而來，其效立應。[32]

天妃救助海浪危急，解除人們的危難，身為海神的功德顯著，受到人們
的崇敬。清代康熙二十二年（西元 1683 年）有媽祖「琉球陰護冊使」
的故事：

> 康熙二十二年，欽差汪楫冊封琉球王，在福省祭天妃後解纜而
> 行，不三日即抵琉球。事竣返國，突狂濤震撼，巨浪滔天，束
> 桅鐵箍已斷十三，桅應散而尚全，舟中煙灶等物盡委逝波。汪
> 楫懇求媽祖保佑，忽見舟上方有光焰在前引導，船得順風，駛
> 歸閩省。[33]

欽差汪楫自琉球返國途中在海上遭遇狂濤危難，汪楫一再祈求媽祖保
佑，媽祖顯靈引導，舟船終能平順駛回福建。

---

[31] 蔡相煇等編，《媽祖傳記石雕之美》（台北：財團法人台北市關渡宮，2008 年），頁
80。
[32] （清）趙翼，《陔餘叢考》（石家莊：河北人民出版社，1990 年），頁 727。
[33] 蔡相煇等編，《媽祖傳記石雕之美》，頁 90。

二、漕運救困故事

媽祖庇護漕運，元代對於媽祖共有五次敕封。在文宗天曆元年（西元 1328 年）的助漕神蹟，《天妃顯聖錄》〈怒濤拯弱〉有所記載，天曆二年（西元 1329 年）以怒濤拯弱，加封媽祖「護國輔聖庇民顯佑廣濟靈感助順福惠徽烈明著天妃」[34]。〈怒濤拯弱〉的記載如下：

> 天曆元年（西元 1328 年）夏，備海道萬戶府分司運糧，至大海，遭颶風驟起，巨浪連天，七日夜不息，人因力疲，運艘幾於翻覆。舟人哀號，仰禱神妃求佑。會日暮，有形從空而下，掩映舟中，輝耀如晝，宛見神靈陟降。少頃，怒濤頓平。船上覺異香繽鬱。自此水道無虞，徑抵直沽都省。[35]

這年漕運糧食經由海運到直沽，途中遭遇颶風襲擊，連七天風浪不停息，漕船幾乎翻覆於海中，船員哀號，漕運人員皆仰首祈禱媽祖救助，突然有形體從空中下降船中，光輝如白晝，彷彿見到媽祖神靈降臨，一會怒濤立刻平息，船上飄揚馥鬱奇香，然後水道航行平順，直抵直沽都省。

元至順元年（西元 1330 年）媽祖又一次幫助漕運，依《天妃顯聖錄》〈神助漕運〉中記述：

> 至順元年庚午（西元 1330 年）春，糧船七百八十只，自太平江路太倉劉家港開洋，遇大風突起，波憾星辰，桅檣飄蕩，數千人戰慄哀號。官吏懇禱於神妃，言未已，倏陰雲掩靄，恍見空中有朱衣擁翠蓋，佇立舟前，旋有火照竿頭，晶光如虹。舟人且驚且喜。無何，風平浪息……，又聞空中有語云：「可向東南孤島暫泊。」眾郎撐舟依孤島旁。方拋碇，江上狂飆迅發，暴雨倒峽。舟人相慰曰：「非神靈指示，我等皆在黿宮蛟窟矣！」次日晴霽，遂達直沽交卸。[36]

---

[34] 蔡相輝，《《天妃顯聖錄》與媽祖信仰》，頁 283。
[35] 《天妃顯聖錄》，轉引自蔡相輝，《《天妃顯聖錄》與媽祖信仰》，頁 320。
[36] （明末清初）照乘，《天妃顯聖錄》，台灣文獻叢刊本第 77 種，頁 34。

元朝廷漕船 780 艘裝滿漕糧，自江蘇太平江路太倉劉家港將運往河北，漕船中途遇大風浪，漕運數千人害怕哀號，官員祈求媽祖救助，立刻宛如見到穿著紅衣的媽祖佇立船前，眾人驚喜，不久風平浪息。又聽到空中有言語說：「可向東南方的孤島暫時停泊。」當所有糧船停靠孤島，江上狂暴風雨迅速爆發，全體漕船人員相互安慰，若非媽祖神靈指示，就都沉入海中了；隔日天晴，漕船安全運糧到直沽。媽祖屢次顯靈護佑漕運，讓人們見到媽祖扶危濟險，並使得媽祖信仰由南往北發展。

三、行善救助故事

媽祖在升天成仙之前，主要是造福家鄉的民眾，保護家人和漁民出海時的安全；媽祖二十一歲時，福建莆田遭遇歷年來罕見的大旱災，田地乾涸，河流無水人民生活困難，民眾希望媽祖能為他們解危，媽祖向天祈雨後說：「壬子申刻當雨」於是「忽陰霾四起，甘澍飄灑，平地積水三尺，乾旱反成豐收。」[37] 這就是「禱雨濟民」的故事，以下是《媽祖信仰與神蹟》所述：

> （媽祖）端坐在祭壇香案後，向上天禱祝，而縣尹則在一旁焚香禱告；過了不久一陣大風過後，果然烏雲自天際飄來，接著雷雨交加，及時雨飄灑了下來，頃刻之間廣場上已經開始積水，平地水深三尺，剎時由炎夏變成涼秋，旱情終於解除了。[38]

由於媽祖的保護，地方風調雨順，媽祖在世時就以通曉天象與知人禍福的巫女特殊才能而被倚重，媽祖的行善救助事蹟更被鄉裡民眾稱為神女或龍女。媽祖救助旱災、下降甘雨的事蹟，又如宋代慶元四年（西元1198 年），在福建沿海一帶因久旱不雨，農作物枯死的情形無以計數，福州、興化、泉州與漳州等地的人們十分愁苦，紛紛跪地祈求降雨，而地方官員也都加入百姓祈雨的行動，但只有興化降下甘雨，使得糧食豐

---

[37] 蔡相輝等編，《媽祖傳記石雕之美》，頁 22。

[38] 安平鎮文史工作室，《媽祖信仰與神蹟》（世峰出版社，2001 年），頁 20。

收，人們均歸功於媽祖救助，將此事稟奏朝廷，故宋寧宗慶元四年封媽祖為「靈惠助順妃」。清代嘉慶之後於台灣有「降雨袪蟲」的故事：

> 清朝嘉慶以後，安溪移民入墾台北文山、坪林、石碇等處種植茶葉。至咸豐十年（西元 1860 年）台茶大量外銷歐美，茶樹遇旱，蟲害滋生，為祈豐收，茶農常迎關渡宮媽祖繞境，相沿成習。其後擺接堡漳和、永和、潭墘、秀朗、牛埔、中坑等莊民亦起而效之，恭迎關渡宮媽祖繞境祈安。[39]

媽祖救助的功能隨著時代的演進而增加，因媽祖能禱雨救助旱災，居民為了避免「茶樹遇旱，蟲害滋生」，故祈求媽祖救助，降雨以袪除蟲害，居民經常虔誠恭迎關渡宮媽祖繞境，以祈安順。

在媽祖醫治病人的故事中，祂治病的方法包含道教術士所用的懺悔禱告、靈符和服用，服用的有泉水、草藥或一般民間的藥材。〈聖泉救疫〉故事如下：

> 南宋紹興二十五年的端午節前夕，瘟神進了莆田村。……一位長者在媽祖神像前，不斷的禱告，後來他迷迷糊糊的進入夢鄉，見媽祖從神座上走下來，說：「離海邊一丈外，有塊圓圓石下有甘泉，喝了可治瘟疫。」長者醒來，按照媽祖夢示的地點挖掘，果然見有一股清泉沸湧，垂危病人一喝就止住了吐瀉。[40]

由以上故事，知媽祖於夢中提示聖泉所在地，喝了甘泉的病人，得以醫治瘟疫病症。南宋高宗紹興二十五年（西元 1155 年），朝廷封媽祖為「崇福夫人」，認為媽祖有穩定民心的作用，故下詔褒封媽祖。以下是「靈符回生」的故事：

---

[39] 蔡相輝等編，《媽祖傳記石雕之美》，頁 124。

[40] 故事見〈聖泉救疫〉，林仙久搜集，〈南海媽祖—媽祖〉，卓鐘霖等編，《福建文學四十年選‧民間文學卷》，頁 194。

> 瘟疫流行，莆田縣令家人染病，請媽祖救治。媽祖曰：此係天
> 數，何敢妄干。縣令曰：「千里宦遊，全家客寓，生死懸於神
> 姑，幸憫而救之。」媽祖念其素稱仁慈，取菖蒲九節，並書符
> 咒，令貼病者門首，煎蒲飲之。病者皆癒，縣令得再生之賜，
> 登門拜謝。[41]

以上故事中，媽祖以靈符救治瘟疫染病的莆田縣令家人，病者皆獲痊
癒，縣令得以再生。清代仁宗嘉慶二十五年（西元 1820 年），有「顯
聖救疫」的故事：

> 嘉慶二十五年夏，淡水廳大旱，秋瘟疫，病者甚多，醫藥罔
> 效。居民迎神問方，降乩示曰：取某方服之可癒，並犒軍以安
> 百靈。病者遵奉辦理，不數日皆癒。有持方問於藥師者，稱所
> 示藥方隱合醫理，眾皆嘆服媽祖聖靈。[42]

媽祖顯靈提示救疫藥方，救治了染疫居民，眾人皆讚服媽祖聖靈。後來
在媽祖廟裡，通常有詩籤也有藥籤；媽祖屢顯神力，因此獲得「醫神」
的稱號。

　　媽祖救助飢荒災民的故事如〈濟度飢荒〉[43]，宋理宗寶祐元年（西
元 1253 年），莆田、泉州一帶五穀欠收，一頭梳帆船髮髻（媽祖髻）
的女丐，勸米商把糧船運到興、泉，可獲利數倍，結果適得其反，造成
米供過於求，加上颱風不息，無法轉運，於是飢民以賤價買到米，紓解
了大饑荒；媽祖在饑荒之年幫助飢民，以調度米商的方法，間接的拯救
了飢民。還有「靈山白米」，是清乾隆四十七年（西元 1782 年）發生
於台灣的故事：

---

41 蔡相煇等編，《媽祖傳記石雕之美》，頁 30。
42 蔡相煇等編，《媽祖傳記石雕之美》，頁 122。
43 故事見〈濟度飢荒〉，林仙久搜集，〈南海媽祖—媽祖〉，卓鐘霖等編，《福建文學
　　四十年選‧民間文學卷》，頁 192-193。

乾隆四十七年台灣發生大地震，又逢荒年欠收，民心不安。關渡宮亦丹青渙散，棟樑蛀蝕，住持僧意松發心重修。時物價騰貴，工匠伙食不繼，意松虔禱於媽祖尊前。廟旁原有岩洞忽裂一縫，清晨自有米流出，盛已煮食，適足一日之需，及廟宇竣工，米即終止。[44]

台灣關渡宮於清代乾隆年間獲得媽祖的救助，在大地震與荒年欠收的時刻，竟從岩洞一縫隙流出白米，濟助一日所需，直到廟宇完工才停止；媽祖的慈悲心，再次於行善故事中表露。

媽祖有關佑助平定海寇的故事很多，在福建莆田有不少媽祖平寇的事蹟，南宋紹興二十六年（西元 1156 年），涵江有一位商人鄭立質，他自廣東番禺航海回莆田的途中，突然遭遇六艘賊船的攻擊，商人在情急之下，連忙請求媽祖救助，於是「忽然間海上煙霧勃起，風雨欸至，驚濤駕山，對面不相睹識，全如深夜。繼而又開霽帖然，賊船悉向東南去，望之絕小。」[45] 媽祖以風雨驅逐賊船，鄭立質的商船方能平安返回莆田；媽祖驅走海寇的傳聞傳遍東南沿海，海上商人對於媽祖更加信奉，南宋朝廷晉封媽祖為「靈惠妃」，且人們集資以修建媽祖分靈廟，彰顯媽祖有祈必應、護航顯靈的事蹟。又據元代程端學《靈慈廟記》的記載：「（南宋孝宗）紹興三十年（西元 1160 年）海寇嘯聚江口，居民禱之，神現空中，起風濤煙霧，寇潰就獲。」「（南宋孝宗）乾道三年（西元 1167 年），……又海寇作亂，官兵不能捕，神迷其道，俾至廟前就擒。」「（南宋寧宗）嘉定十年（西元 1217 年），亢旱，禱之雨，海寇犯境，禱之獲。」「（南宋理宗）景定三年（西元 1262 年），禱捕海寇，得反風膠舟就擒。」再如發生於南宋孝宗淳熙年間的「溫台勦寇」，內容於下：

---

[44] 蔡相煇等編，《媽祖傳記石雕之美》，頁 108。
[45] 《莆禧開媽宮別傳》，引自《夷堅志・戊》卷 1《浮曦妃祠》，載莆田文化網。

淳熙十年（西元 1183 年），福建都巡檢姜特立奉命征勦溫州、
台州草寇，賊船勢大，官軍甚懼，禱於媽祖曰：海谷神靈惟神女
夫人威靈顯赫，乞垂庇護！忽見諸神將立雲端，閃電流虹，賊大
駭。官軍乘風騰流衝擊之，獲賊酋，並擒其黨，奏凱而歸。[46]

由上可知媽祖佑助官軍，派遣諸神將救助，而將所有海寇擒住，大獲
全勝。據南宋莆人丁伯桂於《順濟聖妃廟記》的記載，有「平大奚
寇」的故事，發生於南宋寧宗慶元六年（西元 1200 年），當時大奚寇
作亂，官方調動福建舟師討伐，並向媽祖祈禱，媽祖神光顯現，助掃
蕩海寇。還有「助擒周六四」的故事發生於南宋寧宗嘉定元年（西元
1208 年），海寇周六四犯境，舟艦繁多，民眾向媽祖祈禱求助，於是
「忽見空中有劍戟旗幟之形，各相驚疑，舟衝礁擱淺，官軍追之，悉就
俘。」[47] 再次說明媽祖助平海寇。又如明永樂七年（西元 1409 年），
據《天妃顯聖錄》〈夢示陳指揮全勝〉記載，欽差統領陳慶前往西洋，
中途遇海盜想要搶劫，陳慶率官兵向媽祖禱告，夜晚夢得媽祖指示從上
流攻打海盜，海盜逆風逆流，無法搶劫，陳慶得媽祖神助而獲得勝利。
在明永樂十八年（西元 1420 年），有「助戰破蠻」的故事：

永樂十八年，倭寇哨兵渡海，都指揮張翥統領水軍防禦。倭兵
善水戰，分舟師據海口，明軍樵汲道絕，困甚，同扣禱媽祖求
助。忽波心撼激，倭舟蕩漾，蓬緯繩斷。一兵忽披髮跳躍大呼
曰：速越舟破賊。兵遂奮勇衝殺，擄殺、擒獲倭兵不計其數。[48]

倭寇是十三至十六世紀的日本海盜的泛稱，他們活躍於朝鮮、中國沿海
各地和南洋一帶。明永樂年間倭寇渡海佔據了海口，張翥帶領水軍極力
防禦，並向媽祖祈禱求助，得到媽祖的神助，於是士兵奮勇擊敗倭寇。

媽祖救助困境的事蹟有「師泉井」的故事：

---

[46] 蔡相煇等編，《媽祖傳記石雕之美》，頁 52。
[47] 蔡相煇等編，《媽祖傳記石雕之美》，頁 64。
[48] 蔡相煇等編，《媽祖傳記石雕之美》，頁 78。

　　康熙二十一年（西元 1682 年），朝廷派施琅收復台灣。施將軍
率領三萬大軍到莆田，駐紮在平海衛，平海衛一片荒涼，士兵
們個個肚餓嘴乾，……他向媽祖祈求說：「媽祖庇佑，這寫有
『水』字的黃紙，燒成灰燼，讓風吹飛。灰燼停留的地方，就
是水源，若有水，讓我部下吃飽喝足，順利渡海。」……飄到
宮前一塊空地上，士兵挖掘，才挖數尺，水就源源冒出。挖到
一丈深時，泉水大湧……。[49]

在以上的故事中，媽祖發揮神力，指出水源所在處，紓解缺水的困境，
拯救了施琅的三萬士兵，施琅回朝後向皇帝稟報，重修平海的媽祖宮，
並親自寫下「師泉井」三字，立石碑於水井旁，以表感念媽祖。媽祖救
助困境的事蹟還有「錢塘助堤」的故事：

　　嘉熙元年（西元 1237 年），浙省錢塘潮翻，江堤橫潰，大為都
省患，波湧浩蕩，版築難施。都人號祝於神媽祖，忽望水波洶
湧，時濤頭上艮山祠，若有所限拒而水勢倒流不前者，因之水
不衝溢，堤障得成，永無泛圮之患；眾咸稱神力捍禦。[50]

浙省錢塘江入海口的海潮就是錢塘潮，錢塘江潮被譽為「天下第一
潮」，南宋理宗嘉熙元年錢塘江的潮水洶湧導致潰堤，民眾向媽祖祈
禱求助，媽祖顯靈救助，使永無泛圮的情況，眾人都稱揚神力捍禦的力
量。由此可見媽祖不僅是海神，解救海洋危難，也救助江河災難，媽祖
因而成為全能的水神。

　　媽祖佑助抗金的故事，也是屬於助兵作戰的故事，據南宋丁伯桂
《順濟聖妃廟記》記載：「（南宋寧宗）開禧丙寅（西元 1206 年），
金寇淮甸，郡遣戍兵，載神香火以行，一戰花黶鎮，再戰紫金山，三戰
解合肥之圍。神以身現雲中，著旗幟，軍士勇張，凱奏以還。」元代程

---

49 〈師泉井〉，林仙久搜集，〈南海媽祖—媽祖〉，卓鐘霖等編，《福建文學四十年選‧民
　　間文學卷》，頁 195-196。
50 蔡相煇等編，《媽祖傳記石雕之美》，頁 66。

端學的《四明續志・靈慈廟記》也有類似記載：「（南宋寧宗）嘉定元年（西元 1208 年），金人寇淮甸，宋兵載神主戰於花㯺鎮，仰見雲間皆神兵旗幟（樹靈惠妃旗），大捷，及戰紫金山，複現神像，又捷；三戰遂解合肥之圍。」[51]「金人寇淮甸」之淮甸，泛指古淮水以南的地區，亦即今安徽、江蘇中部這一帶。兩段宋金之戰記載中，「宋兵載神」以戰金兵，前者「神以身現雲中」，媽祖神靈出現，後者「仰見雲間皆神兵旗幟」及「複現神像」，皆帶給宋兵很大的鼓舞，因而三戰大勝；媽祖調派神兵，助宋兵擊敗金人，朝野上下十分震驚，於是宋朝廷又褒封媽祖為「靈惠助順顯衛妃」。丁伯桂與程端學兩位作者各在宋、元兩朝代記載相同的歷史事件，只是抗金時間相差兩年，然而描述的內容基本上是一樣的；而丁伯桂《順濟聖妃廟記》記載的「開禧丙寅」宋抗金應當與史實相符[52]。此事之後，媽祖信仰不僅在民間流傳，更傳播到軍事官方，媽祖的救助拓展到軍事戰爭中；於是無論民間生活、海商，還是國家的政治、經濟、文化、軍事各方面，都盛行媽祖信仰，媽祖的庇佑範圍無限擴大。

媽祖助軍作戰的故事在清代屢有事蹟。由於民間尊稱媽祖為「海神」，在較大的船舶和中小商船、漁船上有供奉媽祖的神龕、神位，如明代鄭和與其他使臣都有在船艙內供奉媽祖，祈求航海順利平安，為海上航行重要的精神信仰，除此之外，媽祖對於敵人入侵陸地、陸地動亂以及現代的空中襲擊，也顯靈救助。媽祖助軍作戰的故事也發生在台灣，鄭成功收復台灣之後（清代康熙年間，西元 1662 年），清兵要攻打東衛，「聖母變成一個穿白衣的女子，在天上騎著白馬喊打喊殺。清兵的將官看到嚇死了。」[53]趕緊收兵回去。清代康熙二十二年（西元

---

[51] 內容同（宋）《靈濟廟事蹟記》（碑刻），轉自俞信芳：《媽祖的早期文獻及與鄞縣之關係》，中華媽祖網。

[52] 參自黃國華，〈媽祖與宋代抗金平寇〉（莆田：莆田文化網莆田文化，2012-5-23），頁 1-2。

[53] 金榮華整理，〈媽祖顯靈〉，《澎湖縣民間故事》（台北：中國口傳文學會，2000 年），頁 98-99。

1683 年），「誥封天后」的故事如下：

> 康熙二十二年六月，清軍出兵攻打鄭克塽，澎湖係台灣中道之
> 衝，難以徑渡。施琅整奮水師，嚴飭號令，士卒於舟中謂恍見
> 媽祖如在左右，遂皆賈勇前進。雙方互發火炮，喊聲震天，煙
> 霧迷海，清軍戰艦遂得入澎湖，鄭克塽降。二十三年八月，誥
> 封為天后。[54]

以上媽祖助軍作戰，施琅帶領的士兵於船中恍若見到媽祖顯靈，激發強
大士氣，於是清軍得以進入澎湖，使得鄭克塽投降。再如：乾隆五十一
年（西元 1786 年），台灣爆發林爽文（漳州人）領導的天地會暴動，
清廷下令福康安（陝甘總督大學士）與海蘭察（參贊大臣）率領綠營
八千人到台灣平亂，才平息了天地會事件；福康安於乾隆五十三年（西
元 1788 年）向清廷稟奏：官兵得到媽祖的默佑才戰勝，故請求褒封媽
祖，於是乾隆皇帝褒封媽祖為「護國庇民妙靈昭應弘仁普濟福佑群生誠
感咸孚顯神贊順天后」。清代光緒十年（西元 1884 年），「抗法保台」
的故事如下：

> 清朝光緒十年，法軍由海路攻打台灣，劉銘傳統籌防務。八月，
> 法軍攻基隆，轉攻淡水，劉銘傳調兵嚴防。關渡義勇奉媽祖香火
> 前往協防，法軍三攻受挫，退攻澎湖。劉銘傳奏上媽祖顯靈助戰
> 神蹟，光緒帝賜匾「翌天昭佑」，分懸關渡宮及淡水福佑宮。[55]

媽祖顯靈助戰，使法軍攻台受挫，故光緒帝賜予「翌天昭佑」匾額，
以褒揚媽祖神蹟顯著。又如：日本殖民統治台灣時期（西元 1895-1945
年），有媽祖助軍抵擋敵人的故事：盟軍轟炸，有一顆丟到現在望安分
局的炸彈，被一全身白衣的漂亮女子，「用裙子接住炸彈，再丟到海
裡，她就是媽祖。」[56] 媽祖在國家發生戰亂時，助軍防禦敵人，保護鄉

---

[54] 蔡相輝等編，《媽祖傳記石雕之美》，頁 92。
[55] 蔡相輝等編，《媽祖傳記石雕之美》，頁 126。
[56] 金榮華整理，〈媽祖接炸彈〉，《澎湖縣民間故事》，頁 102-103。

土，展現超級神力，已然成為萬能的神。

　　媽祖有關佑助移民渡台的故事，據台灣《林氏族譜》記載：「北宋初，北方流民入莆田湄洲沿岸，林默（即媽祖）造木排渡難民往澎湖定居求食。」[57] 在《唐山過臺灣的故事》中也記載了一些媽祖幫助移民們渡過台灣海峽到台灣的故事。從故事中可看到媽祖幫助人們到澎湖、台灣，自北宋初年就有事蹟。

四、建廟故事

　　媽祖的建廟故事亦充滿了傳奇性，廟宇是供奉神祉的神聖地方，「廟興神興」，廟宇除了是神明居住地，更是神明與信徒互動的地方，媽祖藉由現光影、托夢和現身的方式，促使信仰的民眾興建廟宇以供奉她，並且媽祖自己做主選擇廟宇地址、建材和樣貌等，然後告知或提示信徒建廟、擴廟或護廟。媽祖建廟的故事最早見於宋洪邁《夷堅志》〈林夫人廟〉。台灣關渡媽祖廟也有媽祖顯靈建廟的神蹟：

> 相傳關渡媽祖的神像被奉祀在大船上，一天大船航行至台灣海峽，遇颱風被撞沉，媽祖神像漂到淡水河內，被一位農夫發現，暫時奉祀在北投慈生宮。某天夜裡，媽祖托夢給村長說：用太平山的木材建造一座廟宇來供奉我……。隔天，信徒發現媽祖神像不在廟裡，四天後，在現在的關渡媽祖宮，找到神像。村民認為這就是媽祖親自選的廟址。村長立即帶著錢和幾位村民到太平山買木材，山主說：「昨晚有位妙齡婦人來訂木材。」細問後得知：「是媽祖親自來訂約。」山主便自願將木材全數獻出。不料當天晚上，風雨交加，所有木材被吹斷成材，全數隨山洪沖到廟址附近。信徒便拿這些木材來建廟。[58]

---

[57] 陳光榮，《尋根攬勝興化府》（福州：海風出版社，2000年），頁85。

[58] 謝金選，〈神秘的關渡媽祖〉，《台灣風物》第四卷第二期（台北，1955年），頁15-16。

「南有北港媽，北有幹豆媽（關渡媽祖）」，以上故事中，媽祖託夢，加上指定木材、親選廟址、化身訂材、改變天象吹斷木材等，這些都是很少見的，故事經流傳之後，關渡媽祖廟因而香火鼎盛。

從文獻中得知許多媽祖現身訂購木材建廟的故事，據一般推想是善心人士去購買，但為了宣揚媽祖的神力，或是捐獻者有為善不欲人知的心意，因此產生信眾訂購木材，而宣稱是媽祖親自買建材的故事。

建廟故事之「聖墩建廟」在前面「媽祖的生平傳說」曾論述，另有「銅爐潮流」（北宋哲宗元符初年，西元 1098 年）、「托夢建廟」（南宋高宗紹興二十七年，西元 1157 年）、「托夢除奸」（明代嘉靖年間，西元 1566 年）的故事。以下是「銅爐潮流」內容：

> 仙遊縣楓亭係南北通津，有溪達海，元符初，某日潮長，水漂一銅爐，溯流而至。鄉人觀者如堵，某人下水取藏之家。是夜，楓人同得夢云：我湄神也，欲為爾一鄉造福。里人林文可感神靈默祐，備香花奉銅爐至錦屏山下，割田建祠祀之，禱祝者無不應驗。[59]

仙遊縣楓亭位於莆南六十里處，有溪流通達大海，元符初年，漂來一座銅爐，楓亭鄉人得到相同的夢提示說：「我湄神也，欲為爾一鄉造福。」於是鄉人至錦屏山下建祠奉祀媽祖，禱祝的人都獲得媽祖的庇佑。「托夢建廟」的內容如下：

> 紹興二十七年秋，莆城東五里白湖，有水市諸舶輳集，某夜，章、邵二姓族人共夢神指立廟之地。里人兵部侍郎陳俊卿聞之，捐地以奉神。次年廟成，為一方聖境。三十年，流寇劉巨興犯江口、海口，居民虔禱於廟，媽祖屢現威靈，遂為官軍所獲。[60]

---

[59] 蔡相煇等編，《媽祖傳記石雕之美》，頁 44。
[60] 蔡相煇等編，《媽祖傳記石雕之美》，頁 48。

此建廟故事一樣與媽祖託夢有關，南宋紹興年間莆城東五里處白湖因而建廟，媽祖保佑居民，三十年後流寇作亂，向媽祖虔誠祈禱，得到媽祖顯威靈保護。「托夢除奸」的內容如下：

> 嘉靖中，奸臣嚴嵩當權，殘害忠義，御史林潤於夜間擬稿彈劾之，於几上假寐，夢媽祖曰：權奸蠹國，公報主忠誠，必允所奏。林潤寤而嘆曰：奸臣播虐忠良，神人共憤，天妃迺有除奸之靈！若此本得旨，當建廟祀之。果章奏而帝俞允，遂建廟於涵江東卓，以答神恩。[61]

此故事則是在明代嘉靖年間，媽祖有除奸的靈應，故得朝廷建廟奉祀以報神恩。

五、鬥法故事

　　媽祖進入道教神靈系統後，有媽祖與保生大帝（又稱大道公）的故事，其中有鬥法的情節。保生大帝吳本（北宋人，西元 979-1036 年）是道教著名的神醫之一，由於保生大帝對媽祖一見鍾情，就追求大他多二十歲的媽祖，但求婚被拒絕，於是互相鬥法；另一說法是天上諸神想撮合海神媽祖與神醫保生大帝的姻緣，但媽祖看到母羊生小羊痛苦的情景，聯想到結婚生小孩的痛苦，因而抗拒婚姻。無論這兩種情形的哪一種，都讓保生大帝非常生氣，於是產生鬥法之事：

> 大道公向媽祖求婚被拒那年的三月二十三，媽祖生日這天，……他便施展法術，使西北雨傾盆而下，把媽祖淋得像落湯雞，媽祖抹的粉遇雨水融化了，因此花容失色，狼狽不堪。……第二年的三月十五日，大道公生日那天，……媽祖想讓他出醜，於是施展法術，刮起一陣大風，用風把坐在轎裡的大道公的黑紗帽吹到地上去，讓人看到他的禿頭。[62]

---

[61] 蔡相煇等編，《媽祖傳記石雕之美》，頁 82。

[62] 陳慶浩等編，《台灣民間故事集》（台北：遠流出版社，1989 年），頁 161-172。

民間傳說大道公生日會吹風，媽祖生日會下雨，就是祂們兩人在鬥法。此鬥法的內容似乎挪用了桃花女鬥周公的故事，他們都自認能力超強，但結局不同，桃花女和周公圓滿結婚，保生大帝與媽祖則無緣結為連理。然可見在民間觀念裡，對於女神的崇拜依舊永久存有生殖生育、繁衍傳承的意識。

道教女神媽祖「法力玄通，屢顯神異」，祂還有收伏神魔的故事。媽祖有兩位侍神，一位是「千里眼」，一位是「順風耳」，兩位是道教中的守護神，前者綠面綠衣，右手持叉，左手舉至額前做遠眺的姿態，後者紅面紅衣，右手持著方天畫戟，側耳做傾聽的姿態。傳說「千里眼」、「順風耳」原先是妖精，在桃花山上作亂，後來與媽祖鬥法，失敗降服，成為媽祖的護衛和助手。《天妃顯聖錄》記載：

> 先是西北方金水之精，一聰而善聽，號「順風耳」，一明而善視，號「千裡眼」。二人以金水生天，出沒西北為祟，村民苦之，求治於妃。妃乃雜跡於女流採摘中，十余日方與之遇。彼誤認為民間女子，將近前，妃叱之，遽騰躍而去，一道火光如車輪飛越，不可方物。妃手中絲帕一拂，霾障蔽空，飛揚卷地。彼仍持鐵斧疾視。妃曰：「敢擲若斧手？」遂擲下，不可復起。因咋舌伏法。越兩載，復出為屬；幻生變態，乘濤騎沫，滾蕩於浮沉蕩漾之中，巫覡莫能治。妃曰：「江河湖海，水德攸鍾，彼乘旺相之鄉，須木土方可克之。」至次年五、六月間，絡繹問治於妃。乃演起神咒，林木震號，沙石飛揚。二神躲閃無門，遂拜伏願皈正教。時妃年二十三。[63]

故事即「先是二神為祟西北，民間苦之，求治於後。後曰：『此金水之精，乘旺所鐘，我當以火土克之。』乃演咒施法，二神遂懼而皈依焉。」[64] 媽祖「演咒施法」，收服千里眼、順風耳為手下大將軍，此為典

---

[63] （明末清初）照乘，《天妃顯聖錄》，台灣文獻叢刊本第 77 種，頁 20。

[64] 蔣維錟編校，《媽祖文獻資料》。

型的道教大神的表現。《中國民間故事集成・福建卷》〈鎮兩妖〉中也有記敘：「林默娘同其他女子，到山裡採野菜。兩妖精見了就動手腳調戲。……（兩妖精）便放下兵器，跪下求饒。過了兩年，兩個妖精又經常出來擾亂，……磕頭請罪，願意聽從林默娘使喚。」[65] 以上就是媽祖收服「千里眼」、「順風耳」的故事，曾是危害百姓的妖魔，在媽祖的收服、教化下，願意伏首皈依，成為媽祖的侍神；媽祖善用「千里眼」、「順風耳」兩人的特異功能，寬容大量的委以重任，幫助媽祖廣施福澤於人們。至今在奉祀媽祖的廟裡，於媽祖左右可看到這兩位侍神。

媽祖有關鬥法的故事還有「收服晏公」、「伏高里鬼」、「奉旨鎖龍」、「斷橋觀風」、「收伏嘉應、嘉祐」等。「收服晏公」的故事如下：

> 海怪晏公，長髯突睛，金冠繡袖，常於海中騎海豚，翻溺舟楫，為水途大患。媽祖曰：「此妖不除，風波不息。」乃乘舟至東溟，見晏公隨潮升降，觸纜拂檣，形同電掃雷震。媽祖演出靈變。晏公委蛇奔騰，左翻右滾，機破技窮，乃還神龍本象皈依。媽祖令為部下總管。[66]

晏公是一海怪，在海中興風作浪，媽祖為除此怪，故「演出靈變」，收伏晏公，晏公返還神龍原本形像，皈依媽祖，然後媽祖令晏公為部下總管。「斷橋觀風」的故事如下：

> 莆田吉蓼寨城西，有石橋跨海，為往來渡口。某日，忽怪風掃地，霹靂如雷，橋柱斷折，鄉人以涉水為苦，相傳「風伯為災」。媽祖往觀，望見一道黑氣，噴散迷漫，知有二妖作怪，因演出靈變，逼其遠遁，並告誡鄉人風雨暗夜勿往其地。[67]

---

[65] 〈鎮兩妖〉，《中國民間故事集成・福建卷》，頁 186-187。
[66] 蔡相煇等編，《媽祖傳記石雕之美》，頁 28。
[67] 蔡相煇等編，《媽祖傳記石雕之美》，頁 36。

媽祖前往有怪風肆虐的莆田吉蓼寨城西查看，查知有二妖作怪，因而「演出靈變」，逼走二妖，保護鄉民。

第三節 媽祖與儒佛道有關的故事

由文獻資料裡的故事，可知各朝代皆紀錄媽祖於儒家、佛教與道教三者中都受到尊崇和重視，而將媽祖信仰的宗教屬性歸於三教的互相認同。

元代時期，媽祖的身分成為佛、道的神仙人物，而祂的家世被認為來自官家貴族，祂救父兄的孝女形象，及世人在奉祀媽祖時，猶如尊奉慈母，均具儒家思想。在黃仲元的〈聖墩順濟祖廟新建蕃釐殿記〉（元大德七年，西元 1303 年）中記載：

> 按舊紀，妃族林氏，湄洲故家有祠，即姑射神人之處子也。泉南、楚越、淮浙、川峽、海島，在在奉嘗；即補陀大士之千億化身也。……他所謂神者，以死生禍福驚動人，惟妃生人、福人，未嘗以死與禍恐之，故人人事妃，愛敬如母，中心嚮，然後於廟饗之。……書既，繫以詩曰：……赫赫公家，有齊季女。生也賢哲，嶽鍾瀆聚。歿也神靈，雲飛電吐，不識不知，自成功所……。[68]

文中「姑射神人之處子」一句出自《莊子·逍遙遊》，宋代道教封莊子是南華真人，《莊子》即為「南華真經」，此句意為在姑射山（姑葉山）上修道得道的女性真人，而且女神人面容姣好，此處顯示媽祖具有道教真人身分。「補陀大士之千億化身」一句中的補陀山（浙江普陀山）在佛教裡傳說是觀世音菩薩得道的地方，補陀大士即是觀世音

---

[68] （元）黃仲元，〈聖墩順濟祖廟新建蕃釐殿記〉，《四如集》卷二，《景印文淵閣四庫全書》集部第 1188 冊（台北：台灣商務印書館，1987 年），頁 626-627。

菩薩的化身，故此處表示媽祖為菩薩化身的神[69]。「人人事妃，愛敬如母，中心嚮，然後於廟饗之。」是儒家的說法，媽祖對世人仁愛，啟發忠孝，顯出中國傳統慈母的形象，人們對媽祖心生嚮往，述明媽祖信仰受儒家思想的影響，從此文可推知在元代媽祖信仰的本質包含道教、佛教與儒家三種思想。而文後「赫赫公家，有齊季女。生也賢哲，嶽鍾瀆聚。歿也神靈。」指出媽祖應出生自顯赫家族，是福建莆田湄州嶼林姓巡檢的千金，去世後因有顯靈救難的許多事蹟，而被供奉為神。

明代年間，《繪圖三教搜神大全》卷四〈天妃娘娘〉文中述：「我國初成祖文皇帝七年，中貴人鄭和通西南夷，禱妃廟，徵應如宋，歸命，遂敕封護國庇民妙靈昭應弘仁普濟天妃，賜祠京師，尸祝者遍天下焉。」[70]此書成於永樂七年（西元 1409 年）之後，文中所述表示媽祖地位提升，帝王和百姓聯合崇祀，推使媽祖的神聖地位與佛、道、儒的神祇並駕齊驅。

一、媽祖與儒家的相關故事

元黃仲元文中說「人人事妃，愛敬如母，中心嚮，然後於廟饗之。」顯示奉祀媽祖的誠心，如尊崇敬愛慈母，推知媽祖信仰的本質包含儒家。晚明的儒家學者王慎中等人認為維護媽祖崇拜有利於推展儒家思想，可使人民講仁義道德，走向仁道，因而媽祖信仰也被融入儒家系統中。明代弘治年間，《八閩通志》的〈天妃廟記〉中記載：「初有廟在莆田之江口。紹興間，有司以靈驗聞于朝，封靈惠夫人。十有二封。而至靈惠、協正、嘉應、善慶妃。父、母、姊及神之佐，皆有封號。」[71]碑記敘述媽祖昇天後，明朝廷為褒獎其孝心，媽祖的父母姊皆

---

[69] 學者蔡相煇對「媽祖為大士轉身」有所研究，著文：〈媽祖信仰宗教基因解密〉、〈媽祖與觀音〉、〈媽祖信仰的宗教本質〉等均曾論及。

[70] 《繪圖三教搜神大全》卷四〈天妃娘娘〉（台北：聯經出版事業公司，1986 年），頁 187。

[71] 蔣維錟、鄭麗航輯纂，《媽祖文獻史料彙編（第一輯）·碑記卷》，頁 21。

都有封號；於是人們在奉祀媽祖時，也祭祀其家人，透過祭祀儀式對媽祖的孝心有更具體的了解。

　　清代康熙年間的丘人龍整理《天后顯聖錄》，文中記載媽祖生平，尤其強調媽祖信仰具有儒家的色彩，媽祖小時「從塾師訓讀，悉解文義。」[72] 在八歲即開始閱讀儒家經典。清代嘉慶年間陳池養在〈孝女事實〉文中將媽祖塑造成孝女的形象，文中敘述媽祖在十六歲時，不畏艱難危險於海上營救父兄的故事：

> 林孝女係出莆田唐邵州刺史薀九世孫。……年十六，隨父兄渡海，西風甚急，狂濤怒憾，舟覆。孝女負父泅到岸，父竟無恙，而兄沒於水。又同嫂尋其兄之屍，遙望水族轙集，舟人戰慄，孝女戒勿憂，鼓枻而前，忽見兄屍浮水面，載之歸葬，遠近稱其孝女。嶼之西有曰門夾，石礁錯雜，有商船渡北遭風，舟人哀號求救。孝女謂人宜急拯，眾見風濤震盪不敢前，孝女自駕舟往救，商舟竟不沉。自是矢志不嫁，專以行善濟人為己任，尤多於水上救人·殆海濱之人習於水性，世因稱道其種種靈異，流傳不衰。裡人立祠祀之，號曰「通賢靈女」。厥後，廟宇遍天下，累膺封賜。而稱以夫人、妃、後，實不當，惜當日禮官未檢正也。[73]

上文記錄媽祖的孝行和仁愛事蹟，皆以儒家觀點闡揚。清光緒年間據《天后聖母幽明普度真經》中的記載，媽祖的形象符合「救民保國」、「報國捐軀」、「子臣弟友」、「忠孝節義」等儒家道德規範。[74] 直到清末民國年間，林孝女的說法皆獲得認同，如民國鄭貞文撰寫的〈孝女林默事略〉。

---

[72] 轉引自王蘭鳳，〈媽祖形象研究〉，《懷化學院學報》（2013 年 6 月），頁 14。
[73] （清）陳池養，〈孝女事實〉，見蔣維錟、周金琰輯纂，《媽祖文獻史料彙編》（第一輯）散文卷，頁 171。
[74] 參自王蘭鳳，〈媽祖形象研究〉，《懷化學院學報》，頁 14。

媽祖昇天成仙後，不只是救助人民的危難，更多有保護外交使節、幫助海運與漕運、保護海域的安全、抵禦海盜侵襲等神蹟，這種種協助國家行使官方職能、保護國家安全的事蹟，表現護國保家的崇高精神，與儒家思想裡的「忠」非常符合。縱觀中國的所有女神，媽祖可說是受歷代朝廷褒封最豐盛的女神，一共三十六次。

保護外交使節的神蹟譬如於宋徽宗宣和四年（西元 1122 年），路允迪奉令出使高麗，在丁伯桂的〈順濟聖妃廟記〉中紀錄：「宣和壬寅，給事路公允迪，載書使高麗，中流震風，八舟沉溺，獨公所乘，神降於檣，獲安濟。明年，奏於朝，錫廟額曰『順濟』。」[75] 路允迪在福建募得莆田白塘經營海運的李氏客舟隨行，途中遇颶風，情況危急，李振向媽祖祈禱，獲媽祖保佑度過難關，路允迪返國後稟報媽祖事蹟，朝廷賜「順濟」廟額。

幫助海運的神蹟，譬如於元世祖至元十四年（西元 1276 年），元軍入攻南方臨安，將南宋皇家府庫收藏的珍寶圖籍北運，從崇明州海道運往北方大都，成為元代首次航行。[76] 自此開啟元代將江南的物資，透過海運輸往大都，航行路途艱辛，商人、船員和官員祈求媽祖保佑，至元十八年，朝廷冊封媽祖為「護國明著天妃」[77]（西元 1281 年），由宋末的一般妃爵晉升為天妃。

幫助漕運的神蹟，譬如於元大德三年（西元 1299 年），媽祖因護漕運成功而受封為「護國庇民明著天妃」；據《天妃顯聖錄》〈神助漕運〉記載，元朝廷漕運糧船 780 艘裝滿稻穀等糧食，自江蘇太平江路太倉劉家港要運往河北，船隊在中途遇到颱風，非常危及，護衛漕運的兵官數千人驚嚇萬分，押糧官跪求媽祖相救，立即天空祥光閃耀，彷彿有

[75] （南宋）丁伯桂，〈順濟聖妃廟記〉，載於潛說友《咸淳臨安志》卷七十三，見蔣維錟、周金琰輯纂，《媽祖文獻史料彙編》（第一輯）碑記卷，頁 2-4。

[76] 取材自（明）宋濂，《元史‧食貨志卷四十二》（台北：台灣商務印書館，1988 年），頁 1178。

[77] 取材自（明）宋濂，《元史‧世祖紀》，頁 124。

「朱衣擁翠蓋」佇立船前，不久風平浪靜，空中突然有聲音疾呼：「可向東南孤島暫泊。」當所有糧船駛進孤島，暴風雨大作，全體糧船逃過一劫，安然將糧食運到官府倉庫，平安返航。媽祖以神力護祐漕運，「忠」、「仁」的呈現，促使媽祖信仰由南往北拓展。

在元代程端學的〈靈濟廟事跡記〉文中說：「皇元至元十八年，封『護國明著天妃』。大德三年，以漕運效靈封『護國庇民明著天妃』。延祐元年，封『護國庇民廣濟明著天妃』。」[78]元代以蒙古族入主中原，當時沿海地區從福建、浙江、江蘇、河北等地皆有媽祖廟，官方亦前往致祭，祭祀中祈求媽祖保佑海運、漕運，媽祖被儒家的王朝「招安」、歸為國有，媽祖「對祖有功、對宗有德」，就是說明對國家和人民有功德，所以要對媽祖加以祭祀。媽祖以庇護海運而受封天妃，漕運官員亦奏請朝廷，以庇護漕運有功褒封媽祖，可見媽祖顯現儒家「忠」、「仁」的精神護國庇民，海神的地位屹立不搖。

明成祖永樂年間，鄭和下西洋，出現媽祖護航的神蹟。鄭和於永樂三年（西元 1405 年）出國，永樂五年（西元 1407 年）返國，鄭和下西洋一方面顯揚國勢富強，一方面暗訪惠帝蹤跡。永樂六年第二次下西洋期間（西元 1408 年），渤泥國王一行人入貢，返國時由內官張悅護送，張悅歸國上奏說海路危險，幸祈求媽祖而平安；之後尹璋往榜葛喇國，亦祈求媽祖而順利。因此，永樂七年（西元 1409 年）明成祖封媽祖為「護國庇民妙靈昭應弘仁普濟天妃」，南京龍江天妃廟賜廟額為「弘仁普濟天妃之宮」[79]，將媽祖的祭祀正式納入明代朝廷的京都祀典中，每年定期遣派太常寺官致祭，表明對於媽祖祭祀的重視。明成祖〈御製弘仁普濟天妃宮之碑〉（永樂十四年）曰：「此天妃神顯靈應，默加佑相。歸日以聞，朕嘉乃績，特加封號『護國庇民靈應弘仁普濟天

---

[78] （元）程端學，〈靈濟廟事跡記〉，載於《積齋集》卷四，見蔣維錟、周金琰輯纂，《媽祖文獻史料彙編》（第一輯）碑記卷，頁 18-20。

[79] （明末清初）照乘，《天妃顯聖錄》，見《台灣文獻叢刊》第 77 種，頁 8。

妃』，建廟於都城之外，龍江之上，祀神報貺。」[80] 媽祖顯神蹟護國護航，保護使節，顯現「忠」的精神，朝廷特加封號，並建廟崇奉。

明代的愛國義舉，包含名將擊敗倭寇、驅逐外國侵略者等，都被稱是得到媽祖的神助：

> 明永樂十八年欽差都指揮張翥統領浙江定海衛水師大破倭寇；明嘉靖四十年抗倭名將戚繼光大敗倭寇於台州；明嘉靖四十四年戚繼光與俞大猷率軍於南澳剿平廣東倭寇；明萬曆三十二年金門王官沈有容諭退紅毛番韋麻郎，驅逐荷蘭侵略者；明天啟四年福建巡撫南居益先後派遊擊王夢熊和總兵俞諮臬再次驅逐荷蘭侵略者；明永曆十五年鄭成功東渡收復台灣…。[81]

上面義舉以媽祖為精神支柱，媽祖護國護航，具有儒家精神，在戰役中鼓舞士氣，堅定信心，突破萬難，擊敗倭寇、海盜、外國侵略者，媽祖的信仰有安定的力量。

保護海域的安全譬如於清聖祖康熙二十二年（西元 1683 年），在施琅攻台後完成清帝國的統一，施琅奏請康熙皇帝敕封媽祖，以酬「神靈顯助破逆」，因而媽祖受晉封為天后，為「護國庇民妙靈昭應仁慈天后」十二字。施琅曾在《師泉井記》一文記錄媽祖顯靈庇佑王師三萬多人的故事，文中記載：

> 今上御極之二十一載，壬戌孟冬，予以奉命統率舟師，徂征台灣。貔虎之校，犀甲之士，簡閱而從者，三萬有餘。眾駐集平海之澳，俟長風，破巨浪，以靖掃鮫窟。爰際天時暘亢，泉流殫竭，軍中取汲之道，遙遙難致。而平澳故遷徙之壞，介在海陬，昔之井墟，盡成湮廢。始得一井於天妃廟之前，距海不盈數十

---

[80] 轉引自蔣維錟，《媽祖文獻資料》，及蔡相煇，《《天妃顯聖錄》與媽祖信仰》，頁355。
[81] 「媽祖文化連兩岸骨肉團聚興中華——媽祖文化與中華傳統美德座談會發言摘要」，轉引自楊曉雙，〈海洋女神—媽祖形象研究〉，《大眾文藝》（1），頁119。

武，瀆鹵浸潤，厥味鹹苦・其始未達深源，其流亦復易罄。詢諸
土人，咸稱是井囊僅可供百家之需，至隆冬澤愆之涸，用益不
贍。允若茲，是三軍之士所藉以朝饗夕饗者果奚恃歟？予乃殫抒
誠愫，祈籲神聰。拜禱之餘，不崇朝而泉流斯溢，昧轉甘和・綆
汲挹取之聲，晝夜靡間，歙湧滋溉，略不顯其虧盈之跡。凡三萬
之眾，咸資飲沃，而無呼癸之慮焉。自非靈光幽贊，佐佑戎師，
殲珍妖氛，翼衛王室，未有弘闡嘉祥，湛澤汪濊，若斯之渥者
也。因鑱石紀異，各曰「師泉」，昭神貺也。[82]

施琅攻台擊敗鄭氏後，曾多次記述媽祖顯靈的功績，以鼓舞士氣，故士
兵們更加虔誠的信奉媽祖，並成為媽祖信仰的傳播者；施琅於福建、台
灣修建媽祖廟，除了宣揚媽祖信仰，實際上也是在弘揚儒家文化，褒揚
媽祖「忠」的表現。

　　清代周煌《琉球國志略》卷七記載：

乾隆二年，福建總督郝玉麟疏稱：「台灣守備陳元美等在洋遇
風，虔禱天后，俱獲安全，褒封宜加。」……欽定「福祐群生」
四字。……乾隆二十二年六月十八日奉旨：用「誠感咸孚」。
欽此。[83]

由上於乾隆年間媽祖兩次受加封，可知官員皆將海上的安全，歸功於媽
祖的佑護。又於咸豐三年，媽祖護庇漕運米穀由福建、浙江、江蘇平
安運達天津[84]。清朝屢次褒封媽祖，派官員致祭與贈匾無計其數。清同
治十一年，媽祖最後一次加封，媽祖的封號最終定為六十二字：「護國
庇民妙靈昭應弘仁普濟福祐群生誠感咸孚顯神贊順垂慈篤祜安瀾利運澤

---

[82]（清）施琅《師泉井記》，轉引自蔡相煇，《媽祖信仰研究》（台北：秀威資訊科技股份
　　有限公司，2006年），頁356-357。
[83]（清）周煌，《琉球國志略》卷七，見《台灣文獻叢刊》第293種（台北：台灣銀行發行，
　　1971年），頁167。
[84]（清）王懿德、慶瑞，〈為請頒匾額事奏摺〉，見蔣維錟、周金琰輯纂，《媽祖文獻史料
　　彙編》（第一輯）檔案卷，頁111-112。

覆海宇恬波宣惠導流衍慶靖洋錫祉恩周德溥衛漕保泰振武綏疆嘉祐天后」，達到儒家思想仁愛、忠孝的完美呈現。

清代使臣出訪途中遭遇颱風，祈求媽祖保佑平安，果然使臣的船渡過海上危難，安全歸來後，他們紛奏請清朝廷褒封媽祖；以下是五次遇颱風受媽祖庇佑的事蹟：

> 康熙二年（西元 1663 年），冊封使張學禮、王垓等出使琉球王國，船經姑米山海域時遭遇颱風，祈求媽祖保佑，平安歸來後請求朝廷褒封媽祖；康熙二十二年（西元 1683 年），冊封使汪楫等在海上遇颱風，也祈求媽祖保佑，平安返回後又奏請朝行廷褒封媽祖；康熙五十八年（西元 1719 年），冊封使海寶、徐葆光等出使歸來時舟遇旋風，脫險後也奏請朝廷褒封媽祖；乾隆二十一年（西元 1756 年），冊封使全魁、周煌等人在姑米山海域遇颱風脫險，返朝後也請求朝廷褒封媽祖；道光十九年（西元 1839 年），冊封使林鴻年、高人鑒等赴琉球王國出使，途中兩次突遇風暴都祈求媽祖保佑，平安返回後也請求朝廷褒封媽祖。[85]

以上媽祖護海上使臣自颱風脫險，請求褒封媽祖；清朝廷對媽祖有 15 次褒封，是褒封次數最多的期間，媽祖受封的封號從天妃、聖妃、天后到天上聖母，屢次彰顯媽祖達到儒家思想仁愛、忠孝的極致表現。

關於媽祖信仰在台灣的傳播，今人林文濠主編的《海內外學人論媽祖》裡的〈媽祖研究的學術意義〉一文中提到：

> 明清之際，福建沿海居民大規模移居台灣，媽祖信仰在台灣廣為傳播。東渡台灣海峽的大陸移民，出發前都到媽祖宮廟祭拜，在船上供奉媽祖，祈求媽祖保佑安全渡海。登岸以後，就

---

[85] 蔡天新，〈古絲綢之路的媽祖文化傳播及其現實意義〉，《世界宗教文化》（2015 年 6 月），頁 53。

> 把護身媽祖虔誠地供奉起來。隨著台灣的開發，經濟的發展，媽祖廟宇也逐步得到擴建。[86]

明清時期媽祖信仰在台灣廣為傳播與福建移民有密切關係，移民虔誠祭拜媽祖，媽祖保佑渡海安全，移民在台灣繼續供奉媽祖，在開發臺灣初期，媽祖成為他們篳路藍縷、突破困難、建設台灣的重要精神力量。隨著台灣社會環境的變化與經濟的發展，人們追求精神生活上的撫慰，或者對於傳統文化與民間宗教有所追求，於是媽祖廟宇逐漸增加，發揚媽祖文化與儒家思想相融下，仁愛精神的表現。

二、媽祖與佛教的相關故事

媽祖與佛教的關係密切，相關的故事包含佛教將媽祖在人間的出身從巫女改變為龍女與觀音賜生；接著將媽祖的前生改變成觀音的侍神—小龍女；最後將媽祖改變為觀音大士轉身，是觀音的化身或代言人。

南宋紹定二年（西元 1229 年）丁伯桂〈順濟聖妃廟記〉中記載：「神莆陽湄洲林氏女，少能言人禍福，歿，廟祀之，號通賢神女，或曰龍女也。」[87]文中指出媽祖去世後被稱為龍女；莆田人李丑父《靈惠妃廟記》（西元 1252 年）中也記述：「或曰：妃，龍種也。」由此可知南宋時期人們已稱媽祖為「龍女」。意謂媽祖生時被視為觀音的右侍神，即龍女，學者蔡相輝研究說：

> 並稱媽祖為通賢（玄）神女，或龍女，即媽祖生前是一個宗教人物。龍女，是觀音大士二位脅士（侍）之一，另一為善財。也就是說在宋代文獻即可找到媽祖與觀音大士的連結。[88]

---

[86] 林文濠，《海內外學人論媽祖》（北京：中國社會科學出版社，1992 年）。

[87] （南宋）丁伯桂，〈順濟聖妃廟記〉，載潛說友《咸淳臨安志》卷七十三。見蔣維錟、周金琰輯纂，《媽祖文獻史料彙編》（第一輯）碑記卷，頁 2-4。

[88] 蔡相輝，〈媽祖信仰的宗教本質〉，《空大人文學報》第 19 期（台北：國立空中大學人文學系，2010 年），頁 133-155。

媽祖與觀世音菩薩連結，促使媽祖信仰快速傳開。佛教的龍女原是佛教護法天神二十諸天之一「娑竭羅龍」的女兒；民間將海神媽祖視為龍王的直系親屬，民間傳說如下：

> 傳說小龍女曾是龍王珍愛的女兒，一次到人間玩耍被水淋濕了身體，變成了一條魚，在將要被人宰殺之時被觀音菩薩身旁的善財童子搭救。因為普度眾生的觀音所做之事甚多，需要一個幫手，所以得救之後的小龍女成為了觀音身旁的「玉女」。[89]

小龍女是龍王的女兒，故媽祖能在海上救助苦難；成為觀音身旁的「玉女」後，小龍女幫忙觀音承擔了拯救海難的職責。民間傳說中的小龍女與佛教傳說中的小龍女結合起來，媽祖由此進入了佛教神靈體系。

關於媽祖為龍女的記載，還有清代《通俗編》引潛說友《臨安志》說：「神為五代閩王統軍兵馬使林願第六女，能乘席渡海，雲遊島嶼，人呼龍女。宋雍熙四年，升化湄洲，後常衣朱衣飛翻海上，土人祠之。」[90]另劉有成在福建惠安崇武的《天后廟序》中說：「粵自此廟之由來已久，神，林女也。世居湄島，生有祥光，長能乘席渡海，駕雲出遊，雍熙間升化。後人每見朱衣海上，呼為龍女。」[91]清李拔於福建霞浦的《重建天后宮記》中說：「神林姓，……閩王審知統軍兵馬使林願第六女也。生而神靈，知休咎，乘席渡海，雲遊島嶼間，人呼曰神女，亦曰：『龍女』。」[92]《古今圖書集成・神異典》卷二八中記載媽祖：「長能乘席渡海，乘之遊島嶼間，人呼曰神女，又曰龍女。」以上皆記述媽祖成長後，能乘席悠遊海中島嶼間，即被稱為神女或龍女；媽祖升

---

[89] 李舒燕，馬新廣，〈佛道介入與媽祖信仰的嬗變〉，《廣東海洋大學學報》第 28 卷第 2 期（湛江：廣東海洋大學，2008 年 4 月），頁 22。

[90] （清）翟灝，《通俗編》（卷十九）：〈天妃〉。

[91] （明）葉春及，《惠安政書・附：崇武所城志・碑記》（福州：福建人民出版社，1987 年），頁 26。

[92] （清）李拔，《天后宮記》，（民國）徐友梧，《霞浦縣誌》（卷二十四）：〈祠祀志〉（北京：方志出版社，1999 年），頁 674。

天之後，後人見媽祖著朱紅衣服飛於海上，亦稱呼祂為龍女。

由元黃仲元〈聖墩順濟祖廟新建蕃釐殿記〉文中稱媽祖為「補陀大士之千億化身」[93]，表示媽祖為觀世音菩薩化身的神，推知媽祖信仰的本質包含佛教；觀世音菩薩是與媽祖最早有關聯的神明，媽祖為觀世音菩薩所賜，因而出生前有異象。元代忽必烈與其後世的帝王，都非常崇奉佛教，以藏傳佛教喇嘛教作為元代的國教。元代為了能順利統治中原，並保障和海漕運的安全，以及抵抗陸海災害的需要，因此將媽祖與佛教文化相融合。由於元代以媽祖為普陀大士的化身，而開始將媽祖納入佛教的神靈，民間流傳的《觀世音說天妃救苦靈驗經》即具有佛教色彩，很多媽祖廟的祭祀也都由僧人主持。

明代《三教源流搜神大全》卷四《天妃娘娘》以及〈大欖天妃廟碑記〉記載，媽祖的母親王氏夢見觀音大士授給優鉢曇花，且「食之孕十四月生妃」，皆表示媽祖乃觀音所賜的誕生說。明《太上老君說天妃救苦靈驗經》記載：媽祖出生於「普陀勝境，興化湄洲」，以及媽祖「大慈大悲，救苦救難」，經文暗示媽祖是觀世音菩薩轉世。明萬曆三十年（西元 1602 年）吳還初的章回小說《天妃娘媽傳》記述：「令其前往南海求觀音授藝，觀音亦授真團盆兒一個，鐵馬一匹，並經點化，藝成而歸。」媽祖成人後求觀音習藝後返回。照乘的《天妃顯聖錄》提及媽祖「十餘歲，喜淨幾焚香，誦經禮拜，旦暮未嘗少懈。」媽祖在十幾歲即喜歡誦經拜佛，早晚不曾怠懈，這是媽祖幼年禮佛的成長說。媽祖與佛教的關係至今仍影響人們。

明末清初照乘在《天妃顯聖錄》中記載：

> 妃父，娶王氏……二人陰行善、樂施濟，敬祀觀音大士。父年四旬餘，每念一子單弱，朝夕焚香祝天，願得哲胤為宗支慶。

---

[93] （元）黃仲元，〈聖墩順濟祖廟新建蕃釐殿記〉，《四如集》卷二，《景印文淵閣四庫全書》集部第 1188 冊，頁 626-627。

> 歲己未夏六月望日，齋戒慶讚大士，當空禱拜曰：「某夫婦兢兢
> 自持，修德好施，非敢有妄求，惟冀上天鑒茲至誠，早錫佳兒
> 以光宗祧。」是夜，王氏夢大士告之曰：「爾家世敦善行，上
> 帝式佑。」乃出丸藥示之雲：「服此，當得慈濟之貺。」既寤，
> 歆歆然如有所感，遂娠。二人私喜曰：「天必錫我賢嗣矣。」[94]

以上紀錄媽祖誕生與林氏父母虔誠敬拜觀音有關，因林家累世行善，觀音因而賜媽祖予林家，此文中王氏夢見觀音賜給丸藥，服用後懷孕而產下天妃，皆與觀世音菩薩有所關聯。在照乘的《天妃顯聖錄》中並紀錄：「宋太祖建隆元年庚申三月二十三日方夕，見一道紅光從西北射室中，晶輝奪目，異香氳氲不散。俄而王氏腹震，即誕妃於寢室。」以及「道成，白日飛昇；時宋雍熙四年丁亥秋九月重九日也。」[95] 因此媽祖從出生到昇天（西元 960-987 年），享年二十八。據學者蔡相煇的研究所述：

> 〈天妃降誕本傳〉記載媽祖降生背景……。這篇記載媽祖誕生
> 因緣的短文，竟三次提到觀音大士，一敘媽祖父母敬祀大士，
> 一敘六月十五齋戒慶讚大士，一敘媽祖母親王氏夢觀音賜丸藥
> 而娠；應可確認媽祖家族與觀音信仰有密切關係。[96]

由此可知媽祖降生與觀音信仰的密切性。傳說中還有媽祖原是在觀世音菩薩門下的龍女，隨巡東海時，見到漁民被東海妖怪襲擾，因而向觀世音菩薩請求下凡救百姓。在《天妃顯聖錄》裡明禮部尚書林堯俞的序文說：

> 天妃，吾宗都巡願公之女也。……相傳謂大士轉身，其救世利

---

[94] （明末清初）照乘，〈天妃誕降本傳〉，《天妃顯聖錄》（台灣文獻叢刊第 77 種），頁17。

[95] （明末清初）照乘，〈天妃誕降本傳〉，《天妃顯聖錄》（台灣文獻叢刊第 77 種），頁17。

[96] 蔡相煇，〈媽祖信仰宗教基因解密〉，《空大人文學報》第 18 期（台北：國立空中大學人文學系，2009 年）。

人，扶危濟險之靈，與慈航寶筏，度一切苦厄，均屬慈悲至性，得無大士之遞變遞現於人間乎？[97]

媽祖是大士轉身；為救世助人，彰顯慈悲至性，觀音大士轉身變化成媽祖出現於人間。

清代《靜海縣誌》（同治十二年重輯本）：「自來尋聲救苦唯普門大士，有呼必應，故稱廣大靈感觀世音。天妃殆觀音三十二應之身歟？不然何靈異若此？」[98]媽祖是觀音大士轉身，自觀音而得到超凡法力，而且無比靈應，濟助眾生，由此可見媽祖的無邊法力也常表現出佛教化。

如今在媽祖廟中亦供奉觀世音菩薩，據學者蔡相輝的調查研究：

> 觀音為媽祖廟共同祀神：以廟宇格局比較完整的北港朝天宮為例，其正殿祀媽祖，正殿後的寢殿稱為觀音殿，祀觀音及三寶佛（釋迦牟尼、阿彌陀佛、彌勒佛）……。類似朝天宮，臺灣許多媽祖廟都有正殿奉祀媽祖，寢殿奉祀觀音的祀神佈局，如彰化南瑤宮、宜蘭昭應宮（白衣大士）、新竹長和宮、八裡天后宮（清水觀音）等……。明版《天妃顯聖錄》湄洲圖在天后宮旁繪有「觀音堂」，當前湄洲嶼媽祖故鄉的上林宮（單殿式）則在正殿神龕奉祀白衣大士（觀音），可見媽祖與觀音共祀一廟是媽祖廟普遍的現象。[99]

由媽祖廟的奉祀情形，見媽祖與觀音普遍共祀一廟，可知媽祖信仰與觀音信仰的關係極為密切，即媽祖信仰的本質包含佛教。在媽祖廟中，除了常建有觀音殿供奉觀音，並建有佛殿供奉佛祖與十八羅漢等情況。僧人主持媽祖廟也非常普遍，例如：湄洲媽祖祖廟、北港朝天宮、新港奉天宮、中港慈裕宮、台南大天后宮等都曾由僧人管理。而且據今人陳祖

---

[97] （明末清初）照乘，《天妃顯聖錄》（台灣文獻叢刊第77種），林堯俞序。

[98] （清）《靜海縣誌》（同治十二年重輯本），轉引自陳祖芬，〈佛教對媽祖文化的影響〉，《中國宗教》（2018年3月），頁61。

[99] 蔡相輝，〈媽祖信仰宗教基因解密〉，《空大人文學報》第18期，頁129-152。

芬的研究說：

> 媽祖入佛教寺廟奉祀，佛教寺廟演變為媽祖宮廟的情兄也是存
> 在的。媽祖入佛教寺廟的，如光緒年間《嘉興府志》有云：「天
> 后宮，在府治東北二裡⋯⋯鹹豐間毀，今權在覺海寺致祭。」
> 佛教寺廟演變為媽且宮廟的，如光緒年間《余姚縣志》卷十一
> 云：「法性院，在縣東二百三十步，晉天福七年邑人於古大寧
> 寺基上建有大士像。隨潮而至父老迎置於院，改觀音院，大中
> 祥符元年改賜今額，元改為天妃廟。」[100]

嘉興原於天后宮的媽祖入佛教覺海寺致祭，余姚縣的佛教寺廟於元代改
為天妃廟，可說明媽祖信仰與佛教信仰在歷史上的關係，媽祖文化與佛
教文化相互包容與影響。

三、媽祖與道教（家）的相關故事

　　從媽祖故事的研究顯示媽祖信仰的本質包含道教（家）思想。在
媽祖與道教（家）的相關故事中，有媽祖學道道成、成為救世靈女的故
事，據經典所述，媽祖前生為列入道教的神明，得天尊指派下凡，救濟
世人，升天後的媽祖成為具有廣大的神力的女神；因此媽祖自前生、降
生、生平至升天的神話故事，以及從道教經典與歷代封號等分析，媽祖
皆屬道教之神，媽祖信仰被歸入道教系統中。

　　在宋代崇道抑佛期間，媽祖經由道教成為救世靈女；宋代崇道抑
佛自開國始[101]，到宋徽宗政和元年（西元 1111 年）有大政策，在《宋
史》〈徽宗本紀〉中說：「政和元年春，壬申，毀京師淫祠一千三十八

---

[100] 陳祖芬，〈佛教對媽祖文化的影響〉，《中國宗教》，頁 61。

[101] 「道教作為中華民族的本土宗教，以東漢張道陵創立的「五斗米道」為定型化之始，經過
魏晉南北朝的改造和充實，在唐宋達到興盛。宋遼金元時期，道教進入不斷繁衍創新的
發展階段，這一時期道教，吸收了儒家倫理和佛教禪宗的心性學說。」引自王蘭鳳，〈媽
祖形象研究〉，《懷化學院學報》(6)（2013 年 6 月），頁 14。

區。」[102] 京城嚴禁非法宗教祠廟。政和七年（西元 1117 年），宋徽宗冊封自身為「教主道君皇帝」，封號使用於教門章疏，可見對道教相當重視。宣和元年（西元 1119 年）更強制將佛教道教化，《宋史》〈徽宗本紀〉中說：「宣和元年春乙卯，詔：佛改號大覺金僊，餘為僊人、大士，僧為德士，易服飾，稱姓氏，寺為宮，院為觀，改女冠為女道，尼為女德。」[103] 此次活動中，從佛改號、觀音改名到僧尼改名稱，一一道教化；佛教與媽祖信仰均陷入被壓制的困境。

　　北宋徽宗宣和四年（西元 1122 年），適逢路允迪奉令出使高麗，途中遇海難危急，幸獲媽祖保佑平安度過，路允迪返國後稟報媽祖事蹟，朝廷賜「順濟」廟額。當時正是佛教道教化時期，故於媽祖降生故事中稱觀音為「大士」，傳授媽祖法術的人被稱為「老道士玄通者」，此時媽祖因庇佑事蹟被頒賜廟額，媽祖信仰再度被重視。

　　南宋淳佑十一年（西元 1251 年），福建莆田紳士李丑父在《（京口）靈惠妃廟記》中說：「妃林氏，生於莆之海上湄洲，洲之土皆紫色，咸曰：必出異人。」[104] 文中以紫色來形容湄洲的土，自先秦以來以紫色為貴，後來紫色成為道教崇尚的顏色，如「紫氣東來」中紫氣指道氣，道教仙人居住紫府、紫房，道書是紫文，最高仙官為紫皇，故以紫色象徵媽祖是道教的神仙，女神下凡到湄洲島，可見道教改變了媽祖的前生。

　　南宋寶佑五年（西元 1257 年）劉克莊《楓亭新建妃廟記》[105] 記載「昔蒙叟稱姑射神人曰綽約若處子……以妃之事觀之，其始初非處子歟？」文中認為媽祖即是「姑射神人之處子」。廟記並提到媽祖與建隆真人（即宋太祖）同時興起的傳說，道教對修真得道者尊稱為「真

---

[102] 〈徽宗本紀〉，《宋史》本紀第 20，轉引自蔡相煇，《《天妃顯聖錄》與媽祖信仰》，頁 352。
[103] 〈徽宗本紀〉，《宋史》本紀第 20，轉引自蔡相煇，《《天妃顯聖錄》與媽祖信仰》，頁 353。
[104] 《（至順）鎮江志》卷 8《壇廟》。
[105] 《後村先生大全集》卷 91。

人」。由上可知在南宋時期，道教神譜繼續擴張的過程中，媽祖與宋太祖都被納入道教的神靈體系。

　　元代時期，媽祖的身分亦成為道教的神仙人物，元大德七年在黃仲元的〈聖墩順濟祖廟新建蕃釐殿記〉（西元 1303 年）中記載：「按舊紀，妃族林氏，湄洲故家有祠，即姑射神人之處子也。」[106] 文中「姑射神人之處子」出自《莊子》，意為在姑射山上修得道的女性真人，其面容姣好，此顯示媽祖屬道教真人，可推知在元代媽祖信仰的本質包含道教思想。

　　明末清初，據照乘《天妃顯聖錄》中的紀錄，媽祖於北宋太祖建隆元年（西元 960 年）降生，當時北方政府壓抑佛教，此時也是後周世宗顯德七年，周世宗下令大乘佛教的僧尼還俗，還俗的僧尼有數十萬人，將佛寺的金屬佛像熔化以鑄造兵器和銅錢，向江南各國發動戰事，不願還俗的的僧尼則避難到素有佛國稱號的福建，在莆田的湄洲嶼避居了不少佛教僧侶，而有變裝成老道士者，挑選媽祖為其傳人。

　　明代永樂十四年（西元 1416 年）在道教經典《太上老君說天妃救苦靈驗經》中將媽祖列入道教的神明，這部經為媽祖信仰提供了一部純粹道教色彩的經典。經文摘錄如下：

> 廣救真人上白天尊曰：鬥中有妙行玉女於昔劫以來修諸妙行，誓揚正化，廣濟眾生，普令安樂。於是天尊乃命妙行玉女降生人間，救民疾苦。乃於甲申之歲三月二十三日辰時，降生世間。……有千里眼之察奸，順風耳之報事，青衣童子，水部判官，佐助威靈，顯揚正化。[107]

由以上經文閱得天尊指派「妙行玉女」下凡，即媽祖，其下屬的道教諸

---

[106] （元）黃仲元，〈聖墩順濟祖廟新建蕃釐殿記〉，《四如集》卷二，《景印文淵閣四庫全書》集部第 1188 冊，頁 626-627。

[107] 佚名，《太上老君說天妃救苦靈驗經》，《正統道藏》傷十（台北：藝文出版社，1965年），頁 105。

神也出現於經文中，可知媽祖信仰被歸入道教系統中，後來這部經典正式收進了《正統道藏》。該經典整篇以道教的觀點描繪媽祖的降生，經典後面還附有「天妃救苦靈符」，稱說：「右天妃靈符，如有急告，焚香念前咒七遍，書此符，用井花水磨乳香調服，自然安好，無不應驗。」這與道教的符籙類似。藉著該經典，逐漸將媽祖神格條理化。

據學者蔡相煇研究研究分析：

> 媽祖神威如此靈應，永樂十四年（西元 1416 年）太監張國祥等新修《道藏》，即增編《太上老君說天妃救苦靈驗經》一卷，將天妃納入道教神仙譜系。……將媽祖說成是神仙虛構人物妙行玉女，雖曾降生人間修成正果，但全未提及媽祖父母家世及媽祖生平事蹟，可見道教人士對媽祖是陌生的，也就是此前道教並未經營過媽祖信仰。[108]

由上可知明成祖永樂十四年（西元 1416 年）太監張國祥等新修《道藏》，將媽祖歸入道教體系中。同年永樂十四年十二月鄭和再度出使西洋，欽差太監與道士至湄洲修設開洋清醮，以祈求航行平安順利，《天妃顯聖錄》〈歷朝顯聖褒封致祭詔誥〉記載：「永樂十五年，欽差內官王貴通、莫信、周福率領千戶彭佑、百戶韓翊並道士詣廟，修設開洋清醮。」[109] 學者蔡相煇說：

> 洪武年間湄洲天妃宮即已建立觀音堂，天妃宮是臨濟宗僧侶的地盤，道士在此舉辦大型祀典，過程可能不盡人意。認清了此事實，道教因而退出媽祖信仰的經營，永樂以後二百餘年間，朝廷即不再誥封媽祖，媽祖廟也繼續由臨濟宗僧人住持。[110]

由此可見自明太祖洪武年間（西元 1368-1398 年）湄洲天妃宮有觀音

---

[108] 蔡相煇，〈媽祖信仰的宗教本質〉，《空大人文學報》第 19 期，頁 133-155。

[109] 〈歷朝顯聖褒封致祭詔誥〉，《天妃顯聖錄》，轉引自蔡相煇，《《天妃顯聖錄》與媽祖信仰》，頁 356。

[110] 蔡相煇，《《天妃顯聖錄》與媽祖信仰》，頁 356。

堂與臨濟宗僧侶，是佛教的宮廟，道士在此無法施展，漸漸的道教也就不再經營媽祖信仰，明成祖永樂七年（西元 1409 年）以後竟有長達二百七十年朝廷不再誥封媽祖。直到清聖祖康熙十九年（西元 1680年），媽祖受封為「護國庇民妙靈昭應弘仁普濟天上聖母」，自此開始媽祖在清代陸續受褒封 15 次，可見清代對於媽祖的重視與信奉。

第四節　小結

　　媽祖文化的傳說故事包含生平傳說、傳奇神話、以及與儒、佛、道有關故事。從媽祖的神話故事與現實故事來看，媽祖信仰與儒、佛、道三家富有關聯性，也反映出民間社會受到媽祖傳說故事的普遍影響，產生特殊的心靈信仰與生活形式，融入社會習俗與平常生活中，而將媽祖信仰歸類於民間信仰，並成為具有普及性媽祖文化，歷經宋以來各朝代文化、宗教思想的洗禮，與民間社會的生命情感融合在一起，成為一種永恆的文化心靈。

　　從媽祖故事的研究顯示媽祖信仰的本質包含儒家、佛教與道教（家）三種思想。在媽祖與儒家的相關故事中，媽祖的忠孝和仁愛事蹟，包含救助危難、保護外交使節、幫助海運與漕運、保護海域的安全、抵禦海盜侵襲等神蹟，皆以儒家觀點闡揚。在媽祖與佛教的相關故事中，媽祖的前生、降生傳說與觀世音菩薩有密切關聯，如今媽祖廟裡媽祖與觀音共祀一廟是普遍情形，顯現與佛教的實質關係。在媽祖與道教（家）的相關故事中，有媽祖其學道道成的故事，媽祖經由道教成為救世靈女，在道教經典中將媽祖列入道教的神明，並得天尊指派天妃下凡，可知媽祖信仰被歸入道教系統中。對於媽祖故事與儒、佛、道的聯繫，經由研析而更加明晰。

第三章 元代河海漕運的媽祖文化

　　自元代開始，透過漕運由水路運送稅糧物資，南方漕糧北運使得河海聯運，故媽祖從原來的海神而兼為內河的水神，並成為大運河漕運的保護神。大運河與海洋的漕運，促使交通與經濟的發展，影響媽祖文化廣為傳播；媽祖信仰亦為元代大運河漕運、海上漕運與海上絲綢之路提供重要精神力量。

　　漕運起於秦朝，在北宋之後更為重視，謂指由朝廷直接管理與實施的一項重大工作，通過水路將稅糧等物質運往京都或其他指定地方，對於國家的生存甚為重要。宋人張方平說：「國家漕運，以河渠為主。……今仰食於官者，不惟三軍，至於京師士庶以億萬計，大半待飽於軍稍之餘，故國家於漕事至急至重。」[1]在元（明清）定都北京，南糧北運的漕運任務與朝廷官軍需求、國計民生和政權穩定皆有密切關係；媽祖文化與河海漕運的發展相得益彰。

　　本章在於研究元代河海漕運的媽祖文化，首先探究元代的漕運建立與信奉媽祖的情況，了解漕運對於媽祖文化傳播的影響；接著研析元代漕運於河海沿岸的媽祖文化，展現大運河與海洋沿岸媽祖宮廟的具體文化現象；然後探析元代儒、佛、道背景以及媽祖文化呈現三家思想的包容性；並探析元代貿易背景以及媽祖文化所展現的經貿與海商精神；及探討元代漕運媽祖文化對明清的影響；最後是小結。

---

[1] 《宋史》，卷93，〈河渠三〉。

第一節 元代的漕運建立與信奉媽祖

元代的漕運包括大運河運輸和海運，規模高達糧食約 360 萬石，這麼大規模的南糧北運，是元代的歷史貢獻，京杭大運河也成為元代政治、經濟和文化的主要生命動脈，而建立此基礎的重要文化力量即是媽祖信仰，為報答感謝媽祖庇佑漕運的順利，元朝廷多次舉辦盛大的祭典。元朝廷在港口城市修建或擴建媽祖宮廟，以利官府祭拜與民間奉祀，促使媽祖信仰成為大運河沿岸和海岸港口的重要信仰。

京杭大運河始於浙江杭州，直到北京通州，開鑿於春秋時期，完成於隋代，歷經唐、宋、元、明、清，繁榮於唐、宋，取直於元代，疏通於明、清。大運河從西元前 486 年開鑿，到元代（西元 1293 年）全線開通，前後持續 1779 年，全長 1794 公里。大運河溝通海河、黃河、淮河、長江與錢塘江五大水系，經過浙江、江蘇、山東和河北四省以及北京、天津兩省市。在沿岸留有很多媽祖宮廟與文物，屬於宋、元、明、清的媽祖文化遺跡。

以江蘇為例，京杭大運河於江蘇即流經蘇州、鎮江、揚州、淮安、清江、徐州等地，自宋代開始，在大運河沿岸就建有媽祖宮廟。南宋寧宗時期（西元 1224 年）於江陰所建的君山聖妃廟，是可考據到的江蘇第一處媽祖宮廟；蘇州靈慈宮，可能建於北宋哲宗元祐年間，具體建置年份不詳。鎮江有「漕運咽喉、吳越門戶」之稱，於宋代即建有媽祖廟，據元至順《鎮江志》記載：

> （鎮江天妃廟）在豎土山東，舊在潮閘之西。宋淳祐年間，貢士翁戴翼創於此。太學博士李醖父為記。……土山，在縣（指丹徒縣）西江口，俗呼豎土山。與蒜山相屬，今改名銀山。[2]

在鎮江豎土山東於南宋理宗淳祐年間（西元 1241-1253 年）建有天妃廟；在丹徒縣（即今鎮江城）於南宋理宗嘉熙二年（西元 1238 年）建

---

[2] （元）至順《鎮江志》。

有靈惠妃廟。近年在鎮江黑橋山巷底發現天后宮井古文物，此古井有青石質井欄，呈石鼓形，口徑 0.4 米，高 0.3 米，欄邊刻著楷書「天后宮題」四字；據推測這天后宮井有可能是建於南宋理宗趙昀的在位期間。

媽祖文化與大運河文化的發展相得益彰，京杭大運河具有兩千五百多年的歷史，對一千多年的媽祖文化有傳播作用，相對的，一千多年歷史的媽祖文化亦為兩千五百多年的大運河文化注入信仰生命與力量。歷經宋元明清到現代，大運河沿岸的媽祖宮廟有興建、修建、沒失，媽祖文化卻在悠悠歲月裡傳播千餘年而不衰。加上元代漕運的海上運輸，媽祖信仰得以迅速傳播，遂將南方的媽祖信仰傳往北方，於天津等地皆建立了媽祖廟。

一、元代的漕運建立

西元 1271 年，忽必烈正式建立國號為元，建立國都於大都（今北京）；元世祖至元十四年（西元 1276 年），元軍攻入南宋首都臨安（今杭州）；西元 1279 年元世祖忽必烈以強大力量消滅了南宋，南宋海上流亡政權的殘餘抵抗力量被消除，元統一了全國，成為一個橫跨歐亞的大帝國。直到傳位到順帝時，元朝已成官吏腐敗、民不聊生的朝代，西元 1367 年以朱元璋為首的元末人民起義，西元 1368 年元順帝出亡，朱遂推翻了元統一政權，將蒙古大國逐回了漠北。來去匆匆的元代在中國歷史上寫下一個少數民族的輝煌征服紀錄。

元世祖至元十四年（西元 1276 年），元初大將伯顏丞相攻佔南方臨安時，他命張瑄、朱清負責將南宋皇家府庫收藏的珍寶圖籍北運，從崇明州海道運往北方大都，成為元代首次海上航行。[3] 自此開啟元代將江南的物資糧食，透過海運輸往大都，航行路途艱辛，故商人、船員和官員皆祈求媽祖保佑。

---

[3] 取材自（明）宋濂，《元史・食貨志卷四十二》（台北：台灣商務印書館，1988 年），頁 1178。

　　元世祖命伯顏籌畫將南方地區的糧食運送至國都大都。於是伯顏令人將江浙一帶的糧食先集中在揚州，再利用隋唐大運河故道將漕糧運到淮安，再經黃河運到今河南中灤，再用大車陸路運到浚縣，再經衛河入天津，再轉潞河（今北運河）運往通州，最後運到大都。此為元代第一條漕運路線。

　　元丞相伯顏上書朝廷建議穿鑿河渠，使大運河南北全線貫通，使四處的河水相通，他說：

> 江南城郭郊野，市井相屬，川渠交通，凡物皆以舟載，比之車乘任重而力省。今南北混一，宜穿鑿河渠，令四海之水相通。遠方朝貢京師者，皆由此致達，誠國家永久之利。[4]

伯顏正式向元世祖提出開鑿南北相通的大運河，受到元世祖高度重視，於是元朝廷即籌措資金、徵調人役以進行開鑿工程。

　　之前的漕運經道路運送的確較迂迴，於是在至元十七年元世祖命令開修濟州河，疏浚汶水、泗水等河，使得漕船到了淮安可繼續北上入大清河，再由山東利津到渤海，經海路到大沽口，再經白河、潞河（今北運河）運往通州，最後運到大都，如此皆為水運。此為元代第二條漕運路線。

　　至元十八年元世祖命令開海漕，由江蘇劉家港出發，繞經山東半島進入渤海，後續路線同上。至元十九年（西元 1282 年）元世祖任命朱清和張瑄兩人由海道運輸漕糧，將江南米糧運至大都，海漕運輸量大為增長；西元 1303 年由羅璧專管海漕，漕運量持續增加，元京師大都的官府、吏士和平民都仰賴海漕。太倉劉家港既是河運港口，又是海運港口、海漕始點港，媽祖文化應漕運而興起，天妃廟（靈慈宮）始建於至元二十九年（西元 1292 年），由萬戶朱旭所建。此為元代第三條漕運路線。

---

[4]　王玉，〈古漕今韻〉，《北京水利》第一期（1999 年）。

　　以上說明元代演進的三條漕運路線，建立漕運的原因與對媽祖信仰的影響如下，由於元代國都建於大都（今北京），而北方戰亂連年，經濟停滯，糧食不足，糧食的取得須得自南方地區，南方地區氣溫合宜，適合農作物種植，物產豐饒，可供應元政府所需，故元代實施「南糧北調」的政策。但當時的陸路交通非常不便利，糧食貨物的運送都需仰賴河海漕運，故對漕運極為重視。然漕運路途十分艱辛，當時漕運船隻簡陋，海上氣候又無法準確預知，漕運的安全順利堪憂；為祈求船員安全、漕運順利，崇拜媽祖的活動隨之熱烈，媽祖護航的作用被需求，元代負責漕運的官員和船員承襲宋代沿岸人民的信仰，依賴媽祖的保佑，而媽祖亦屢次顯現神蹟。如此情況到明清仍因注重漕運而倍加崇奉媽祖，媽祖成為漕運保護神。

二、元代對媽祖的信奉

　　至元十八年，朝廷詔海外諸蕃宣慰使、福建道市舶提舉 -- 蒲師文，冊封媽祖為「護國明著天妃」[5]，並於至正九年（西元 1349 年），詔封媽祖的父母，追榮媽祖先人。

　　至元十九年（西元 1282 年）海漕開通後，直沽成為漕運的樞紐，至元年間（西元 1264-1294 年）分別建有天妃宮東、西兩廟於大直沽與三岔口。至治元年（西元 1321 年）朝廷於縉山（今北京市延慶縣）設天妃行宮，而在元代漕船上已有設置專官以奉祀媽祖。在《元史》本紀中有記載：

1. 英宗至治元年（西元 1321 年）五月辛卯：「海漕糧至直沽，遣使祀海神天妃，作行殿於縉山流杯池。」
2. 至治三年（西元 1323 年）二月辛卯：「海漕糧至直沽，遣使祀海神天妃。

---

[5]　取材自（明）宋濂，《元史‧世祖紀》，頁124。

3. 泰定帝泰定二年（西元 1325 年）九月癸丑：「車駕至大都，遣使祀海神天妃。

4. 泰定三年（西元 1326 年）七月甲辰：「車駕發上都，……遣使祀海神天妃。

5. 泰定三年（西元 1326 年）八月辛丑：「作天妃宮於海津鎮。」

6. 泰定四年（西元 1327 年）秋七月乙丑：「遣使祀海神天妃。」

7. 泰定帝致和元年（西元 1328 年）春六月甲申：「遣使祀海神天妃。」

8. 文宗天曆二年（西元 1329 年）冬十一月戊午：「遣使代祀天妃。」[6]

以上是《元史》本紀中有關元朝廷遣使者祭祀海神天妃媽祖的紀錄，其中泰定三年建天妃宮於海津鎮，海津鎮是在直沽設置的軍事單位，鎮守者為副都指揮史伯顏，由此可知海上漕運是非常重要的，並於此設立天妃宮，可證對於奉祀媽祖的重視，媽祖與漕運關係密切。

元朝廷為大力推展漕運，並祈求漕運平安順暢，以及為答謝媽祖保佑漕運順利，元朝廷曾多次舉行盛大祭典，在至順四年（西元 1333 年）、至正九年（西元 1349 年）、至正十一年（西元 1351 年）與至正十三年（西元 1353 年）都派出特使代表元皇帝從北至南祭拜天妃廟，感謝媽祖護漕的功德。並建立一些新的媽祖宮廟，如於平江路（即蘇州）建新廟天妃宮，以利官府大規模祭祀，這些媽祖廟的興建皆與漕運有關，元朝規定，漕運航行之前須先祭拜媽祖。且將媽祖封號由「靈惠夫人」加封「天妃」神號，元世祖下詔敕封媽祖為「護國明著天妃」，顯揚媽祖「威靈赫濯，應驗昭彰」。在元代對於媽祖共有五次敕封，據學者蔡相輝研究，誥封如下：

---

6 《元史》，轉引自蔡相輝，《《天妃顯聖錄》與媽祖信仰》（台北：獨立作家出版，秀威資訊科技股份有限公司，2016 年），頁 321、322。

1. 元世祖至元十八年（西元 1281 年）以庇護漕運，封護國明著天妃。
2. 至元二十六年（西元 1289 年）以海運藉佑，加封顯佑。
3. 成宗大德三年（西元 1299 年）以庇護漕運，加封輔聖庇民。
4. 仁宗延佑元年（西元 1314 年）以漕運遭風得助，加封廣濟。
5. 文宗天曆二年（西元 1329 年）以怒濤拯弱，加封為：護國輔聖庇民顯佑廣濟靈感助順福惠徽烈明著天妃。[7]

由上知元代誥封媽祖五次，最主要的原因就是漕運。於《天妃顯聖錄》中記載媽祖靈應事蹟有天曆元年（西元 1328 年）夏季的〈怒濤拯弱〉，並記載天曆二年的致祭：

> （天曆）二年（西元 1329 年），漕運複藉神妃默庇無失，加封「護國、輔聖、庇民、顯佑、廣濟、靈感、助順、福惠、徽烈、明著天妃」，遣官黃份等馳傳具禮，專詣湄洲特祭，並致祭淮、浙、閩海等處各神廟，共祭一十八所。[8]

由上因漕運而遣使由北至南一連致祭媽祖，包含：直沽（天津）、淮安（江蘇）、平江（江蘇）、昆山（江蘇）、露漕、杭州（浙江）、越（浙江紹興）、慶元（浙江寧波）、台州（浙江）、永嘉（浙江）、延平（福建南平）、閩宮（福建福州）、白湖（福建莆田）、湄洲（福建莆田）、泉州（福建）等媽祖宮廟。[9] 王敬方《褒封水仙記》中說：「國家漕運，為事最重，故南海諸神，有功於漕運者皆得祀。惟天妃功大號尊，在祀最重。」[10] 媽祖是水神與海神，深獲元朝廷支持，媽祖信仰與元代國家利益結合密切，對漕運有巨大的精神鼓舞作用。

[7] 蔡相輝，《《天妃顯聖錄》與媽祖信仰》，頁 283。
[8] 《天妃顯聖錄》，轉引自蔡相輝，《《天妃顯聖錄》與媽祖信仰》，頁 320、321。
[9] 地點資料引自蔡相輝，《《天妃顯聖錄》與媽祖信仰》，頁 322。
[10] （清）乾隆《海寧州志》，卷 14。

第二節　元代漕運的河海沿岸媽祖文化

　　元代漕運大興，廣大信奉媽祖的漕民變成傳播媽祖信仰的民眾；大運河沿岸與海岸的媽祖宮廟是奉祀媽祖的神聖地方，促使媽祖文化隨著漕運而大為發展；媽祖於河海漕運的靈應護佑，成為元代安定社稷民心的信仰力量。人民不僅將媽祖作為海神崇拜，由於大運河漕運的興起，媽祖的神格有了變化，多增為河神，若將江河視為海洋對內陸的延伸，更賦予媽祖為廣泛意義的水神，形成有水之處大都有媽祖文化。以下探析元代河海沿岸各地的媽祖宮廟與文化。

一、江蘇與上海

　　江蘇在元代有平江（蘇州）天妃廟、瀏河（太倉縣瀏河鎮）天妃廟、劉家港天妃廟、昆山（太倉）靈慈宮、淮陰清口靈慈宮等。

　　在元代，媽祖重要神格之一是佑護漕運，依據《天妃顯聖錄·護糧船額頒靈惠》的記載：「元文宗至順元年庚午春，糧船開洋遇風……見空中朱衣擁蓋、燈火垂光；既而風息，得獲全安。奉旨賜額曰『靈惠』。」[11] 因此元代新建的媽祖廟大多與海洋漕運有關。

　　根據元代柳貫《待制集·敕賜天妃廟新祭器記》所載：「天妃有事於海者之司命也，其別廟在吳城西北陬，蓋漕運都府治吳，專領海漕，歲運東南之粟三百萬石實京師。」[12] 可知江蘇蘇州為元代漕運都府所在地，海漕每年在此運送東南方的粟糧三百萬石至北方京師。江蘇平江（蘇州）天妃廟，建於元泰定四年（西元 1327 年）。《古今圖書集成·職方典·蘇州府祠廟考》記載：「天妃宮，在北寺東。宋元間創。元泰定四年敕建。明嘉靖二十二年又敕賜重建。」乾隆《江南通志》也有相同記載，並說明是「海道都漕萬戶府奉旨敕建」，指出蘇州原來有

11　張燮，《天上聖母源流因果·天妃顯聖錄·天妃救苦靈驗經》（合訂本第 2 版）（台北：茂榮印刷事業有限公司，1987 年），頁 19。

12　（元）柳貫，《待制集》，景印文淵閣《四庫全書》第 1210 冊，頁 406。

宋建的媽祖廟，元代「海道都漕萬戶府」設在平江路（即蘇州），請旨敕建新廟天妃宮，以利官府大規模祭祀。

太倉為海洋漕運重地，也成媽祖廟的所在地，「前橫婁江，東接巨海，元至正十九年宣慰朱清、張瑄於此通海漕，兼市易海番，遂成華市。」[13] 因通海漕，太倉遂成商貿繁華的地方。瀏河（太倉縣瀏河鎮）天妃廟始建於元至元二年（西元 1265 年），全名天妃靈慈宮，俗稱娘娘廟，明代鄭和下西洋曾多次前來朝拜媽祖祈求保佑賜福，故宮廟內立有《通番事蹟碑》，碑文記述鄭和七次下西洋的經過：「和等自永樂初奉使諸番，今經七次。每統領官兵數萬人，海船百餘艘，自太倉開洋。」；天妃宮現大殿已毀，僅存後樓寢殿二層，重簷硬山式，上面有元代遺留下來的木雕和楠木樑柱等古構件，十分珍貴（圖 1、2、3）。另有劉家港天妃廟（路漕廟）（今蘇州太倉市東瀏河鎮劉家港，元代海漕由此港出海，明永樂三年，西元 1405 年鄭和下西洋出海港。），始建於至元二十八年；昆山（太倉）天妃廟（靈慈宮），始建於至元壬辰（至元二十九年）。

圖 1：江蘇太倉瀏河天妃宮 1

圖 2：江蘇太倉瀏河天妃宮 2

圖 3：江蘇太倉瀏河天妃宮 3

---

[13] （明）嘉靖《太倉州志》，《天一閣藏明代方志選刊續編（20）》，頁 92-93。

　　淮陰清口的靈慈宮，在淮安府城西南，始建於南宋，明萬曆元年（西元 1573 年）的《淮安府志》記載：

> 靈慈宮：即天妃宮，為漕運立。凡三處，一在郡城西南隅，舊名紫極宮，宮前環池植 ，名萬柳池，上有升仙橋，宋嘉定間，楚州安撫賈涉重建，後毀，元至正又建本廟，（明）宣德間改今名。一在清江浦，宣德間，平江伯陳瑄建。在新城大北門裡，大河運官建。漕運之香火在焉。[14]

由上知在淮安楚州區（古山陽縣治）萬柳池湖心一個小島上的天妃宮（靈慈宮），始建於南宋，舊名為紫極宮，自元代起因受漕運、治河影響，轉為奉祀媽祖，故改稱天妃宮。現淮安月湖即萬柳池（圖 4），位淮安區南端，西傍大運河，是淮城三湖：蕭湖、月湖與勺湖勝景之一，

圖 4：江蘇淮安楚州區月湖為一片湖水，月湖即古時萬柳池，現湖心已無小島之天妃宮（靈慈宮）。

14　（明）郭大綸、陳文燭，萬曆《淮安府志・學校志・祀典：卷六》（明萬曆元年刻本，1573 年）。

月湖中已無天妃宮，但當地居民仍稱此地為天妃宮，應是遺址。南宋的楚州在海邊，和南方有海路往來，楚州海港是沿海、沿淮重鎮，戰亂也很多，當時江蘇沿海的媽祖廟應不只楚州有建，沿海的閩商地位突出，媽祖信仰的影響較大；元代楚州的天妃宮（靈慈宮）可能是道觀紫極宮改建，或者附屬於道觀。（另外兩處的媽祖廟，一在清江浦，是明永樂至宣德年間平江伯陳瑄所建；一在新城大北門裡，是大河運官所建；以上三處媽祖廟因漕運而由官方所建，因漕運而香火頗盛。）

今上海嘉定（原屬江蘇，1958 年後劃為上海）的媽祖宮廟，即順濟廟，「始於辛未，畢於庚寅。」始建於宋代咸淳七年（西元 1271年），到元代至元二十七年（西元 1290 年）完工，歷時約二十年，並興建丹鳳樓，成觀潮景點。《上海順濟廟記碑》文中記載：「國家大統一，舟車通四海，蠻越之邦，南金、大貝、貢賦之漕，由海道入京師，舶使計吏、舶艫附麗魚貫而至，皆恃以不恐，繫神之力也。」海道漕運具風險性高，因而更加信奉媽祖海神，可知於元代媽祖已成為上海主要神祇；此碑文為集賢直學士奉政大夫宋渤所記，集賢直學士奉議大夫趙孟頫所書，資德大夫尚書右丞葉季所篆，但此碑已散失，僅在縣誌中留有碑文。上海在元代因漕運而興起；據《元史‧世祖本紀》記載：至元二十八年秋七月己未（西元 1291.8.19）元朝廷批准上海建縣[15]，後來就將這一日定為上海建城紀念日；上海縣在元代建立行祠「南聖妃宮」，是始於宋代松江「聖妃宮」的分靈廟，都是媽祖廟，現已無跡可尋。

常熟是通海河道的重要地區，也是福山媽祖廟所在地，依據《元史‧河渠二》記載：「至治三年……疏浚通海故道……開浚河道五十五處。內常熟州九處，十三段。」[16] 常熟的天妃宮修建年代在至正戊戌，修建地於福山嶽廟。又據《福山東嶽廟興造記》記載：「浚儀王侯某以至正戊戌授平江路常熟州知州……王以國家漕海運……惟天妃是賴……

---

[15] （清）張元濟，《二十四史‧元史》（北京：北京出版社，2013 年），頁 58。
[16] 《元史》卷 65《河渠二》（中華書局，1976 年），頁 1635。

爰即廟之左作天妃宮。」[17] 由文中知官方修建天妃廟是為了庇佑國家海洋漕運，媽祖幫助國家執行了許多重要職能，而成為「公務之神」[18]，媽祖因保佑漕運，而獲得官方的大力支持，官方也為修建媽祖廟付出力量。

南京的漕糧也是經由海運運出，據《道園學古錄》中記載：「海道運輸，系國計甚重，而上江不時至，請築倉建康，以冬受准而出之。」[19] 由上知元代在南京建有糧倉，南方的漕運糧食先送到南京，再由南京運到海港，裝進海船後起航北上。南京的天妃宮修建地於清涼山之北，雖沒有確知的建廟時間，但據嘉慶《重刊江寧府志・古跡下》記載：「吉祥寺，在定淮門內，清涼山之北，元時為天妃廟。」由文中可知南京清涼山之北的媽祖廟建於元代。

二、山東

在德州南回營西有天妃廟，於元代始建的年份不確知，而於元天順庚辰年（西元 1460 年）重建，之後在明成化辛丑年（西元 1481 年）及嘉靖年間重建。德州南回營的南關天妃廟亦始建於元代，明代多次重修。

濟寧城北關有天妃閣於元代始建，年份不確知。寧海州北十里有天妃宮，始建於元代至元四年（西元 1267 年）。登州、德州也有媽祖宮廟，元天順四年（西元 1331 年）擴建。

三、天津

依《續天津縣誌》記載天津原有十六座天后宮。據說「先有天后

---

[17] 鄭元祐，《僑吳集》，景印文淵閣《四庫全書》第 1216 冊，頁 539-540 頁。

[18] 參見李伯重，〈「鄉土之神」、「公務之神」與「海商之神」———簡論媽祖形象的演變〉，《中國社會經濟史研究》（1997 年第 2 期）。

[19] 虞集，《道園學古錄》卷 13《兩浙運使智公神道碑》（上海：中華書局，據通行本校刊），頁 56。

宮，後有天津衛」，「天津衛」指直沽寨（今大直沽），意天津設「衛」之軍事建制（明代）。漕運發達期間，從直沽（天津）到通州的北運河上，每年有兩萬艘運糧的漕船，加上商船有 3 萬艘。漕運興起時，即引起商人與船家對媽祖的崇奉，因而於天津周圍的媽祖宮廟愈建愈多，人民所從事的活動包含廟會、漕運、商業交易、鹽務、錢莊等，天津遂成為交通運輸樞紐、商業重鎮與商品集散中心，媽祖文化促進了天津在文化與經濟的發展。

從元建都大都（今北京）之後，大直沽已有天津的雛形，據文載：「元統四海……由海道上直沽達燕都，舟車攸會，聚落始繁，有宮觀，有接運廳，有臨清萬戶府，皆在大直沽。」[20] 繁榮的大直沽的宮觀以天妃靈慈宮最尊大，並且「天行海運，其祀尤重」，海上漕運與大運河漕運的安全與暢通皆祈求媽祖女神的庇佑。據《天津縣新志》所述：

> （天津最著名的天妃宮有二處）一在大直沽東岸，一在直沽西岸，皆元建，史云「泰定三年（西元 1326 年），作天妃宮於海津鎮」，即在直沽者也；其在大直沽者至元年建，泰定間被火重修，時稱東、西廟。每歲海運駛至海濱劉家港，省臣、漕臣齋戒卜吉於天妃靈慈宮，謂東廟也。其後東廟廢而西廟存，加封天后聖母，列入祀典，今名天后宮。[21]

由上，在大直沽建的是天津最早的天妃宮，即東廟，元世祖至元年間（西元 1282-1294 年），始建媽祖廟；泰定三年（西元 1326 年），重建天妃宮，時稱東廟；明萬曆六年（西元 1578 年），重修為天妃靈慈宮。直沽寨（今大直沽）是海運的終點，在這裡轉河船運往大都，根據元史上記載：「至元二十五年（西元 1288 年），增立直沽海運米倉。」

---

[20] 王小敏，〈草原與海洋的對接—由天津‧元明清天妃宮遺址博物館說起〉，載《內蒙古日報》第 12 版（2013 年 9 月 2 日）。

[21] 高凌雯，《天津縣新志》卷二十五，天津市地方誌編修委員會編《天津通志‧中》（南開大學出版社，1999 年），頁 1053。

至元二十八年（西元 1291 年）在直沽寨立都漕運萬戶府，使海漕成定制。在直沽寨建的天妃宮稱為「慶國利民廣濟福惠明著天妃祠」，後稱東廟，是漕運官員和船員的信仰寄託，運送大量漕糧和物資到達直沽寨，促進了商業繁榮。《天津縣誌》記載：「延佑三年（西元 1316年），置海津鎮，命副都指揮使伯顏鎮遏直沽。」[22] 海津鎮的設置意義重大，標示此行政區域走向城市化，而直沽寨天妃宮成為天津城市早期發展的起點。現成為天妃宮遺址，位於天津市河東區大直沽中路，建築佈局有大殿、後殿、東西配殿、二門、山門、戲樓等，與天后宮東西對望；天妃宮遺址是元代海上漕運發展的重要遺存，對研究元代海漕特具價值。

　　天津海河三岔口的天妃宮，始建於元代泰定三年（西元 1326年），時稱西廟；天妃宮坐西朝東，面臨海河，位於三岔河口碼頭附近，歷經多次的重修，是現存最早的媽祖廟之一，主體建築是大殿，建築物尚有戲樓、幡杆、山門、牌坊、前殿、藏經閣、啟聖祠及鐘鼓樓、配殿和張仙閣等。人們在天妃宮奉祀海神媽祖，當船員和官員在漕糧到達或

圖 5：天津天后宮。

出海時，都在此向天妃祭拜，百姓也會在此祈福求安。此媽祖廟今稱天津天后宮（圖 5），與福建莆田湄洲媽祖祖廟、台灣北港朝天宮並列為三大媽祖廟，受到全世界的矚目。

---

[22]（清）乾隆《天津縣誌》卷之三「地輿志」，天津市地方誌編修委員會編《天津通志・中》，頁 41。

元世祖忽必烈曾遣張翥（國子監祭酒）到達天津海河三岔口祭祀天妃，張翥祭祀天妃時，曾寫下一首詩《代祀天妃角次直沽作》，描繪拜禱天后的盛大場面：「曉日三岔口，連檣集萬艘，普天均雨露，大海靜波濤。入廟靈風肅，焚香瑞氣高。使臣三奠畢，喜色滿官袍。」[23] 元代朝廷既加封天妃，又派官員代祀，可見元朝廷對媽祖的敬重。據《元史》祭祀五，〈名山大川忠臣義士之祠〉的記載，元朝廷頒佈命令祭祀天妃，故此後元朝歷任皇帝每年皆遣使備禮致祭天妃，或者交付官漕司與當地府官致祭。

四、北京

上面所提元代第二條皆為水運的漕運路線，江南漕糧經海路到大沽口（直沽，今天津），再經白河、潞河（今北運河）運往通州，最後經通惠河運到大都（今北京），媽祖信仰因此經由京杭大運河中所開鑿的通惠河而傳播到大都，北京雖遠離海洋，亦建有媽祖宮廟，即是大運河的緣故。元代熊夢祥《析津志》[24] 中《祠廟‧儀祭》裡記載：「天妃，姓林氏。興化軍莆田都巡君之季女，生而神異，有殊相，能知人禍福，拯人急患難。」說明元代信仰媽祖。

北京郊區與元代大運河漕運有關的媽祖宮廟還有幾座，如通州建有兩座天妃宮，據清乾隆《直隸通州‧建置‧壇廟》記述，一座在州城北門內，一座在州北門，開始建置的年代不可考。

《重修京都天妃宮碑記》（明景泰五年，西元 1454 年）中說：「……京師舊有廟，在都城之巽隅大通橋之西。景泰辛未（景泰二年，西元 1451 年），由住持道士丘然源援南京例清升為宮。」可知北京原官建媽祖廟，景泰二年重修之後，升格為天妃宮。

23　洪肇懋、蔡寅鬥，《寶坻縣誌》卷十八（清乾隆十年刻本，1745 年）。
24　《析津志》輯佚本（北京：北京古籍出版社）。

五、浙江

浙江的杭州是京杭大運河的南方起點，在孩兒巷西的天妃宮始於元代；明代洪武初年重建；清代光緒年間重建時，僅供奉媽祖；現後殿祀媽祖的父母積慶公與積慶公夫人，並於左右奉靈應仙宮與慈惠夫人。早在宋代即有建於杭州艮山順濟妃廟，到清代在杭州有三座天妃宮。[25]

寧波鄞縣的媽祖廟於南宋紹熙二年（西元 1191 年）始建，在元代皇慶二年（西元 1313 年）重建，慶元府（即明州，今寧波）於宋元時期即供奉媽祖，依據《鄞縣通誌·輿地誌·廟社》的記載：「天后宮，深仁鎮東渡路。祀護國庇民廣濟明著天妃。」元代程端學《積齋集·靈濟廟事跡記》說：

> 神之廟，始莆，遍閩。浙鄞之有廟，自宋紹熙二年，來遠亭北。舶舟長沈法詢往南海遇風，神降於舟，以濟。遂詣興化，分爐香以歸。見紅光、異香滿室，乃捨宅為廟址，益以官地，捐資募眾，創殿庭像設。有司因俾沈氏掌之。[26]

以上可知鄞縣始建媽祖廟的由來。《靈濟廟事跡記》又說：「皇慶元年（西元 1312 年）海運千戶範忠暨、漕戶倪天澤等，復建後殿廊廡、齋宿所，造祭器。」[27] 這年復建後殿，修復媽祖廟者為「海運千戶」與「漕戶」，可知媽祖信仰主要於海運與漕運者中信奉；次年，皇慶二年鄞縣天后宮重建；泰定元年，又進行一次修繕；天曆二年（西元 1329 年），朝廷派官員前去舉行媽祖祭祀；至元五年，又進行一次重修；至正元年（西元 1341 年），因媽祖庇佑漕運於海上颶風時易危為安，故鄞縣靈慈廟擴大重建，天子遣使致祭；至正十八年（西元 1358 年），

---

25 參自《航海女神與杭州的天妃宮遺址》（中華媽祖網 http://www.chinamazu.cn）。

26 轉引自黃浙蘇，〈論媽祖信俗在寧波的發展與傳播〉，《第四屆國際媽祖文化學術研討會論文集》（莆田：莆田學院媽祖文化研究院，2018 年），頁 363、364。

27 轉引自黃浙蘇，〈論媽祖信俗在寧波的發展與傳播〉，《第四屆國際媽祖文化學術研討會論文集》，頁 363。

遣使「奉御香」，即代表天子進香，可見元代對於慶元天后宮的重視。

寧波造船廠興起的原因，主要是秦漢以來，尤其是京杭大運河開鑿以後的漕運需要，以及海外貿易的需要，寧波成為漕運與海上絲路的重要港口，各地商人來此地開設商號，並設立造船廠製造船舶；海運船隊自發的組織南北兩地船幫，發展為特有的「船幫文化」，歷經元、明、清三代的「漕運船幫文化」，促使媽祖文化的發展和傳播。依據《元天曆二年九月壬申祭慶元天妃廟文》說：「浙水東郡，襟江帶海。漕道遠涉，萬里波濤。神妃降鑒丕著宏功。息偃狂颶，迅掃妖氛。永頌明德，百世揚休。」[28] 文中指出「漕道」，說明元代海上漕運興盛，有賴媽祖庇佑，而浙東寧波的媽祖信仰藉由漕工進行傳播，因此修建媽祖廟、舉行媽祖祭祀與「漕運船幫文化」緊密結合。

宋元時代擅長製造大船舶，並且精通駛帆、操舵、測深與用錨等技術，而海洋遠航尚須掌握一整套繁複的航海知識與技術，這一切因海上漕運而發展起來，元代產生慶元（今寧波）、泉州、廣州、溫州、澉浦、上海等許多市舶口岸，開闢了海上航線，繁榮了海上經貿，形成了海上絲綢之路，直到明代鄭和下西洋可謂海上絲路的高峰，媽祖更從漕運變成海絲的精神支柱。例如：寧波慶安會館、山東煙台福建會館、天津大直沽天妃宮遺址、天津天后宮、江蘇太倉瀏河天妃宮遺址、淮陰惠濟祠（大運河媽祖廟遺址）等至今成為漕運與海絲的媽祖廟宇與文化遺跡。

元代朝廷的海上漕運促使「南糧北調」，其海運科分成南北兩大系統，南方是「承運」系統，在浙江分設六處轉運：慶元路、溫州路、台州路、紹興路、杭州路和嘉興路，尤以慶元路（今寧波）的儲運最大，慶元港的地位十分重要，它是北上海漕的重要港口。由於元代對海上貿易採寬容的政策，民間逐漸掌握大宗的海上貿易，對外貿易港中以泉州、廣州與慶元三處港口最重要，浙東的慶元港更是對東洋的日本和高

---

[28] 轉引自黃浙蘇，〈論媽祖信俗在寧波的發展與傳播〉，《第四屆國際媽祖文化學術研討會論文集》，頁366。

麗進行貿易的主要港口，也是對西洋貿易的集散地與港口。尤其是從至元十九年（西元 1282 年）元世祖忽必烈命令上海總管羅壁、朱清、張瑄等人設崇明糧道，由海漕運到京師北京，逐漸取代了河漕，依據《元史・食貨誌》記載：「當舟行風信有時，自浙西至京師，不過旬日而已。」[29] 由此可見慶元港對於海上漕運與航運的便利性和突顯姓。

第三節　元代儒佛道背景與媽祖文化呈現三家思想的包容性

　　元代是一特殊的朝代，蒙古族在成吉思汗的帶領下滅金，忽必烈建元滅宋，統一中國，蒙古族進入中原，形成特殊的社會階級；中國歷史上由蒙古族建立起強大政權，王朝統一並進入中原，促進了各民族的融合。

　　蒙人敬天，在《多桑蒙古史》中說：「承認有一主宰，與天合，名之曰騰格裡。」[30] 另在《黑韃事略》中說：

> 其常談，必曰：托著長生天底氣力，可汗的福陰。彼所欲為之事，則曰：天教怎地。人所已為之事，則曰天識著。無一事不歸之天。自韃主至其民，無不然。[31]

由上知蒙人從君主到人民，皆崇敬天。元代建立，幅員遼闊，與各藩國（含蒙古察合台汗國、蒙古欽察汗國、蒙古伊兒汗國）橫跨歐亞大陸；加上元疆土內的種族也非常眾多，這些因素都讓元代的宗教逐漸呈現多元化，包括：佛教（含漢傳佛教與藏傳佛教）、道教、白蓮教、伊斯蘭

---

[29] 轉引自黃浙蘇，《論媽祖信俗在寧波的發展與傳播》，《第四屆國際媽祖文化學術研討會論文集》，頁 366。

[30] 馮承鈞譯，《多桑蒙古史》（台北：台灣商務印書館，1967 年）；轉引自袁國藩，《元代蒙古文化論集》（台北：台灣商務印書館，2004 年），頁 133。

[31] （宋）彭大雅，《黑韃事略》（蒙古史料四種，台北：正中書局，1962 年）；引同袁國藩，《元代蒙古文化論集》，頁 132-133。

教、基督教（含景教和天主教）、猶太教等都取得發展；東西方的商
旅、教士往來頻繁，影響力逐漸增加，忽必烈曾說：

> 人類各階級敬仰和崇拜四個大先知。基督教徒，把耶穌作為他
> 們的神；撒拉遜人，把穆罕默德看成他們的神；猶太人，把摩
> 西當成他們的神；而佛教徒，則把釋迦牟尼當作他們的偶像中
> 最為傑出的神來崇拜。我對四大先知都表示敬仰，懇求他們中
> 間真正在天上的一個尊者給我幫助。[32]

宗教對社會有非常重要的影響，若能夠容納不同的宗教，則思想意識更
顯多元。元朝對各種宗教的態度基本上採取自由放任，對信仰的政策原
則上施行相容並包，因而思想意識更顯多元，也更有利於宗教信仰的傳
播。媽祖信仰在元代漕運中的傳播也得以由南往北擴展，並藉由海運向
海外傳播。

摩尼教思想吸收猶太教與基督教等教義形成其信仰，傳播到東方
之後，又染有一些佛教色彩，從三世紀到十五世紀，自北非傳播到中國
福建，遍及歐亞大陸，其文獻使用過漢文、回鶻文等，據推測摩尼教傳
播亦是元代多元宗教傳播之時。歷史學家蔡相輝曾將媽祖信仰歸於摩尼
教，他在《媽祖信仰研究》[33] 一書中提出四種說法：同都是女神信仰、
顯靈事蹟類似、信仰傳播路線相似、莆田存留摩尼教遺跡，因而推論媽
祖信仰與摩尼教信仰相通，為一特殊見解。

元代的漢族文人提出不能實用漢法的國家皆相繼亂亡，強調實用漢
法的重要性，劉秉忠上書說：

> 孔子為百王師，立萬世法，今廟堂雖廢，存者尚多，宜令州郡祭
> 祀，釋奠如舊儀。近代禮樂器具靡散，宜令刷會，徵太常舊人教

---

[32] 陳開俊等合譯，《馬可·波羅遊記》（福建科學技術出版社，1982 年），頁 87。
[33] 蔡相輝，《媽祖信仰研究》（台北：秀威資訊科技股份有限公司，2006 年），頁 306、
281-284、287-301。

引後學，使器備人存，漸以修之，實太平之基，王道之本。[34]

以上劉秉忠的積極獻言，莫不為維護漢民族傳統儒家文化竭盡心力，這一切皆促使忽必烈積極推動漢法。

綜觀元代皇帝重視儒、佛、道三家思想，採用「以佛治心，以道治身，以儒治世」[35] 的政策。儒佛道三家成為中國思想的主軸，在於儒佛道三家分別從不同面向匯合成存在者整體的思考，儒家的核心是社會，佛教（禪）的根本是心靈，道家的主題是自然，正因三者互補，形成儒佛道合一；而這三家所思考的內容包含社會、心靈與自然。儒佛道三家亦有許多相通相合之處，而在文化上融匯成「化剛強為陰柔」的境界。

由許多文獻裡的媽祖傳說故事與各朝代的紀錄，可知媽祖於儒家、佛教與道教三者中都受到尊崇和重視，而將媽祖信仰的宗教屬性歸於三教的互相認同，故媽祖信仰被歸於民間信仰，而與儒、佛、道三教有著密不可分的關係，表現儒、佛、道的哲學思想與審美思維。以下探討元代儒、佛、道三家背景以及元代媽祖文化呈現儒佛道思想的包容性。

一、元代儒佛道三家背景

以下將分別簡要述說元代儒佛道的背景：

（一）元代儒家的背景

《元史》說：「北方知有程、朱之學，自復始。」理學在北方傳播始於宋儒趙復，由於趙復在元軍南征的俘虜中被發現，方才開始宣揚理學。理學的官學地位即在元代確立，蘇天爵〈伊洛淵源錄序〉說：「至於《論語》、《大學》、《中庸》、《孟子》，專以周、程、朱子之說為主，定為國是，而曲學異說，悉罷黜之。」 從此理學的思想統治貫

---

[34] （明）宋濂等撰，《元史》，卷 157〈劉秉忠〉，頁 3691。

[35] （元）劉謐，《三教平心論》，《大正大藏經》52 冊（台北：中華電子佛典協會 CBETA 電子佛典集成，2010 年），頁 781。

穿元代社會，這是漢民族文化於元代延續、發展的典型，即使傳統漢法遭受許多衝擊，同時理學思想也注入了新的活躍要素，使得理學地位上升，從元代擴展到後世明清。

西元 1234 年時趙復被俘到北方後，就在燕京設立太極書院，講授程朱理學，使得理學得以北傳；元代成立後，元帝尊崇儒學，冊封孔子為「大成至聖文宣王」，並且以理學為官學；元仁宗初年恢復科舉，稱延祐復科，在「明經」、「經疑」和「經義」的考試上皆規定使用南宋儒者朱熹等人的注解，此作法也影響了明代的科舉考試。

元代忽必烈推動學習漢文的熱潮，以法律規定太子必須學習漢文；且接受儒士元好問和張德輝的提議，號稱「儒教大宗師」。後來的元仁宗、元英宗、元文宗與元惠宗等人君王更可純熟的運用漢文從事創作。一些蒙古貴族在入居中原之後，因對漢文化的欽慕，邀請儒生擔任家庭教師來教育子女。並翻譯許多漢文典籍以因應學習的需要，翻譯的漢典如《論語》、《孟子》、《大學》、《中庸》、《周禮》、《春秋》、《孝經》、《通鑑節要》、等。元文宗統治時期大興文治，1329 年設立奎章閣學士院，命令所有貴族大臣的子孫都需到奎章閣學習經史之書，又於奎章閣下設藝文監，專責校勘儒家經典並翻譯成為蒙古文；同年下令編纂《元經世大典》，此典於兩年後完成，是元代重要的一部典章制度巨著。

元代理學以儒家思想為基礎，吸收道家與佛教的思想，南宋朱熹（1130-1200 年）是理學的集大成者，他繼承並發展北宋程顥、程頤的理論思想，故後人稱程朱理學。朱熹提出「存天理，滅人欲」的思想，認為「人欲」是一切罪惡的根源，而將「天理」與「人欲」對比起來。朱熹把事物分為「物」和「理」，「物」指具體的自然萬物，亦即「氣」、「器」，「理」指自然的本源，即「道」，「氣是形而下者，道是形而上者。」故「理」是凌駕於自然界之上的主宰。另一理學派別則是心學的陸九齡的思想。比較孔子儒學與新儒學理學對藝術的影響，

理學對宋、元及其後的繪畫美學思想產生極大的影響。

元代理學家大多綜匯程朱理學與陸的心學兩派所長，「合會朱陸」成為元代理學的重點。當時的許衡、劉因與吳澄被稱為元代理學三大家。朱學的後繼者為了配合元帝的需求，更注重在程朱理學內的倫理道德思維，從而由學問思辨轉為對道德實踐的重視，這也促使朱、陸學說的合流；元代的思想采兼收並用，對各種思想幾乎都加以承認與提倡。

宋元明理學發揚儒學的「內聖外王」，「內聖」是將道藏於心而自然無為，「外王」即將道顯於外而推行王道，「內聖外王」意謂內含有聖人之德，外施行王者之政，將人格理想與政治理想兩者結合。理學強調個人內在心性的修養陶冶，推崇高尚的人格境界，《中庸》說「君子尊德性而道問學，致廣大而盡精微，極高明而道中庸。」[36] 這是君子最高的修養藝術境界，尊德性意謂存性而入聖，道問學意謂博知而益能，最後達到中庸之道，即至誠而合道；以上成為理學的重要綱領之一，反映人心性修養的重要性。追溯自孟子對儒學的「內在性」主張，孟子的「養氣論」說：

> 夫志，氣之帥也；氣，體之充也。夫志至焉，氣次焉。故曰：持其志，無暴其氣。」……「敢問夫子惡乎長？」曰：「我知言，我善養吾浩然之氣。」「敢問何謂浩然之氣？」曰：「難言也。其為氣也至大至剛，以直養而無害，則塞於天地之間。其為氣也，配義與道，無是，餒也。」[37]

孟子認為「志」為形而上的存在，且為氣的主宰；然而「氣」的性質決定著「志」的好壞、善惡，為要保持精神上的高尚，必須修養「浩然之氣」，養氣的方法是「配義與道」，孟子的「養氣論」是建立在儒家心性論與道德觀的基礎上，具主觀精神性的「浩然之氣」成為後世文人

---

[36] （明）胡廣等，《中庸》，收於《景印文淵閣四庫全書經部 199 四書類》（台北：台灣商務印書館，1983 年），頁 205。

[37] 同（明）胡廣等，《孟子》，收於《景印文淵閣四庫全書經部 199 四書類》，頁 205。

「養氣論」的理論起點，不僅在讀書和生活細節上注重修養，注重人品胸懷，且需有自由虛靜的審美心境。

（二）元代佛教的背景

元代皇帝重視佛教思想，《元史》〈釋老傳〉開篇說：「釋老之教，行乎中國也，千數百年。而其盛衰，每系乎時君之好惡。」元代佛教的興盛與十代皇帝的崇奉非常密切。蒙古族原信仰薩滿教，十二、十三世紀，隨著蒙古社會的進展和軍事的征討，接觸到藏傳佛教（俗稱喇嘛教），並逐漸信奉佛教。元帝崇佛，保留蒙古民族草原特質的樸實無華，以講求實利為特色，主要求佛保佑、祈福消災；對於虛玄深奧的佛教義理似乎並無興趣。

1. 元代佛教之於敦煌莫高窟

元代對敦煌莫高窟的新建和重建即其重視佛教的最佳說明；元代的佛教以喇嘛教為主，忽必烈曾召請西藏名僧八思巴擔任國師，統管全國佛教，實際上是元代中央政體的顧問；因此，薩迦派密教流行於當時全中國，包括河西走廊一帶；薩迦派密教徒在元代的敦煌石窟中帶入了含有藏傳佛教風格的密教藝術。

13 世紀初，蒙古族曾使用畏兀兒體蒙文，就是用回鶻文字母拼寫蒙古語；忽必烈命八思巴創造蒙古新字，在西元 1269 年頒行，但這種蒙古字字形複雜，難以學習書寫，只能在蒙古貴族間使用，並沒有普遍流行於民間；到了元代後期，畏兀兒體蒙文又漸通行各地。而回鶻文字以及八思巴創造的蒙古文字均出現在敦煌莫高窟中。元世祖忽必烈至元十一年（西元 1274 年），義大利人馬可波羅沿著古絲綢之路，旅行到中國敦煌，留下美好回憶而寫下行記；他看到甘州區域的佛像，曾說：「最大者大約有十步，餘像較小。有木雕者，有泥塑者，有石刻

者。製作皆佳，外傳以金。」[38] 又說：「敦煌偶像教『佛教』徒自有語言。」[39] 至元十七年（西元 1280 年）元代在沙洲路設統管府，從此河西走廊完全受蒙古人統治。至正八年（西元 1348 年）的「莫高窟六字真言碑」上，記載有漢字、梵字、西夏文字、西藏文字、回鶻文字、八思巴文等，可見當時有許多不同民族的佛教徒居住在敦煌地區。

　　元代敦煌莫高窟的石窟大約有十窟，大都是新開鑿的石窟，至今尚存的洞窟有：第 1、2、3、95、149、462、463、464、465、477 窟[40]；若加上重修的石窟則有二十多個；石窟中保留許多藝術珍品，是元代沙洲文化發展的標誌。元代在敦煌莫高窟所開鑿的石窟大多在北段，為荒涼冷落的北段石窟增添不少神秘風采；石窟的形式共有三類：（一）方形覆門窟頂；（二）主室是長方形，後方設有中心柱的窟形；（三）主室是正方形，中心設有圓壇的窟形。前兩種是前代的洞窟造形；第三種是西藏系密教的石窟典型形式，壇上置有塑像，周圍做圓形階梯式，四周皆有密教圖像、壺門彩繪；佛壇安置於窟中心，藉以增加窟壁空間，可以繪製全幅的大壁畫，此種圓壇是元代所創造的。

　　石窟中的塑像與壁畫，其要旨在於宣揚佛教義理，勸導浮世眾生修行，於是利用塑像與壁畫藝術以感動世人，賞心悅目的視覺藝術將比說教更易被接受。元代的石窟塑像很稀少，據文獻記載有：「佛像 1 尊，菩薩像 5 尊，天王像 2 尊。」[41]，主要是對前代洞窟中的塑像進行重塑和改塑；元代的造像藝術的水準有下降的趨勢，塑像缺少生動感，多顯枯板凝滯，由於開鑿數少以及藝術氛圍變化使然。

　　元代的石窟壁畫可分為幾項類型，即尊畫像、供養者像與裝飾圖案；至於經變畫則自西夏以降種類逐漸減少，只有西方阿彌陀淨土變、

[38] 馮承鈞譯，《馬可波羅行紀》（台北：中華書局，1954 年），頁 208。
[39] 馮承鈞譯，《馬可波羅行紀》，頁 190。
[40] 引自聶鋒，《敦煌莫高窟》（蘭州：甘肅人民美術出版社，1999 年），頁 133。
[41] 引自聶鋒，《敦煌莫高窟》，頁 133。

藥師經變幾種而已，而畫面構圖呆滯平板少變化，且隨著密教廣為流行之後，大乘佛教的經變畫就逐漸衰退了。

敦煌莫高窟第 465 窟的壁畫展現薩迦派密教藝術，「聖嗣金剛降魔圖」，即歡喜天人或歡喜金剛，是釋迦牟尼為調伏欲界眾生而顯現的雙身合抱像[42]，色彩強烈，輪廓描線純熟，整體畫面具有濃厚的裝飾性。窟頂南面寶生佛右脇的供養菩薩，造型與色彩極美，菩薩頭上結髮髻，並有垂肩捲髮，戴寶冠，裸現上半身，披掛胸飾、瓔珞，手持蓮花，姿態恭敬的供養著中尊；菩薩的眉稜高，下顎突出，顯示異於中原人物的容貌。從這些壁畫可看到畫像的繪畫手法深受印度與尼泊爾影響，並且含有西藏原始宗教 -- 苯教的成分，而整體表現出薩迦密教藝術的特殊風格，可窺見屬於蒙古族自身的文化淵源。此石窟畫風細密，色調鮮明濃厚，極其美豔，令人驚歎，藝術效果表現強烈，意境極為獨特，成為薩迦派密教藝術的代表作。

2. 元代佛教之於藝術

元代在對待藝術這一方面，中國化的禪宗與佛教有很大不同，佛教要求藝術表現教化功用，在視覺感官上直接達到宣傳教義的目的，例如在敦煌莫高窟的壁畫、雕塑就是如此，尊畫像以顯教[43]諸尊畫像為主，另有屬西藏密教圖像，例如第 465 窟的壁畫展現薩迦派密教藝術，為敦

---

[42] 據敦煌文物研究所主編，《敦煌藝術寶庫 5》，頁 205-206：「本圖中的男天乃是八面（各三面三目）十六臂，藍色身體，頭髮豎立、頭戴髑髏之冠、頸飾五十人之項、十六隻手各持一宛如缽 之顱骨器，每一器具中均收有馬、牛、駱駝及諸天神之姿，而女天則成一面三目二臂之裸形，右手持勾刀與男天互擁之姿。女天的肉身是黑褐色，據推測其肉身原先應該是紅色。」

[43] 林聰明編撰，《敦煌學講義》（台北），頁 64：「密宗（瑜伽密教，真言宗）將佛教分為顯密兩教，顯教是釋迦牟尼為啟導眾生而公開說教，密教則是大日如來向個別親信密傳真言實語。凡是非密宗的各派佛教，均為顯教。……密宗傳入中國後，有『漢密』與『藏密』之分。『漢密』主要經典有《大日如來經》和《金剛經》……『藏密』傳入後，『漢密』衰落」……然密教盛行於敦煌時，卻以『漢密』為主，故敦煌保存一些珍貴的『漢密』資料。」

煌晚期的石窟藝術注入一股新氣象、新風格[44]。

　　禪宗對美與藝術的領會，不是通過直接感官的刺激，也不直接談美或藝術，而是透過自己內心的體驗，進入一種境界去領悟藝術的美。以禪宗畫來看，禪宗的「頓悟」心法引導出禪宗畫清簡率意的風格。南宋末元初的禪僧畫家牧谿，在他的畫《崖中暝思》中畫有一羅漢，羅漢身披白衣，冥坐處大蛇盤繞，蛇頭自左側探出，蛇表貪、瞋、癡，牧谿透露出個人狀況危險，期求不畏強權、安然若素之境。此畫造形線條簡潔流暢；以水墨染出山崖間雲霧、光影，造成虛幻幽秘的氣氛；構圖猶如大圓圈包小圓圈，象徵大千世界環環相扣，彼此呼應。另一幅《觀音猿鶴圖》，牧谿要表現的是白衣觀音內在心靈，觀音趺坐岩石岸邊，靜靜凝視前方清澈的水面，思考人間悲苦，無限禪意蘊藏其中。[45]禪宗南宗崇尚簡約，禪宗畫畫法也崇尚簡約。

　　禪宗與藝術取得一種默契、協調與融合，禪宗的「自心」、「本性」找到與藝術心靈的契合點，成為禪藝合流的生命哲學、審美哲學。一方面藝術家「引禪入藝」，以禪喻詩書畫等；另一方面禪僧也權借翰藻、藝術，弘宣禪宗義理。在元代，禪宗透過對文人士大夫思想的滲透，進而對元代的審美文化產生重大影響，孕育了文人畫家獨特的審美心理和審美旨趣，禪宗的宗教思想亦藉此走向藝術審美的領域。元文人畫把禪宗的美學思想吸收到山水畫藝術中，突破傳統山水畫的創作思想和表現手法，開拓了淡泊高遠意境的畫風，北宋韓拙《山水純全集》說：「是以山水之妙，多專於閑隱逸幽之流，名卿高蹈之士，悟空識性，明瞭燭物，得其趣者之所作也。」元代很多文人畫家有的掛冠歸

---

[44] 參自楊佳蓉，〈敦煌莫高窟之元代石窟藝術探析〉《歷史文物》第23卷第06期（台北：國立歷史博物館，2013年6月）。第465窟的壁畫內容有以大日如來為中心的五方佛，其下在東、南、西、北四個斜面繪有四佛：阿閦、寶生、無量壽、不空成就……。還有各種明王的憤怒像；……窟頂可見到各種伎樂、持花菩薩等。

[45] 參自楊佳蓉，〈禪餘水墨畫—人物題材之賞析〉，《工筆畫》第27期（台北：工筆畫學會，2003年6月），頁45-51。

田，有的居於林泉或僧舍，他們多是參禪高人，與當時的禪門高僧交遊甚篤，形成士大夫禪僧化和禪僧士大夫化的傾向。

倪瓚深受禪宗思想的影響，他與眾多文人畫家一樣信佛參禪，修身養性。倪瓚生於元成宗大德五年（1301 年）卒於明洪武七年（1374年），他是江蘇無錫梅里祇陀村人，其村因祇陀寺而得名，無錫古運河在明清時期漕運達高峰；倪瓚的家境富裕，兄長都是當時道教的上層人物。倪瓚抱持儒者仁愛之心來吸取禪宗思想，同時採取禪宗的「淨性」、「空心」之說來抗衡現實生活裡魔怪亂舞的情況，以求得精神的解脫，抒發人生的感慨，故他仍立足於儒家，是「逃於禪」，而非棄儒以從禪。倪瓚對山水草木寄予主觀的個人感情，將空寂無人的大自然，幻化為虛靜空靈的禪宗意境，在畫面無筆墨處也有靈氣流動，呈現飄渺天倪的境界，這使作品蒙上濃重的虛無和空寂的意念。倪瓚的畫作《容膝齋圖》筆簡意周，氣勢平和沖淡，達「逸品」的最高境界，表現倪瓚山水畫的典型畫風，在畫面上無任何人跡、禽鳥，將繁雜糾纏的景物予以高度的提煉概括，呈現一種離群索居、冀求平和、遠避塵世的意識形態；把山水構圖化為「三段式」「一河兩岸」的平遠形式，近景坡石上有幾株枝葉疏落的林木，樹後一座空蕩的茅亭；中景一大片空白為平靜遼闊的湖水，遠景為斜緩山巒，景致疏闊、曠遠，氣氛靜謐、寂寞，蕭瑟荒寒的意境表現了倪瓚獨特的審美情趣，在簡淡中見逸氣，傳達出深邃的禪意內涵。

（三）元代道家（教）的背景

元代三教合一的思想盛行，道家思想昌盛。元代受道家思想影響的歷史原因與社會背景較為複雜，其一是因元代特殊的社會階級狀況，蒙古族在成吉思汗的帶領下滅金，忽必烈建元滅宋，統一中國，當時的漢文人和儒士的社會地位低下，但漢文化中以老莊思想為主的道家學說卻受到統治階級的庇護，這其中原因乃全真教的掌門人丘處機多次利用自己與成吉思汗的良好關係為道家文化增長勢力，而全真教是個具有強烈

民族意識、以老莊道家學說為宗旨的宗教。

金代時期全真教由王重陽在山東寧海所創立，成為中國道教的重要派別。王重陽去世後，依照道教說法即仙遊羽化後，弟子七真等人接任全真教掌門人。全真教地處於金國境內，所以在劉處玄、丘處機和王處一掌門時，皆承認金國的政權。蒙古族成吉思汗在西征時，曾邀請丘處機前往西域與其會面，詢問丘處機治國之法和養生之道，丘處機回復成吉思汗「敬天愛民、減少殺戮、清心寡欲等」，成吉思汗認為言之有理，稱丘處機為「神仙」。因丘處機見成吉思汗的機緣，促使全真教在元代得以壯大門派。由於元代忽必烈信仰佛教，致使全真教受到嚴重打擊，直到元成宗時才重新得以正常發展。全真教的教義，繼承了鐘離權與呂洞賓的內丹思想；並提倡儒、釋、道三教合一、三教平等，認為儒家、釋教、道教的核心都是「道」；全真教的實踐原則是「苦己利人」、「利人利己」。

另一個元代受道家思想影響的原因，是道家（教）使得文人士大夫找著可保存身家性命又能慰籍心靈的理想之處。元代的漢族文人畫家和知識份子雖有少數在元朝為官，但並未受到禮遇和重視，處處受異族官員的貶損和排擠，他們也和大眾一般實質是處於社會的底層；所以元代的漢文人畫家不論是在朝為官或被迫退隱山林，都希望從道家的隱士思想中找到解脫精神痛苦的藥方。而且元代取消科舉制度，渴望通過科舉入仕的文人失去管道，只能悠閒抑鬱的流連於自然山水，將己身的才情融入繪畫創作中，並從道家審美觀為出發點，以老莊思想的精神為繪畫內涵與意境。

在元代，道教成為統治者宣導和推崇的宗教，並受到社會的普遍關注，當時文人也多數崇通道家思想。元代文人畫家中具道士身分者就有鄭思肖、張嗣成等人。開創元代文人畫風格的趙孟頫，他的祖父和父親曾任職於道觀，他自身則師從過茅山宗高道杜道堅，往來對象有多位高道，他在《書為南華真經》中說：「師（杜道堅）囑餘作老子及十子

像，並采諸家之言為列傳。十一傳見之，所以明老子之道。茲事不可以辭，乃神交千古，仿佛此卷，用成斯美。」可見趙孟頫與道教有較深的淵源。元四家中的黃公望以道人自居，號大癡道人，又號一峰道人，是全真教教徒，黃公望不僅遊心於藝術繪畫，將莊子思想「虛靜恬淡」的意境表達得淋漓盡致，還潛心修道，著有《抱一子三峰老人丹訣》、《抱一函三秘訣》、《紙舟先生全真直指》等修性養命的丹訣。他還秉承王重陽的教旨，在蘇州等地開設三教堂，宣揚全真教教義。吳鎮號梅花道人，有「安得相攜山逸侶，丹梯碧磴共躋攀。」[46]的神仙思想。倪瓚出身富貴，其兄倪昭奎是道教的上層人物，受家庭影響，倪瓚的思想很早就深植道家理念。

二、元媽祖文化呈現儒佛道思想的包容性

媽祖信仰的本質包含儒、佛、道三家思想。在媽祖與儒家的相關聯繫中，媽祖的忠孝仁愛事蹟，包括孝悌救親、救助海上航行、濟世救難、護助河海漕運等故事，其中意涵皆有儒家為民護國的思想。在媽祖與佛教的相關聯繫中，媽祖的前生、降生傳說與觀世音菩薩有密切關係，媽祖為龍女與觀音賜生，並將媽祖的前生改變成觀音的侍神—小龍女，最後將媽祖改變為觀音大士轉身，在媽祖信仰中顯現佛教思想。在媽祖與道教（家）的相關聯繫中，有媽祖學道道成的故事，以及得天尊指派天妃下凡的故事等，透過道教媽祖成為救世靈女與道教神明，在媽祖信仰中富含道教思想。故媽祖文化與儒、佛、道的聯繫十分明晰，呈現三家思想的包容性。

媽祖助漕神跡，於元大德三年（西元 1299 年），因護漕有功而受封。並有天曆元年（西元 1328 年）的神蹟，據《天妃顯聖錄》〈怒濤拯弱〉記載：

---

[46] 元，吳鎮，《梅花道人遺墨·澤山》：「茫茫震澤擁孤山，人在山間是澤間，安得相攜山逸侶，丹梯碧磴共躋攀。」

天曆元年（西元 1328 年）夏，備海道萬戶府分司運糧，至大海，遭颶風驟起，巨浪連天，七日夜不息，人因力疲，運艘幾於翻覆。舟人哀號，仰禱神妃求佑。會日暮，有形從空而下，掩映舟中，輝耀如畫，宛見神靈陟降。少頃，怒濤頓平。船上覺異香繽鬱。自此水道無虞，徑抵直沽都省。奏聞，奉旨差翰林國史院學士普顏實理欽賚御香，馳驛致祭。[47]

此年漕運糧食欲經海運航至直沽，途中突遭颶風襲擊，連七天日夜巨大風浪，漕船幾乎翻覆，漕運人員祈禱媽祖救助，恍若見到神妃降臨船中，光輝如白晝，一會時間，海濤立刻平息，船上飄逸濃鬱奇香，過後水道航行平順，直抵直沽都省。漕運官員秉奏朝廷此事蹟，翰林國史院學士普顏實理奉皇上旨意，奔馳前往獻香致祭媽祖，表彰庇護漕運有功，可見媽祖表現儒家精神護國庇民，以及佛教慈悲為懷、救濟世人的心，亦顯現媽祖經由道教成為通賢靈女，能顯神駕雲渡海、驅邪救世。

元至順元年（西元 1330 年）媽祖幫助漕運，依《天妃顯聖錄》〈神助漕運〉中記述：

至順元年庚午（西元 1330 年）春，糧船七百八十只，自太平江路太倉劉家港開洋，遇大風突起，波憾星辰，桅檣飄蕩，數千人戰慄哀號。官吏懇禱於神妃，言未已，倏陰雲掩靄，恍見空中有朱衣擁翠蓋，佇立舟前，旋有火照竿頭，晶光如虹。舟人且驚且喜。無何，風平浪息，七百餘艘漂流四散，正集合整理篷槳解纜而進，又聞空中有語雲：「可向東南孤島暫泊。」眾郎撐舟依孤島旁。方拋碇，江上狂飆迅發，暴雨倒峽。舟人相慰曰：「非神靈指示，我等皆在鼉宮蛟窟矣！」次日晴霽，遂達直沽交卸。中書奏神護相之功，奉旨賜額曰「靈慈」。[48]

---

[47] 《天妃顯聖錄》，轉引自蔡相煇，《《天妃顯聖錄》與媽祖信仰》，頁 320。
[48] 《天妃顯聖錄》，轉引自蔡相煇，《《天妃顯聖錄》與媽祖信仰》，頁 321。

元朝廷漕船 780 艘裝滿漕糧，自江蘇太平江路太倉劉家港將運往河北，漕船中途遇大風，情況危急，漕運官兵數千人驚怕哀號，官員祈求媽祖相救，立刻恍見神妃佇立船前，不久風浪平靜，七八百多艘飄散的漕船正在集合整隊前進，空中突有言語疾呼：「可向東南方孤島暫時停泊。」當所有糧船停靠孤島，江上暴風雨迅速大作，全體漕船倖免於難，隔日天晴，安全將漕糧運到直沽，平安返航。媽祖神靈護佑漕運，再次見到媽祖以佛、道本質而顯現神靈，救人利人，扶危濟險；也是儒家「忠義」、「仁愛」、「和平」的呈現，促使媽祖信仰由南往北發展；官員奏請朝廷褒封媽祖，奉旨頒賜廟額為「靈慈」。

　　元代對於漕運的重視，造就媽祖的祭祀成為元代國家祭祀中特殊的地位，並納入朝廷祭典，媽祖文化的祭禮因漕運而隆重。在大運河漕運沿線重要的地點皆設有媽祖宮廟，於每年漕運初，朝廷都有遣使致祭，在漕糧順利運達後亦遣使代祭。在漕府重地平江路（蘇州）的三個重要媽祖宮廟，享有與古代吉禮「祈嶽瀆」同等的祭祀，為歷代之首。所謂「祈嶽瀆」即帝王親自祭祀或派遣官員代祭五嶽四瀆等名山大川之神，以表對大自然的崇敬，五嶽指中嶽嵩山、東嶽泰山、西嶽華山、南嶽衡山（漢代南嶽漵山，今安徽天柱山）、北嶽恒山，四瀆指長江、淮河、黃河、濟水。《元史・禮誌》祭祀五，〈名山大川忠臣義士之祠〉說：

> 凡名山大川、忠臣義士在祀典者，所在有司主之，惟南海女神靈惠夫人，至元中以護海運有奇應，加封天妃神號，積至十字，廟曰靈慈，直沽、平江、周涇、泉、福、興化等皆有廟。皇慶以來，歲遣使香遍祭，金幡一合、銀一鋌，付平江漕司及本府官，用柔毛、酒醴，便服行事。祝文雲：維年月日皇帝特遣某官等致祭於護國庇民廣濟福惠明著天妃。[49]

---

[49] （明）宋濂編纂，《元史》卷七六・誌二七上（中華書局，1976 年），轉引自蔡相輝，《《天妃顯聖錄》與媽祖信仰》，頁 284。

由上可知元朝廷對媽祖的加封與賜祭不少，每年派遣使者前往祭祀，於平江的媽祖宮廟所行的祀典非常慎重。元代對漕運與海運的重視，造就了媽祖於國家祭祀中的特殊地位，使媽祖成為掌管全國漕運的女神，媽祖的形象愈來愈崇高，元代將媽祖稱為天的配偶，在國家大事上具有「輔政」的形象，並成為「護國為民」的形象，「天妃」的封號即表示對人民與國家的護佑。

「元之五禮，皆以國俗行之，惟祭禮稍稽諸古」「國俗」指蒙古舊俗，「古」指漢地傳統祭禮，媽祖的祭祀主要以漢傳統祭禮「祈嶽瀆」行之，再融入些蒙古禮制，祭祀音樂也是在古制雅樂的基礎上，融入蒙古音樂因素。整個祭祀的規程致以「大享儀」（即《禮記》「大饗」儀），含齋戒、省牲、晨祼等程式，完全依禮進行，配以樂舞，儀典莊嚴隆重，符合儒家崇禮重祭，尤以佛、道神靈「天妃」護海運有功而致祭，顯示對媽祖祭祀極為重視。

媽祖信仰透過祭祀的儀式，祈求平安，及實現生存需求與人生理想，這一切皆在媽祖文化中表現出來，而民眾對於宗教信仰大都有功利的需求，這許多的祈求均有功利的成分，然而信仰媽祖的民眾，亦秉持儒家忠孝仁愛信義的思想和規範，故民眾祈求現世生活的平安，商人祈求經營事業順利，集體祈求國泰民安、風調雨順、五穀豐收、工商丕利等，都是合情合理的。

元代的媽祖廟有僧人住持的情形，可見媽祖信仰有佛教化的傾向，媽祖文化與佛教思想相互包容。元代在江蘇的媽祖信仰即包含大量的佛教色彩，以僧人擔任媽祖廟的住持，而在神像與建築上，供奉媽祖的祠廟與佛教的寺庵相互融合。據嘉靖《太倉州志·寺觀》記載：「天妃行宮……自至元二十六年僧宗坦建於崇明西沙。」[50] 由文中知太倉劉家港媽祖廟是由僧人創建的；再據嘉慶《直隸太倉州志·雜綴》記載：「劉

---

[50] （明）嘉靖《太倉州志》，《天一閣藏明代方志選刊續編（20）》，頁 711。

家河天妃宮……以僧守奉香火。」[51] 得知太倉劉家港媽祖廟創建之後由
僧人經營廟宇。又據同治《蘇州府志‧壇廟祠宇三》的記載：「東嶽廟
在縣西城內……元至正二十年重修……於廟左作天妃宮，復建方丈室以
居司廟之人。」[52] 可知元代於常熟福山東嶽廟左邊的媽祖廟也是由僧人
經營，僧人居於方丈室。

第四節　元代貿易背景與媽祖文化展現經貿與海商精神

　　蒙古族以遊牧漁獵維生，文明程度較漢族低，並無漢民族深厚的綱
常倫理思想，此種不受任何常規或模式限制的特點，較易接受新事物，
因而元代具有開放、包容的審美特性，在開創元代後，貿易的方式亦積
極拓展海上貿易，建立起與世界各國互相往來的海洋經貿關係。

　　元代社會、經濟安定之後，也使得信仰可以在民間發展，在元初
五十年間，江浙一帶地區由於社會較為安定，經濟上農業生產與國內外
貿易都十分蓬勃發展，形成元代中期、後期的階段在此區域掘起許多大
地主及大商賈，民間信仰得以發展。元代的城市經濟比兩宋繁榮，貿易
與娛樂業發達，促使市民信仰更為發展，元代前期，高級士大夫是文化
的核心人物，帶有較濃厚的貴族氣息；到了元代後期，以江南為中心，
下層的文人成為核心人物，此時的文人即為基於「社會性的退避」[53] 而
隱居山林的文人，這些文人並非真正與世隔絕的隱士，乃是因「有才無
處發，於是引發為一種對人世生活的超脫之感，並發展為使個體與社會
總體分離的社會性的精神運動。」[54] 故實質在於放棄仕途而走向隱逸之

---

[51] 《直隸太倉州志》，《續修四庫全書》史部第 698 冊（上海：上海古籍出版社，1995 年），
頁 221。
[52] （清）同治《蘇州府志》，《中國地方誌集成‧江蘇府縣誌輯（7）》，頁 195。
[53] 此處資料參自〈中國古代文人雅集現象〉（http：//3hj.cn/portal.php?mod=view&aid=
14476，2012 年 9 月）。
[54] 陳傳席，《中國山水畫史》（天津：天津美術出版社，2001 年 1 月），頁 235。

路的精神活動，但在生活上仍有與其他文人畫家或同好者接觸與互動，產生市民階層的城市文化，使得儒佛道等信仰更加發展。

　　元代的社會承續封建制度，但與漢民族統治的社會有極大不同之處，即多了階級壓迫與民族利益的剝削，漢民族尤以「南人」的地位極低，元代將人分為四等：蒙古人、色目人（指蒙古人、漢人和南人以外的部族，包括西域各族和西夏人）、漢人（原金朝統治下的華北漢人）、和南人（南宋統治下的南方漢人），元朝廷給蒙古人與色目人極大的權利，並把較大的賦稅與勞役留給漢人與南人負擔，可見階級壓迫和民族壓迫十分沉重；漢人和南人的地位最低，對於元代異族統治產生不滿，故有不少漢族士人不願意出仕。元代在選用人才方面，在前期極少舉辦科舉考試，高級官員的錄用的方式主要採取世襲、恩蔭及推舉制，錄用與否決定於與元廷的遠近關係。在科舉選才方面，於西元1238年舉辦戊戌選試，此次科舉考試錄取4030人，並建立儒戶以保護士大夫；但最後仍然廢除科舉，改用推舉制度。唯有於西元1252年和1276年兩次舉辦科舉，共入選3890儒戶；直到西元1313年，元仁宗提倡漢化運動，下詔恢復科舉，由於是在延祐年間舉行的，史稱「延祐復科」，西元1314年在全國的17處考場舉辦鄉試，仁宗延祐二年即西元1315年在大都舉行會試和殿試（廷試），科舉考試的內容以程朱理學為主。由於重新科舉考試後錄用的人較少，而且也對他們不重視，以致他們無法變成官僚體系的主體，科舉地位如此低微，加上元代朝廷重商輕儒的政策，傳統儒士不受重視，這種情況在東南沿海泉州等地的社會產生突出的變化。

　　至元十四年（西元1277年）福建的蒲壽庚（西域阿拉伯人的後裔）等人投降元政權，事實上是為了其自身政治與經濟利益的考量，之後蒲壽庚任泉州市舶司三十年；另方面也使得泉州港逃過元軍隊殺戮的威脅。元代佔領泉州後，發佈一系列外貿政策，以鞏固政權，於是大量的貿易商品在泉州區域流通，帶動經濟發展，這種種政策大為改變了泉州以前的社會狀況。商人們在元代此時期晉升到主流社會，他們進行大

規模的海外貿易，因擁有豐厚資金而獲得比較高的社會地位，並得到元朝廷的重視而任官爵。這種重視貿易的情況也影響到當時的民間信仰；在祭祀上，元代有意與宋代不同，對原來的信仰或神靈加以變動，或標新立異或先抑後揚，對於祈禱的儀式與頒賜的封號都加以更動，以表示新朝代的不同，尤其特別提升媽祖的信仰地位，因為媽祖在保護渡海使節、河海漕運與海上貿易各方面屢次顯靈救助，因此在祭祀媽祖時，特地派遣朝廷官員到地方負責祭祀，以示慎重。

一、元代貿易背景

元代的軍事征服曾到達歐洲和北非，震驚全世界，在陸地上，元代在中國各地皆設置行中書省（吐蕃地區除外），中國的行政區域規劃乃由元代奠定基礎，而周遭鄰國都曾被元征討，有些還設置過行政區。元世祖忽必烈所建立的疆土是中國史上最遼闊的，據《元史》地理志與《元代疆域圖敘》記載：東北至鄂霍次克海，西南到今西藏、雲南，西北到今新疆，南至南海包含南沙群島，北至西伯利亞，總面積達 1400 餘萬平方公里。

元代的建立促使民族的大融合，由於疆域的擴展，使元代人民的視野驟然開闊，漠北的大草原穿梭著各民族的商人，大批的漢人也跨越長城，走入草原，蒙人的屯住與遷移如《後漢書》〈烏桓傳〉所說：「以穹廬為舍，東開向日。」[55] 以及《北史》〈突厥傳〉所說：「其俗被髮左衽，穹廬氈帳，隨逐水草遷徙。」[56] 茫茫無際的草原風光，以及草原民族的純樸生活與豪邁天性，為久居中原的漢族人開闢了新的天地與感受，這些異域與異族的獨特地理人文景觀，成為元代社會一種新的風尚。往東往南則向海洋發展，促進海上貿易的興盛。

---

[55] 宋，范曄，《後漢書》，收於《二十五史》6（台北：藝文印書館，1962 年），頁 1076。

[56] 唐，李延壽，《北史》，收於《二十五史》21（台北：藝文印書館，1962 年），頁 1461。

在海路上，元代的港口主要是泉州、慶元（今寧波）、廣洲、溫州和杭州等地，主以和平貿易的方式建立起與世界各國互通的海洋航行網絡，遠至波斯灣與阿拉伯半島。據廣東陳大震編輯的《南海志》記載：「元代與中國發生海道貿易關係的國家和地區有 140 多個」，汪大淵的《島夷志略》則「列舉有 100 多個國家和地區」。[57]

元代很積極的實施對外貿易政策，海上絲綢之路的經濟效益增大，與海外經貿交流日益擴大。忽必烈在江南進行統一戰爭時，便號召海外各國「誠能來朝，朕將寵禮之；其往來互市，各從所欲。」[58]呼籲前來朝貢與相互貿易。至元二十一年（西元 1284 年），元朝廷廢除十一稅制，另訂官商分利制：「官自具船、給本，選人入蕃貿易，所獲贏利，官取其七，商得其三。」[59]至元二十四年（西元 1287 年），元朝廷設置海上貿易機構—「行泉府司」，幫助貿易發展；組建「海船水軍」，史上首次採取軍事措施維護海上商船安全與貿易順利；設置海上驛站，專門運送「蕃夷貢物及商販奇貨」到達元朝廷。在元代的外貿政策下，福建沿海的對外貿易逐漸繁榮，泉州刺桐港迅速成為東方第一大港；元代商貿政策不僅促進海上外貿的蓬勃發展，同時也推動了媽祖文化的海外傳播。

大運河的漕運與海路的漕運是元代政治與經濟發展的基礎，並透過海路的港口建立了與全世界貿易互通的網絡；這基礎的重要文化力量就是媽祖文化。元代促使海上絲綢之路有良好的推展，發展了和平貿易、友好互動與文化交流，在這條世界海洋貿易的海上絲路上，使得中國人、馬來人、印度人、波斯人、阿拉伯人、希臘人、羅馬人和埃及人等都能有所交流。

---

57 《南海志》與《島夷志略》的資料引自劉禎，《勾欄人生》（《華夏審美風尚史》第七卷）（鄭州：河南人民出版社，2000 年 11 月），頁 38。

58 轉引自趙君堯，《福建古代海洋文化歷史軌跡》，原《元史》卷 10，引自福建社會科學院網。

59 參見《元代交鈔因何成為當時國際貿易使用的紙幣》，原《元史》卷 94，引自和訊網。

　　隨著元蒙征服者地位的壯大以及國際貿易的頻繁，作為貢品或交換物的奇珍異寶源源而來，今人劉禎說：

> 從海道「舶貨」的種類繁多，根據其性質，大體可分為寶物、布匹、香貨、藥物、皮貨和雜物六類。「寶物」主要有：象牙、犀角、鶴頂、珍珠、珊瑚、碧甸子、翠毛、龜筒、玳瑁等。陳大震編輯的《南海志》說：「故海人歙山之奇，龍珠犀貝之異，莫不充儲於內府，畜玩於上林，其來者視昔有加焉。而珍貨之盛，亦倍於前志之所書者。」尚新逐奇成為一種時尚。[60]

以上追逐新穎奇異亦說明元代的開放性形成審美的特性。當時商業工藝發達，貴族官吏生活奢華，國內外交通四通八達，造成中國經濟的高度繁榮，開放性在元代是顯而易見的事實。

　　在元代國內各民族與國外不同種族的人，他們懷著各種目的來到中國，例如商務、探險、傳教、旅行、戰俘等，形成一股風潮，並逐漸融至儒家倫理的漢民族生活中；他們駁雜的意識思想、宗教信仰、價值觀、生活習俗和方式，以及相異的審美觀念和追求，都帶給元代社會衝擊和影響，造成元代文化思想不拘於傳統或規範，呈現開放與相容並蓄的特點。

　　由於商業經濟發達與東西交通方便，使得元帝國成為當時東亞地區一個強盛、富裕的大國，至元十一年（西元 1274 年），義大利人馬可波羅沿著古絲綢之路，旅行到中國，留下美好回憶而寫下《馬可波羅行紀》[61]，可看出元代的盛況。

---

[60] 同前劉禎，《勾欄人生》（《華夏審美風尚史》第七卷），頁 38。
[61] 參見馮承鈞譯，《馬可波羅行紀》。

二、元代媽祖文化展現經貿與海商精神

由於漕運，大運河與海運相連，因而大運河與海上絲路相通，並且大運河是海絲暢通的基礎，因大運河為海上絲路提供了必要的充足的貨源；媽祖文化也藉此傳播到亞太地區和世界各地，這其中媽祖文化展現高度的經貿精神。大運河的漕運使得沿岸的港口城市與老城鎮的經濟得到快速發展，如杭州、嘉興、吳縣、無錫、常州、鎮江、揚州、淮安、臨清、濟寧、張秋、滄州與通州等，更誕生了天津與德州等新城鎮，沿著漕運將漕糧由南方運到北方各地，福建商人也將福建的特產如乾貨和糖果等，沿著大運河由南方運到北方各地，同時也將媽祖信仰傳播到海岸與大運河沿線；又藉著海上絲路，而將媽祖信仰傳播到海外各地。

由於元漕運的海上運輸，媽祖信仰得以迅速傳播，遂將南方的媽祖信仰傳往北方，於天津等地皆建立了媽祖廟。以天津的西廟「天妃宮」（泰定三年，西元 1326 年建立）來說，其位於今海河三岔口，三岔口即南、北運河與海河的交匯點，是南糧北運的卸糧處，也是直沽運漕糧到元大都（北京）的起點。元代在海河三岔口的海洋漕運、運河漕運以及其他商品物資的運輸都沒有停過，而且停在三岔口和天妃宮前碼頭的船隻繼續增加，使得直沽碼頭向海河下游延伸，並與東廟所在的大直沽碼頭串聯起來，建有廣通倉等幾十座糧倉，成為繁榮的地區；船隻在此三岔口聚集，促成商品的交易，西廟也成為經貿發展的中心。

元代海漕的始點港為劉家港，終點港為直沽的大直沽，《新元史‧朱清張瑄傳》記載：海漕創始人朱清、張瑄徙居太倉，「營建第宅，開海道於直沽，糧船商泊雲集於市」元代王懋德的詩《直沽海口》：「極目滄溟浸碧天，蓬萊樓閣遠相連。東吳轉海輸粳稻，一夕潮來集萬船。」以上皆呈現透過海運使得漕船雲集於直沽的盛況。海運從始點港運來漕糧，也運來浙閩蘇江淮一帶的珍貨，手工業和商貿業均發展起來，終點港商人聚集，直沽成為南北貨物集散地和貿易中心；媽祖文化也隨著海船，從劉家港到直沽，帶著濃厚的海商精神。

至元二十四年（西元 1287 年），朱清「大通番舶，琉球、日本、高麗諸國商泊咸集太倉，稱天下第一都會。」因而促使元代與琉球、日本、高麗各國開展海外貿易，劉家港也被稱為「六國碼頭」，由國內海漕的港口晉身為與國外交通貿易的港口。太倉劉家港同時是河運港口與海運港口，媽祖文化因漕運、海運而大興，天妃廟（靈慈宮）始建於至元二十九年（西元 1292 年），媽祖文化的經貿精神十分濃郁。

元代海上絲綢之路出現前所未有的對外貿易的繁榮，也促進媽祖文化廣泛傳播到海外與各國。據史書記載：「元代，隨著海運與貿易的發展，媽祖行宮建造範圍也擴大了，北抵塘沽（天津），南跨瓊州（海南島）都有媽祖廟。」[62] 此外也傳播到東北亞、東南亞等地，今人蔡天新的研究說：

> 據《八閩通志》記載：元末，日本流行五山文化，興化軍一批刻書藝人前往東瀛從事刻書業，將媽祖信仰傳播到日本。當時福建與琉球、朝鮮、越南等國家的貿易比較頻繁，而米姑山海域和台灣海峽又經常出現狂風巨浪，海難事故頻發，海商們每次出海之前都要到附近媽祖廟祈求媽祖保佑，而商船平安返回後也要到媽祖廟去拜謝。不少商家還專程到湄洲祖廟恭請媽祖分靈，供奉在船上，早晚進香，將媽祖作為航海保護神，媽祖文化隨著閩商足跡，迅速傳播到海外各國。[63]

元末媽祖信仰傳到日本，福建對外貿易也到琉球、朝鮮、越南等國家，商人信奉媽祖，台灣海峽之間往來的商船眾多，常有商船駛入興化湄洲灣，為了到湄州媽祖祖廟、寧海聖墩媽祖廟、黃石清江天后宮、白湖順濟廟和執亭三媽宮等宮廟祭拜，禱求媽祖庇佑航海平安、貿易順利；更有商人到湄洲祖廟恭請媽祖分靈，供奉在船上。顧炎武《日知錄》記

---

[62] 印尼興安同鄉會編，《福莆仙鄉賢人物志》（莆田：福莆仙文化出版社，1990 年），頁 478。

[63] 蔡天新，〈古絲綢之路的媽祖文化傳播及其現實意義〉，《世界宗教文化》（2015 年 6 月），頁 55。

載：「媽宮西嶼北港，八罩四澳，北風可以泊舟，若南風不但有山有嶼，可以寄泊。」[64] 湄洲灣商人眾多，人們皆熱烈崇拜媽祖，商人更將媽祖信仰傳播到海外各地。

媽祖信仰與經貿與海商的關係非常密切，自早期簡單的媽祖祠廟，在三寶商人[65]的擴建下，將媽祖廟建得壯麗宏大，此是媽祖信仰與商人關係的開始。歷經宋、元、明、清各代，縱橫海上的商人皆尊崇海神媽祖，祈求商船航行平安順利，在〈順濟聖妃廟記〉文中記述：「莆人戶祠之，若鄉若裡悉有祠，所謂湄洲、聖堆、白湖、江口特其大者爾。神之祠不獨盛於莆，閩、廣、江、浙、淮甸皆祠也。」[66] 可見媽祖信仰透過海上的商人傳播快速，連續產生好幾座媽祖大廟。自宋代就商業興盛，朝廷在福建泉州設市舶司，可證海外貿易的盛行。依據《福建商幫》的記載：「泉州港的通商貿易的範圍相當廣泛，包括了今日的東亞、東南亞、南亞、西南亞、以及非洲的廣大地區。」[67] 由於對外通商貿易的發達，媽祖信仰也隨著商船四處傳播。尤其福建的商人更為崇奉媽祖，因為商船遇海難時有發生，商人聞海色變，他們祈望媽祖保佑航行平安，〈福建商人與媽祖信仰〉文中說：「媽祖就隨著祂海上救人的美好的傳說一起應航海者的需要而成為遠近聞名的海神。」[68] 商人經商出海航行的危機重重，因而他們篤信媽祖，倚賴媽祖的神力來克服強大的海洋自然力。

元代在泉州的海外貿易非常繁榮，海上商人的勢力頗大，元朝廷加

[64] 吳伯婭，〈陳昂父子與《海國聞見錄》〉，《清史論叢（2012 年號）》（北京：中國廣播電視出版社，2011 年）。

[65] 故事見〈三寶建廟〉，林仙久搜集，〈南海媽祖—媽祖〉，卓鐘霖等編，《福建文學四十年選・民間文學卷》，頁 198。

[66] （南宋）丁伯桂，〈順濟聖妃廟記〉，載潛說友《咸淳臨安志》卷七十三。見蔣維錟、周金琰輯纂，《媽祖文獻史料彙編》（第一輯）碑記卷（北京：中國檔案出版社，2007 年），頁 3。

[67] 王日根、陳支平，《福建商幫》（台北：萬象圖書股份有限公司，1995 年），頁 18。

[68] 張桂林、羅慶四，〈福建商人與媽祖信仰〉，《福建師範大學學報》（社會科學版，03 期）（福建：福建師範大學，1992 年），頁 105-110。

強管制商人的海外貿易，市舶制法更嚴密，海禁多次施行，並且元朝廷親自參加海外貿易，媽祖在此時被褒封為「天妃」，顯示對媽祖的高度重視與奉祀，祈求媽祖保佑以獲得更多的海洋經濟利益；由此可見元代祈使媽祖護佑河海漕運與官營的海外貿易。但元代對於市舶貿易基本上還是讓其繼續發展，因此商人經營海外貿易的風氣仍是很盛的。元代的媽祖信仰對於官營與民營的海外貿易均有很大的作用，因而媽祖文化展現海商精神。

綜上元代媽祖文化展現經貿精神與海商精神，最初媽祖保護海上航行的官員、商人和民眾，商人經商出航，媽祖庇護商船航行平安順利，而讓商務昌盛豐收，商人感念媽祖的恩德，因而信奉媽祖，為了榮耀媽祖及推展媽祖信仰，商人奉獻許多。元代河海漕運使得沿岸城市港口的經濟快速發展，大運河亦為海上絲路提供充足的貨源，透過更多的海外貿易，媽祖文化藉此傳播到海內外各地，商人祈求與感謝媽祖的庇佑，為光耀媽祖而興建媽祖宮廟與更加推展媽祖信仰；媽祖文化因而展現高度的經貿與海商精神。

第五節 元代漕運媽祖文化對明清的影響

元代漕運經由水路運送稅糧物資，引致大運河交通與經濟的發展，影響媽祖文化的傳播更為開展至明清時期。漕運在大運河沿岸的媽祖文化遺跡與媽祖宮廟以江蘇大運河沿線為最豐盛的區域，故以江蘇為主要分析對象。歷經元代泰定四年（西元 1327 年）平江（蘇州）的天妃廟等宮廟；到明代的淮安地區，據萬曆《淮安府志》記載：「靈慈宮，即天妃宮。為漕運立，凡三處。」[69] 天啟續載「郡天妃宮有四」[70]；至清代，因漕運使得媽祖地位不斷提升，淮陰的惠濟祠等媽祖宮廟也被稱為天后宮、天妃廟。

---

[69] （明）郭大綸，陳文燭，萬曆《淮安府志》，卷六，〈學校志・祀典〉。
[70] （明）宋祖舜，方尚祖，天啟《淮安府志》（北京：方志出版社，2006 年）。

一、明清漕運於江蘇大運河沿岸的媽祖文化遺跡

元代漕運媽祖文化對明清產生許多影響，明清漕運在江蘇大運河沿岸所產生的媽祖文化遺跡與媽祖宮廟於下探析。

（一）明代

江蘇淮陰清口清江浦的靈慈宮，楊士奇的《敕賜靈慈宮碑記》說：

> 永樂初，平江伯陳公瑄奉命率舟師道海運北京，然道險，所致無幾，乃浚濟寧、臨清之河水達北京，以便餽運。歲發數千艘，每春冰解則首尾相銜而進，河狹且淺，一雨輒溢，雨止複竭，加以洪閘之艱且險，舟稍不戒，非覆則膠。時平江公仍奉命督餽運，慨然念曰：凡大山長川皆有主宰之神，能事神則受福。往年吾董海運，凡海道神祠，吾過之必惴惴持敬，如神之臨乎前。間遇風濤及魚龍百怪有作，輒叩神祐，靡不回應。今茲神祠未建，非關典興。遂作祠於淮之清江浦，以祀天妃之神，蓋公素所持敬者。凡淮人及四方公私之人有祈於祠下，亦皆回應。守臣以聞，賜祠額曰「靈慈宮」，命有司歲有春秋祭祀。[71]

由上得知清江浦處的靈慈宮原於永樂初為平江伯陳瑄所建，當時他奉命督率糧餽運輸，海運路途危險，故疏浚濟寧、臨清的河水以通達北京，他認為大山長水都有主宰的神明，因而興建神祠於淮陰清江浦，以奉祀天妃女神，淮陰與來自四方的人民無論為公為私祈求神祠，皆得到回應，因此頒賜祠額為「靈慈宮」，並令官府每年春秋祭祀。

明代的淮安地區，崇祀媽祖的廟宇大都名為「靈慈宮」，據萬曆《淮安府志》記載：「靈慈宮，即天妃宮。為漕運立，凡三處。」[72]天啟續載「郡天妃宮有四，一在府學西；一在郡城西南隅萬柳池；一在新

---

[71]（明）楊宏、謝純，《漕運通志》（北京：方志出版社，2006 年），頁 290-291。

[72]（明）郭大綸，陳文燭，萬曆《淮安府志》，卷六，〈學校志・祀典〉。

城大北門內；一在清江浦。祀天祀神。神姓林，莆田湄洲人，海、漕二運，大著神功。」[73] 明代多處靈慈宮，亦即天妃宮，因漕運而建立的廟宇，奉祀天妃媽祖，對於河海運、漕運有顯著的神功，受人民尊崇。

在淮陰區碼頭鎮的「天妃口」以「天妃」命名，天妃口是裡運河入黃河之口，是漕運咽喉之地。萬恭《治水筌蹄》說：

> 天妃口，自陳平江開清江浦六十裡，由此入黃河，官民便之。……夫天妃口，一黃水之淤耳，若淮、黃會於新開口，是二淤也，乃歲役千夫浚淮、黃交會之淺，而患愈博矣。余于天妃口建石閘，直出黃河，黃水盛，則閉閘謝絕黃水以杜淤，黃水落，又啟閘以利官民，新開口勿浚可也，新河焉用哉？[74]

明永樂十三年（西元 1415 年），平江伯陳瑄循著沙河故道予以疏浚，更易名稱為清江浦（圖 6），與古邗溝相通，合稱為裡運河。陳瑄官督漕運，使漕運漸漸興盛，也奠定清江浦是「南船北馬，九省通衢」的交通樞紐地位，清江浦有天妃口，可見媽祖文化於大運河沿岸流傳。後來為避免黃水倒灌，在嘉靖三十年（西元 1551 年）改運口於三裡溝河，運口外為淮河。

圖 6：江蘇淮安清江浦。明代天啟《淮安府志》續載天妃宮（靈慈宮）一在清江浦；清江浦處於「南船北馬，九省通衢」的交通樞紐地位，其「天妃口」（於碼頭鎮）是裡運河入黃河之口。

---

[73] （明）宋祖舜，方尚祖，天啟《淮安府志》。
[74] （清）衛哲治，葉長揚，乾隆《淮安府志》（北京：方志出版社，2008 年）。

以往於清江浦設立稅關，也以「天妃口」為名，《續纂淮關統志》記載：

> 天妃口，原設清河縣天妃閘東界，在黃、運兩河堤岸之上。只因閘旁另開越河，以致稅房與運河相隔數裡，礙難稽查，乃移於迤下之二井茶庵地方，距大關三十五裡，住民房九間。凡北來進口貨船至此查驗有無北鈔，並點明包捆件數、艙口淺滿，令客販自投石數，填注號帖，給發客販赴關投鈔。[75]

由上知原設清河縣天妃閘東界的稅關天妃口，在黃、運兩河堤岸的上面，後因故難以稽查，而下移於二井茶庵地方。

揚州的天妃宮，建於明代中葉。揚州的地理位置在漕運中非常重要，唐宋元明清時期，江淮漕運必經揚州，從江入河，揚州是第一站，須更換船隻，還得補充需求、過關卡和驗糧，揚州是中轉站。揚州的漕運任務如此重要，故必求助於媽祖庇佑。

南京在歷史上至少建有七處媽祖宮廟，雖然南京不在京杭大運河沿岸，但長江上游各省的漕糧須經南京至揚州，再透過運河北上。明初建都應天府即南京（後遷都順天府，即北京），南京於當時成為疏浚京杭大運河的決策地，對於媽祖崇祀更加重視。南京七處媽祖宮廟分別是：上新河北岸天妃宮、大勝關天妃宮、下關天妃宮、寶船廠娘娘宮、水西門天后宮、莫愁路天妃宮、定淮門內水佐崗天妃宮等。

（二）清代

淮陰泗陽縣眾興鎮的泗陽閩商會館，始建於清康熙年間。泗陽眾興鎮是漕運的要衝，行船走馬的交會處，官商客彙集，閩商會館是福建商人聚會與發展商務的處所，有閩商在驛馬街西設立宮廟供奉海神，以

---

[75] （明）馬麟修，（清）杜琳，《續纂淮關統志：關口》，卷五（北京：方志出版社，2006年），頁83-84。

便祈禱祭祀，因規模較小，各地方誌中只有乾隆《淮安府志》有「娘娘廟」[76]的簡單記載；此處泗陽天后宮始建於康熙年間（西元1664年），原建築為三進，現部分建築物毀於戰火（西元1939年），僅存前殿與大殿。（圖7）

圖7：江蘇泗陽天后宮。

淮陰淮安區城北蓮花街的河下福建會館，始建於清順治年間，它由商務會所與媽祖廟宇互相結合，乾隆五十一年（西元1786）重建聖母殿，道光八年（西元1828年）立《天上聖母碑記》，碑高138公分、寬70公分，現完整的保存在淮安勻湖碑園裡（圖8、圖9），碑文裡寫道：

圖8：江蘇淮安勻湖碑園。
圖9：江蘇淮安勻湖全景圖標示有碑園。

---

[76]（清）衛哲治，葉長揚，乾隆《淮安府志》。

圖10：清代於淮陰城北蓮花街立碑的「天上聖母碑記」碑文，現保存在江蘇淮安勺湖碑園裡。

圖11：江蘇淮安河下古鎮旁邊蕭湖景區的「蓮花街」，清代在此建有媽祖廟。

「……置買市房田地，於丙戌年春淮陰城北蓮花街舊址，重建聖母宮殿。市房餘資，以備春秋祭祀之需……」（圖10）其中有「淮陰城」三字出現，並有明確的街名，這蓮花街（圖11）上重建的天后宮，正是淮陰城北河下歷史上的一處媽祖廟宇，此碑可證淮陰城北即淮安城北，清代此地的媽祖宮廟證實媽祖文化的盛行。明清時期，河下古鎮（圖12）因漕運和鹽務而商業鼎盛，道光八年福建商人出資建天后宮，俗稱福建庵。

圖12：江蘇淮安河下古鎮在清代建有聖母殿、天后宮。

圖 13：江蘇淮陰清晏園紫藤花館，清代於此有天后宮。

在淮安地方文獻中記載天妃宮廟有三處：一處在淮陰清晏園內紫藤花館所在位置（圖 13），當初是河道總督署，原有一天后宮，現已失存，據光緒《淮安府志・總河署圖》[77] 標示，位於荷池西北隅及荷芳書院西側，有座天后宮與關帝廟並列，在官衙內建立媽祖宮廟以行奉祀，可見清朝廷對媽祖的崇信。

除了上面一處，淮安地方另有兩處天妃宮廟分別見於乾隆《淮安府志・壇廟》的記載：「天妃祠，在察院西。」以及「天妃廟，在官亭鎮北界，萬曆四十年建。」[78] 前者天妃祠於淮安府城，在今淮陰淮安區楚州賓館院內，現已失存；後者天妃廟於官亭鎮，在今淮陰淮西區宋集鎮境內，現也已失存。

---

[77]（清）孫云錦，吳昆田，光緒《淮安府志》（北京：方志出版社，2010 年）。
[78]（清）衛哲治，葉長揚，乾隆《淮安府志》。

　　淮安是運河之都，明清兩朝，它是河道治理中心、漕運指揮中心、漕糧轉輸中心、漕船製造中心，以及淮北食鹽集散中心，因而各地船民集合在淮安，亦將媽祖信仰傳到淮安，並將媽祖文化傳播出去。淮安的清口居重要的地理位置，它是黃河、淮河、運河交匯的地方，是運道的樞紐，河防的關鍵。惠濟祠（圖14）是清口地區最大的媽祖廟，也是大運河線上最著名的媽祖廟。惠濟祠附近的街巷、河流和堤壩都以「天妃」命名，留下很豐富的媽祖文化遺跡，包含惠濟祠遺址、天妃壩遺址、天妃閘遺址、御製重修惠濟祠碑等，中國大運河列入世界遺產名錄，惠濟祠的媽祖文化遺跡亦列入項目，引起廣泛注意。

　　在淮陰區碼頭鎮北二公里處的惠濟祠，亦始建於明正德三年（西元1508年），咸豐《清河縣誌》記載：

圖14：江蘇淮安惠濟祠的遺址處，祠無存，僅矗立著清乾隆皇帝御製重修惠濟祠碑。

> 惠濟祠在運口，……明正德三年（西元 1508 年）建，武宗南
> 巡，駐蹕祠下。嘉靖初，章聖太后水殿渡河，賜黃香白金，額
> 曰：「惠濟」。……本朝（清代）即其舊宇崇祀天后，遂稱天
> 妃廟。[79]

據徐業龍的〈論淮安清口惠濟祠的媽祖信仰及其遺產價值〉文中進一步
說明：

> 惠濟祠由道士袁洞明所創，初為太山行祠，奉祀碧霞元君。正
> 德 14 年，正德皇帝南巡途中駐蹕祠下。嘉靖初年，章聖皇太后
> 巡幸清口，登臨惠濟祠，親詣升香，並賞賜黃香白金，取給予
> 困苦的人們以恩賜之意，賜名「惠濟」。清代，惠濟祠以正殿
> （前大殿）供奉天后，俗稱大奶奶；以後大殿供奉碧霞元君，俗
> 稱齊太太。[80]

由上知惠濟祠於明代由道士袁洞明所創建，最初稱為太山行祠，奉祀碧
霞元君，嘉靖初年章聖皇太后巡幸清口，賜名「惠濟」。到了清代，以
此舊宇奉祀天后，正殿（前大殿）供奉天后，後大殿供奉碧霞元君，於
是又稱天妃廟、天后宮、奶奶廟。《淮陰風土記》記載：「（惠濟祠前
殿）壁上掛大法船，雖小而帆檣無缺，每值海中風浪大作，苟其人合
當不死，則聖母必乘此船入海救生。」《淮陰風土記》也記載：「清
乾隆十六年，高宗南巡，建行宮於祠左，因命重修，仿內府壇廟式，
火珠耀日，飛閣淩空，雖在郊原，而有皇居之美。」[81] 天后娘娘媽祖福
河濟運，屢次靈應，備受朝野崇敬，康熙與乾隆皇帝多次親臨惠濟祠致
祭，乾隆皇帝建行宮於祠左，並重修祠廟，親自寫下：〈重修惠濟祠碑
文〉。

---

[79] （清）魯一同，咸豐《清河縣誌》，卷三（清咸豐四年刻本，1854 年）。
[80] 徐業龍，〈論淮安清口惠濟祠的媽祖信仰及其遺產價值〉，《莆田學院學報》（福州：
　　莆田學院，2010 年），頁 1-5。
[81] 張煦侯，《淮陰風土記》（北京：方志出版社，2008 年）。

　　嘉慶皇帝為就近瞻禮，在御園內仿建惠濟祠，《仁宗實錄》記載嘉慶皇帝於嘉慶十七年（西元 1812 年）所下的諭旨：

> 朕敬禮神祇，為民祈福，大內及御園多有供奉諸神祠宇，每遇祈報，就近瞻禮，以申誠敬。惟水府諸神，如天后、河神，向無祠位，著百齡親赴清江浦，於崇祀各神如天后、惠濟龍神素昭靈應，載在禮典者，將神牌封號字樣祥繕陳奏，俟後廟宇落成，照式虔造供奉，以迓神麻，將此諭令知之。[82]

嘉慶二十二年（西元 1817 年）上半年在御苑「圓明三園」之「綺春園」內完成與清江浦惠濟祠一樣的天后宮，嘉慶帝承繼祭典，時常前往祭拜。在惠濟祠正殿簷下懸掛著嘉慶帝御書的殿額：「宅神天沼」、「德施功溥」，殿內神龕供天后神牌，上刻「護國庇民妙靈昭應弘仁普濟福佑群生誠感咸孚顯神贊順天后神位」。由上可知朝廷對漕運十分重視，因而萬分崇拜漕運之神媽祖。由於從運口入清口水位落差大，非常危險，船員過天妃三閘，都去閘旁的惠濟祠祈求媽祖保佑順利平安，漕運之緣故惠濟祠平日香客絡繹不絕，香火鼎盛，延續數百年。

　　天妃閘即惠濟閘，或與通濟閘、福興閘合稱天妃三閘，天妃閘控扼清口，在明清時期可說是漕運鎖鑰，據乾隆《淮安府志》記載：「閘舊在惠濟祠南天妃口，名新莊閘，亦名天妃閘……」[83] 天妃壩在惠濟祠前，乾隆《淮安府志》說：「天妃壩，黃河東岸，自惠濟祠起，南接甘羅城，乃黃、淮匯流要害之處。磚石堤工共長四百八十二丈。」[84] 天妃壩的防洪形勢非常險要，天妃壩石工在明清兩朝都有創築工程，加築磚工、樁工、護石埽工等，加強保護堤岸。

---

[82] 賈珺，〈靈祠巍煥，飛閣淩空——淮安府清河縣惠濟祠、格局、祀神及御園仿建始末考略〉，《中國建築史論匯刊》，第一期（2013 年），頁 398。

[83] （清）衛哲治、葉長揚，乾隆《淮安府志》。

[84] （清）衛哲治、葉長揚，乾隆《淮安府志》。

還有天妃鎮，即碼頭鎮興盛街，是舊時淮陰河東三鎮之一，《淮陰風土記》說：「吾儕行安瀾街上，東趨有牌樓，題曰：『古淮陰市』，所謂興盛街也。溫飛卿詩曰：『酒酣夜別淮陰市，月照高樓一曲歌。』黃山谷詩曰：『我嘗貰酒淮陰市，韓信廟前木十圍。』……餘按縣誌謂馬頭與新莊、天妃稱河東三鎮，新莊頃已經過，天妃即興盛街之東市。……」[85] 天妃鎮是古淮陰市清口地區著名市鎮，清代為稱盛時期，到民國年間則已荒廢。

在南通市鎮江山巷底的天后宮，始建於康熙年間（西元 1662-1722年），當時的大運河經過時空變化，現在的河寬已大為縮小，天后宮位於運河支流旁邊，原宮廟已不全，僅存一間偏房；然而現卻在此地有以「天后宮」命名的社區服務機構和街道。

二、明清漕運的延續與媽祖文化的反映

明代成立，遷都至北京，永樂九年至十三年（西元 1411-1415 年），疏通了南運河的會通河段（即濟州至臨清），使得大運河暢通，從而代替了海漕，確保漕糧運輸與供應順利。到了清代，仍沿襲明代的大運河河漕；康熙、雍正、乾隆的一百多年間，還開放了海禁。康熙年間，媽祖被加封為「護國庇民妙靈昭應弘仁普濟天后」。咸豐三年，媽祖護庇漕運米穀由福建、浙江、江蘇平安運達天津[86]；清朝屢次褒封媽祖有十五次，派官員致祭與贈匾無計其數。

元代拓展世界海洋貿易的海上絲路之後，明太祖洪武五年（西元 1372 年）媽祖以神功顯靈而受敕封「昭孝純正孚濟感應聖妃」，此為明代第一次褒封媽祖。鄭和第一次下西洋於明成祖永樂三年（1405年），第二次下西洋期間（永樂六年，西元 1408 年），渤泥國王一行

---

[85] 張煦侯，《淮陰風土記》（北京：方志出版社，2008 年）。

[86] （清）王懿德、慶瑞，〈為請頒匾額事奏摺〉，見蔣維錟、周金琰輯纂，《媽祖文獻史料彙編》，第一輯，檔案卷（北京：中國檔案出版社，2007 年），頁 111-112。

人入貢，返國時由內官張悅護送，張悅歸國上奏說海路危險，幸祈求媽祖而平安；之後尹璋往榜葛喇國，亦祈求媽祖而順利。因此明成祖於永樂七年（西元 1409 年）敕封媽祖為「護國庇民妙靈昭應弘仁普濟天妃」[87]，此為明代第二次褒封媽祖；南京龍江天妃廟賜廟額為「弘仁普濟天妃之宮」[88]，據《湄洲嶼志略》記載，鄭和於永樂三年、七年（兩次）、十三年、十五年、十六年、十九年，以及宣德五年、六年，奉旨多次親臨或派人前往湄洲嶼祭拜媽祖。明成祖〈御製弘仁普濟天妃宮之碑〉說：「使者涉海洋，經浩渺，颶風黑雨，晦暝黯慘，雷電交作……。乃有神人飄飄雲際，隱顯揮霍。……已而煙消霾霽，風浪貼息。……此天妃神顯靈應，默加佑相……。」[89] 以上記述海上險惡，媽祖顯靈庇佑平安，此後朝臣出使海外國家，行前歸後皆致祭媽祖。

清代，帝國的統一於清聖祖康熙二十二年（西元 1683 年）在施琅攻台後完成，出使台灣和琉球的官員都將海上的安全，歸功於皇帝的仁德和媽祖的祐護，清皇為安撫人心，亦崇敬媽祖，遇颱風，並於詔書指出：「吏治民風均有不能感召天和之處……於天后廟敬謹祭祀，以迎神庥。」[90] 清朝屢次褒封媽祖，派官員致祭與贈匾無計其數。縱觀中國的所有女神，媽祖可說是受歷代褒封最豐盛的女神，一共三十六次，清有十五次。

在江蘇，淮陰泗陽縣眾興鎮的泗陽閩商會館始建於清康熙年間，是福建商人聚會與拓展商務的地方，為祈禱祭祀的需求，閩商在驛馬街西設立宮廟供奉媽祖。淮陰淮安區城北蓮花街的河下福建會館，始建於清順治年間，它由商務處所與媽祖宮廟結合，乾隆五十一年重建聖母

---

[87] （清）張廷玉，《明史卷五十·禮志二十六》（台北：台灣商務印書館，1988 年），頁533。

[88] （明末清初）照乘，《天妃顯聖錄》台灣文獻叢刊第 77 種（台北：台灣銀行發行，1961年），頁 8。

[89] 轉引自蔣維錟，《媽祖文獻資料》。

[90] 清詔書內容引自蔣維錟、楊永占，《清代媽祖檔案史料彙編·著閩浙總督實力撫卹災區並天后廟致祀事上諭》（北京：中國檔案出版社，2003 年），頁 195。

殿；河下古鎮在明清時期因漕運和鹽務而商業鼎盛，道光八年福建商人奉獻資金建設天后宮，俗稱福建庵。

再以揚州為例，揚州在漕運中有著重要的地理位置，它從江入河第一站，也是中轉站。北宋時期，從揚州轉運的漕糧占當時江淮漕米運量的大部分；明代經揚州轉運的漕糧量也都在 200-300 萬石之間，數量很大。清代順治、康熙年間，通過揚州的漕糧量甚至占全國漕運量約80%。明代之前揚州無媽祖宮廟，清魏禧《揚州天妃宮碑記》記載：「揚州古無祀天妃者。相傳明中葉閩沽客泛海遇颶風，舟落大洋，眾饑渴欲死，仰見天際有神女見，知為天妃也，群泣拜而跡之……於是釀金宮於邗江之上。」明中葉福建商人航行商船於海上，遇颶風落海，被媽祖營救，商人感恩圖報，於是建天妃宮於邗江上，「邗江」因春秋吳王夫差築邗城、開邗溝而得名，歷史悠久，今揚州地區於春秋時稱「邗」。由上可知揚州在中國漕運史上的地位舉足輕重，因漕運而建天妃宮，宣揚媽祖信仰，媽祖文化因而在大運河沿岸推展開來。

又以慶安會館為例，慶安會館位於浙江寧波市鄞州區三江口東岸，始建於清代道光三十年（西元 1850 年），落成於咸豐三年（西元 1853年），建立者為甬埠行駛北洋的海商。寧波港於唐玄宗開元二十六年（西元 738 年）正式開港，於西元 752 年成為海商港口，到宋元時期已成為對外貿易的主要港口、「海上絲綢之路」的起點之一。據〈順濟聖妃廟記〉記載，北宋徽宗宣和四年（西元 1122 年），外交使節路允迪奉旨出訪高麗；當時路允迪即從寧波海口出發，因寧波的造船業非常發達，故宋徽宗下旨在寧波成立船隊，駛往高麗；路允迪回程海上遇暴風雨，驚險度過，平安歸來，路允迪呈報是媽祖顯靈救助，隔年朝廷賜予「順濟」廟額，媽祖從此成為至高無上的「海神」；現今慶安會館天后宮大殿的匾額依然為「順濟」。元代對於慶元（今寧波）天后宮十分重視。主要於海運與漕運者中信奉媽祖。宋代在寧波就有南北商幫；清代道光年間，寧波南號商團在三江口東岸建造會館名為「安瀾」，後來寧波北號商團在其附近興建另一會館取名「慶安」，又稱「甬東天后宮」，

圖 15：浙江寧波慶安會館。

就是「慶安會館」。「慶安會館」既是海商、民眾祭祀媽祖的殿堂，也是海商、船員娛樂和聚會的處所；它是融匯天后宮與會館於一體的古建築群，現在則改建為海事民俗博物館。建築物沿中軸線有宮門、儀門、前戲臺、大殿、後戲臺、後殿、兩邊廂房等，大殿是核心建築，殿內供奉媽祖神像，建築雕刻的龍鳳石柱、磚雕宮門、戲臺木藻井被稱為浙東雕刻「三絕」。慶安會館內有清代《甬東天后宮碑記》，內容記述寧波商人把環繞太湖流域的糧食透過河海聯合航運，北運到天津，再將渤海灣地區的物資轉運到寧波，可見經由江南運河與海洋進行轉運為當時寧波人帶來財富。（圖 15）（圖 16）

圖 16：浙江寧波慶安會館天后宮。

　　廣大的從事漕運工作的船員大部分祖居南方，一向信奉媽祖，由於漕運的發達，這些龐大的漕民也變成傳播媽祖信仰的民眾；在大運河沿岸因漕運而產生的媽祖宮廟，尤其是江蘇大運河沿岸留有很多媽祖宮廟遺跡，在當時即成漕運船員、附近居民和官員尊奉媽祖的神聖地方，使得媽祖文化隨著漕運而在大運河沿岸發展。

　　元明清是封建社會的政權，在統一全國後，需有安定社稷民心的信仰以鞏固「君權神授」的思想，維護君主權利，穩定國家社會；因此歷代王朝統治者運用媽祖於河海運、漕運的靈驗威名於護國安邦，不斷的對媽祖加封神號，對一些地方媽祖宮廟，或者撥款修建，或者頒立匾額褒揚神蹟，或者遣使前往祭祀，使媽祖信仰與文化得到廣泛推展的助力。

　　又以江蘇鎮江山巷底的天后宮的發展來觀察，天后宮始建於康熙年間，原宮廟已不復存在，現人們卻在此地以「天后宮」命名街道「天后宮路」和社區服務機構「天后宮社區衛生服務站」等。泗陽天后宮亦始建於康熙年間，現部分建築物毀於戰火（西元 1939 年），僅存前殿與大殿，泗陽政府將運河中的如意島和吉祥島之間建設成「泗陽媽祖文化公園」，並於運河旁邊建立三面媽祖塑像，高度 32.3 米，意謂媽祖誕辰是農曆三月二十三日，基座 9.09 米，意謂媽祖升天是農曆九月初九。以上種種顯現媽祖文化確實魅力十足。

　　大運河沿岸的商家、民家、船家極為崇信媽祖，有碼頭的地方大都會有媽祖宮廟，並且是商業聚集的重鎮，許多地方政府在開發大運河文化產業的時候，也會利用媽祖文化並同時開發了媽祖文化產業。江蘇是京杭大運河流經的重要省分，現今江蘇的大運河仍然具有運輸功能，並大力推展大運河文化帶建設，例如淮安市淮安區的中國漕運博物館（圖17）、淮安裡運河文化長廊（包含大運河兩處遺產點：清口樞紐、清江大閘）（圖 18、圖 19）、淮安裡運河博物館（在清江浦大閘口歷史文化風貌區裡運河中洲島上，包含淮安戲曲博物館、淮安名人館、淮安運河楹聯館、陳潘二公祠等）。

圖 17：江蘇淮安中國漕運博物館。

　　除上之外，江蘇還有運河船舶文化博物館、蘇州大運河遺產展示館、常州市大運河記憶館、無錫數字博物館（以大運河為主題）、泗陽媽祖文化公園（被譽為「千里運河上最美的媽祖文化遺存」）等，並計劃以漕運為主題建設漕運城（集休閒、旅遊、度假為一體），及策劃出版《京杭大運河遺產保護出版工程》。京杭大運河文化包含了大運河沿岸傳播廣闊的媽祖文化。

圖 18：江蘇淮安裡運河文化長廊導覽圖。

圖 19：江蘇淮安裡運河清江閘。

第六節 小結

基於以上的探析，元代定都北京，漕運經由水路運送稅糧物資，南方漕糧北運使得河海聯運，漕運任務與朝廷官軍需求、國計民生和政權穩定皆有密切關係；媽祖文化與河海漕運的發展相得益彰，大運河和海洋漕運的發展使得交通發達、經濟繁榮，影響媽祖文化廣為傳播。研究小結如下：

第一・元代漕運的建立與媽祖護漕互相呼應，京杭大運河北到北京通州，取直於元代，到元代（西元 1293 年）全線開通，在大運河沿岸留有很多媽祖宮廟與文物；元代演進三條漕運路線，第三條即為至元十八年元世祖命令開海漕的路線，媽祖文化應海漕而更加開展，在海岸港口留有不少媽祖宮廟等遺跡。漕運對媽祖文化的影響巨大，由於南糧北運的漕運任務在定都於北京的元時期特別重要，漕運攸關朝廷官軍需求、國計民生和政權穩定，然而漕運路途艱辛遙遠，漕運的安全順利有賴媽祖庇佑護航，故崇信媽祖非常熱烈，媽祖成為大運河與海洋漕運的保護神。元代為祈求與答謝媽祖護漕，朝廷曾遣使多次與從北至南一路祭祀媽祖宮廟，並建立新媽祖宮廟，及五次敕封媽祖。

第二，元代河海沿岸的媽祖遺跡，包含江蘇、山東、天津、北京與浙江杭州的媽祖宮廟與文化，江蘇有平江天妃廟、瀏河天妃廟、劉家港天妃廟、昆山靈慈宮、淮陰清口靈慈宮等。山東在德州南回營、濟寧城北關、寧海州北和登州等處有天妃廟。天津大直沽（東廟）與海河三岔口的天妃宮（西廟）最為有名；北京通州有兩座天妃宮等；浙江杭州是京杭大運河的南方起點，在孩兒巷西有天妃宮等，寧波鄞縣的媽祖廟在元代皇慶二年（西元 1313 年）重建。大運河沿岸與海運沿岸的媽祖宮廟是奉祀媽祖的聖地，亦促使媽祖文化隨著漕運而拓展。

第三，元代是蒙古族進入中原統治的朝代，對於各種宗教採取自由放任的態度，思想意識多元化，其儒佛道背景十分特殊，元皇帝採用「以佛治心，以道治身，以儒治世」的政策，對儒佛道三家思想極為重

視。元代媽祖文化亦呈現哲學思想的包容性，與儒家、佛教、道家（含道教）等思想的融合一直不斷的進行，產生相容並蓄的崇高意境。元朝廷為答謝媽祖庇佑漕運，多次舉辦盛大的媽祖祭典，漕運前後均遣使致祭，享有與古代吉禮「祈嶽瀆」同等的祭祀，於媽祖宮廟的祭典莊嚴隆重，顯示對媽祖信仰的尊重。

第四，由元代的貿易背景可知元積極拓展海上貿易，促使海上絲綢之路的推展，建立起與世界各國的海洋經貿關係，而重要的文化力量就是媽祖文化。元代媽祖文化亦展現充分的經貿與海商精神，透過漕運使得大運河與海運相連，並與海上絲路相通，海漕的始點港為劉家港，終點港為直沽的大直沽，港口成為貿易中心以及與國外交通貿易的要港，人們祈求、蒙受與感念媽祖的庇佑，媽祖文化因漕運與海上絲路而大興，帶著濃厚的經貿精神與海商精神。

第五，元代漕運媽祖文化對明清產生影響，明代有淮陰清口清江浦的靈慈宮、淮安區多處靈慈宮等；清代有淮陰泗陽閩商會館的娘娘廟、淮陰淮安區城北蓮花街河下福建會館的聖母宮殿、淮安區多處天妃宮廟、淮陰碼頭鎮北的惠濟祠、南通鎮江山巷底的天后宮等；明清亦常因漕運而新建媽祖宮廟，如揚州天妃宮，均為宣揚媽祖信仰。廣大信奉媽祖的漕民也變成傳播媽祖信仰的民眾；大運河沿岸的媽祖宮廟是奉祀媽祖的神聖地方，促使媽祖文化隨著漕運而在大運河沿岸大為發展；媽祖於河海漕運的靈應護佑，成為元、明、清安定社稷民心的信仰力量。

元代漕運經由水路運送稅糧物資，致使大運河與海運的交通與經濟大為發展，影響媽祖文化的傳播更為開展；相輔相成的，媽祖信仰為元代河海漕運與海上絲綢之路提供重要的精神支援力量，商眾與民眾祈求媽祖庇佑平安順利，並發揚媽祖慈愛助人的情懷與經世濟民的理想。漕運促使大運河與海運相連，因而大運河也與海上絲路相通，其中媽祖文化展現高度的海商精神，與時開創進步的文化與經濟，也藉此傳播到亞太地區和世界各地。

第四章 媽祖的形像藝術

　　媽祖的造像是順應漢人民間信仰所呈現的形式；並依據當時的史料、經典的相關記載以及與意象的關係；也因歷代的封號、官階和祭祀地位有所改變而變化外在造型，經宋元明清共賜 36 個封號，由「夫人」至「天妃」，再至「天后聖母」等，因而影響形像；且在儒佛道教視野下可看到豐富的媽祖形像藝術，將自媽祖的整體造型、塑材、冠帽、容顏色彩、手勢與手持配件、衣飾、媽祖造像裝飾與造像群等方面探析媽祖的形像藝術，亦將漕運地區與台閩地區的媽祖形像做為分析比較。

　　從媽祖神像的造型，可得民眾對於媽祖形象的認知。從《天妃顯聖錄》「枯楂顯聖」記載媽祖首次顯靈建廟，可知在北宋哲宗元祐元年（西元 1086 年）就已形成媽祖造像。而媽祖畫像據廖鵬飛〈聖墩祖廟重建順濟廟記〉中的記述，在北宋紹興二十年（西元 1150 年）亦已具備。但以上的造像或畫像並未流傳下來。

圖 1：白湖順濟廟（今福建莆田文峰天后宮的前身）的宋代木雕天妃像。

　　現所能見到的原始媽祖造像很少，出自白湖順濟廟有宋代木雕天妃像，以此來觀察媽祖形像（圖 1）：

　　這尊彩繪圓雕坐像通體儀態端莊、慈眉善目、面部溫和圓潤，高額高鼻，頭梳朝天髻，雙耳低垂、附有耳墜；身著雲肩、披帛、袍服；袍原為紅

色，原漆已退，現呈灰褐色；佩玉帶，雙手攏於身前，有覆巾蓋之。[1]

以上的木雕天妃像具有圓潤面貌，身穿紅袍、雲肩、披帛，形像清晰。現福建莆田的文峰天后宮的前身就是白湖順濟廟，南宋紹興二十五年（西元 1155 年）莆郡流行瘟疫，民眾祈求媽祖保佑安康，媽祖顯靈救助；南宋紹興二十七年，名相陳俊卿於其家鄉白湖捐土地建廟宇，感謝媽祖恩澤，因而媽祖在南宋普遍被稱為「白湖妃」，取代了北宋「寧海神女」的稱號。元代至正十四年，白湖廟神像被遷往城裡供奉，由於新廟面對文峰嶺，故俗稱文峰宮。清代朝廷詔告天下對媽祖行「三跪九叩首禮」與「春秋諭祭」，興化官府也只有在文峰宮舉辦官祭。西元 1952 年文峰宮中元代建造的部分被拆除，於是將宋代的所有神像秘藏；直到 1985 年，宋代的兩尊木雕媽祖神像參加「媽祖史迹展覽」，

才被世人觀賞到，展後暫存於東岩山鱗峰書院供奉；1993 年文峰宮才恢復重建；現今文峰天后宮供奉宋代木雕媽祖神像一尊（另有兩尊宋代木雕媽祖像仍暫存於東岩山供奉），經由此神像可知最早宋時期媽祖的形像特徵。

圖 2：湄洲天后廟重建時（西元 1987 年）出土「媽祖元始金身」，石雕像，高 29 公分，寬 22 公分，青石質，圓雕。

湄洲天后廟重建時（西元 1987 年），出土的一尊「媽祖元始金身」，石雕像（圖 2），高 29 公分，寬 22 公分，「青石質，圓雕，型制古樸，碩巾帕首，大襟廣袖，垂拱趺坐，頰頜豐實，具有唐宋婦女典型風格」[2]，此石雕容顏身型豐實，似

---

[1] 張蓓蓓，〈媽祖形象考──兼論媽祖服飾及媽祖形象復原實踐〉，《民族藝術研究》（2017年 (1)），頁 155。

[2] 陳春木，〈湄洲媽祖遊台三大寶物亮相〉，《湄洲媽祖遊台灣紀念專刊》（台北：湄洲媽祖遊台灣活動籌備處，1997 年），頁 22-47。

唐代婦女，以文獻紀錄推演，可能是西元1086 至 1150 年之間的作品。[3]

圖 3：明代德化窯白瓷媽祖坐像，福建博物院收藏。

明代德化窯的白瓷媽祖坐像（圖 3），現福建博物院收藏，媽祖形像：「面部豐滿圓潤，頭戴無旒冕冠，兩博鬢下垂；身著袍服，上套雲肩，雙手相拱於前胸，覆巾蓋之，手持物已無存。」[4] 皆有承宋元的形像。由上可見媽祖形像以當時婦女形貌服飾為依據，並在「人神同形」與「神超於人形」的認知下進行塑像藝術創作。

第一節 媽祖形像與封號和祭祀的關係

媽祖的造像也因歷代以來不同的封號、官階而形成不同的外在造型，自北宋宣和五年（西元 1123 年）首次賜廟額「順濟」，經宋、元、明、清共賜 36 個封號，由「夫人」至「妃」、「天妃」、「聖妃」，再至「天后」、「天后聖母」、「天上聖母」等，因而影響造型。如明代洪武三年所制定的皇后冠服造型為：「其冠圓匡冒以翡翠上飾九龍四鳳、深青繪翟赤質五色衣、玉革帶、青韈青舄以金飾。」[5] 影響當時媽祖的造型衣飾。而到清代，依學者陳清香的推論：「清代媽祖神像的造形，一方面是沿襲明代的遺風，一方面也反映了清

---

[3] 參自蔡相煇，〈媽祖信仰的歷史考察〉，《媽祖信仰與現代社會國際學術會議》，頁 2。

[4] 張蓓蓓，〈媽祖形象考—兼論媽祖服飾及媽祖形象復原實踐〉，《民族藝術研究》，頁 155。

[5] 《四庫全書電子版—原文及全文檢索版》文淵閣版（2016/9/1）。

代的輿服禮制。」[6] 推知當時媽祖造像應是清朝官方順應漢人民間信仰所呈現的形式，以民間的傳統服飾為基礎，媽祖的造型通常是頭梳高髻外包頭巾，穿著朱衣、雲肩、帔帛，然後依其受歷代褒封而在服飾上有所發展，也反映了當時朝代的「輿服禮制」。

由歷代媽祖的造像服飾與受封身份的關係來對照，宋初「夫人」封號的造像服飾，較接近宋代普通婦人梳高髻、穿著大袖禮服的造型。宋封「妃」、「天妃」後的媽祖，頭帶冕冠，此造型成為元明時期媽祖形像的主流。清康熙二十三年（西元 1684 年），媽祖受封「天后」後，造像為頭戴帶博鬢的九旒冕冠，身穿著四爪金龍袍，腰間繫有九龍玉帶，套雲肩披霞帔的形像。[7]

北宋真宗時封媽祖為「天仙玉女碧霞元君」，《碧霞元君護國庇民普濟保生妙經》說媽祖「應九炁以生，受玉帝之命，證位天仙，統攝嶽府神兵，照察人間善惡。」[8]「元君」是道教中對女仙的稱呼，「碧霞元君」傳為泰山之女。明末崇禎年間，媽祖受封為「天仙聖母青靈普化碧霞元君」，後又加封為「青賢普化感應碧霞元君」[9]。可見北宋真宗與明末崇禎帝給媽祖的封號皆是屬於道教系統的，而這些封號影響了媽祖的造像藝術。

元代成立後，因其屬於蒙古王朝，故藉著媽祖信仰來維護統治中原漢人的合理性。忽必烈定都北京後，經由漕運將南糧北運，以解決北方缺糧的問題，但河海上的氣候變化多端，非常危險，時常發生船難事故，元朝廷因而祈求媽祖顯神威，以增強船員士氣。元世祖至元十八年（西元 1281 年），元朝廷冊封媽祖為「護國明著天妃」，下旨於各地

---

[6] 陳清香，〈北港朝天宮內供像造形初探──以正殿媽祖像和觀音殿觀音像為例〉，《媽祖信仰國際學術研討會論文集》（台中：台灣省政府印刷廠，1997 年），頁 146。

[7] 參自王暎，〈從媽祖造像看中國神像造型美學的意涵〉，《福建師範大學學報（哲學社會科學版）》（2012 年第 3 期），頁 124。

[8] 《續道藏》第 1063 冊《碧霞元君護國庇民普濟保生妙經》。

[9] 蕭一平，〈媽祖的歷代褒封〉，《媽祖研究論文集》（鷺江出版社，1989 年 7 月版）。

每逢初一和十五必得「晉香」，即進香，並在每年舉辦春、秋兩次祭拜，今人王蘭鳳研究說：「元代把媽祖列入國家祀典，每逢媽祖誕辰或升天日，官府派人到一些主要媽祖廟祭祀。中國三大祭典包括陝西炎黃祭典、山東孔子祭典和湄洲媽祖祭典。……」[10]元代在每年農曆的三月中、下旬，漕運由南方朝北方啟航運輸，到了八月底九月初，則反方向由北方向南方航行運輸。漕運往返的時間與媽祖的生辰日和升天日很接近，因此漕運的官員和船員們在航前都必定會祭祀媽祖，祈求航行平安。元將媽祖祭祀列入國家三大祀典，使得媽祖信仰從沿海地區逐漸擴展為全國信仰。

到元代中期，朝廷「詔濱海州郡，皆置祠廟」[11]，下詔沿海各州郡都設置媽祖祠廟，官員百姓皆信奉媽祖。到元末，媽祖地位已非常崇高，湄洲祖廟揚名於海內外，漁民、海商、重臣和高官均尊崇媽祖，文化方面的文人也慕名前來拜謁媽祖，翰林學士張翥（雲南晉寧人）賦詩一首：「飛舸鯨濤渡渺冥，祠光壇上夜如星。蛟龍筍簴懸金石，雲霧衣裳集殿庭。萬里使輶游冠蓋，千秋海甸仰英靈。乘槎欲借天風便，彷彿神山一發青。」[12]從詩中可看到元代媽祖神威的形像，也看到當時在福建沿海對外貿易的繁榮景象，人們對於媽祖非常崇拜，齊聚仰望英靈。元執政 93 年間，褒封媽祖五次，到元文宗天曆二年（西元 1329 年），封媽祖為「護國輔聖庇民顯佑廣濟靈感助順福惠徽烈明著天妃」，媽祖從濱海神祇迅速晉升為天上尊神，媽祖的尊神封號大為影響其造像藝術。

《安平縣雜記》記載官民四季的祭祀典禮，提到孔子與媽祖的祭祀都屬於官祀，孔子列為上祀，媽祖列為中祀，上祀享有「樂」的特殊備物，以在禮器種類和數量上有些差異作為區別，文中記述：

---

10 王蘭鳳，〈媽祖形象研究〉，《懷化學院學報》（2013 年 6 月），頁 14。

11 魏愛棠，〈媽祖神話的隱喻與歷史進程〉，《莆田高等專科學校學報》(2001 年第 8 卷第 3 期)。

12 許更生主編，《莆田詩詠》（福州：福建人民出版社，2000 年），頁 59。

祭祀典禮，有官民之分。官祭者有上祀、中祀、群祀之分（上祀設樂備物，祀祭以太牢，群祀祭以少牢）·就台灣而論：先師孔子廟⋯⋯，上祀也。天后宮，中祀也。⋯⋯宮斯土者，春秋仲月致祭孔子廟，⋯⋯祭品陳設，每位用制帛一端、酒尊香燭諸物，若登鉶、簠簋、籩豆，視上祀，中祀、下祀，有差等焉。禮則均用三獻。[13]

由上了解媽祖是唯一享有次於孔子祭祀的神靈。《噶瑪蘭廳志》卷三(中)〈祀典·天后廟〉中記述媽祖祭祀：「直省濱海州、縣天后廟，歲以春秋仲月致祭。」[14]這部書始修於清代道光年間，文中提到清代每年以朝廷經費舉行春秋兩祭的有孔子、關帝與媽祖，可見對於媽祖的重視。《乾隆重修台灣縣誌》卷七〈禮儀志·祭祀〉中記載：「文廟，每歲春秋二祭，⋯⋯豕一登一鉶二簠二簋二籩十豆十酒尊一。天后廟，春秋仲月，擇日致祭，陳設制帛一羊一豕一酒粢庶品。」[15]以上記述台灣文廟和天后廟的祭祀於每年春秋季二祭，也看到不同的祭祀供品，豕和酒都是必須準備的。直到現今，「莆田賢良港天后祖祠春秋諭祭」[16]的儀式仍然非常隆重，祭祀用的禮器和祭品準備的十分齊備；與「天后祖祠」（福建莆田湄洲灣北岸山亭鄉，古稱「賢良港」）遙遙相望的湄洲島媽祖祖廟（圖4、圖5），其

圖4：福建莆田湄洲島媽祖祖廟1

13 《安平縣雜記》，台灣文獻叢刊第五十二種，頁18。

14 陳淑均，《噶瑪蘭廳志》，《台灣文獻叢刊史料》第一輯，台灣文獻叢刊第一百六零種，頁114。

15 《乾隆重修台灣縣誌》（上海書店，巴蜀書社，江蘇古籍出版社），頁143。

16 《莆田賢良港天后祖祠春秋諭祭資料》，《海峽兩岸·傳統視野下的媽祖信仰文化考察活動資料彙編》，頁120-121。

媽祖祭典（圖6、圖7）亦屬於官方祭祀，有特定的禮儀規定，依據的就是儒家的《周禮》。

圖5：福建莆田湄洲島媽祖祖廟2

圖6：福建莆田湄洲島媽祖祭典1

圖7：福建莆田湄洲島媽祖祭典2

第一節　媽祖形像與封號和祭祀的關係

　　《福建通誌台灣府》（上冊）〈典禮・祭天后廟儀注〉中記載：「正祭日，五鼓，各官俱至廟，穿蟒袍。主祭官簽祝文畢，起鼓。引生引主祭官盥洗所盥手畢，引至行禮處立・……主祭官、陪祭官各官俱行二跪六叩頭禮。」[17]祭祀媽祖儀式中配有主祭官和陪祭官，並以「通唱」的形式進行，與祭祀孔子過程中特別強調「樂」很類似，可知祭祀媽祖與祭祀孔子的儀式有許多相似處。《乾隆重修台灣縣誌》中記載：「天后廟儀注與關帝廟同，不複載。」[18]儒家除祭孔，亦祭關帝，媽祖的祭祀儀式也與祭祀關帝相似，即是參考自正統的儒家祭祀孔子儀式。重要儀式--「分香」為了獲取媽祖神力，一般頭香所獲神力最大，然後是「二香」、「三香」……「散客」，其中意義表現儒家思想中階級分明的特徵。

　　自宋高宗賜封媽祖為「崇福夫人」以來，媽祖信仰逐漸由民間進入了朝廷官方的視野中，媽祖歷代被冊封為夫人、天妃、聖妃、天上聖母至天后時，所建的天妃廟和天后宮這些媽祖廟大多是屬於官方廟宇，所以媽祖神像的整體造型與服飾等皆受到官方與儒家的影響。北港朝天宮是清初遷徙到台灣的媽祖廟之一，媽祖主像頭戴著鳳冠，身穿著龍袍，端坐在有龍頭扶手的高背寶椅上，媽祖像兩旁站立侍女，正殿神龕下有千里眼、順風耳兩位配祀神守護，整個造像群體格式，顯示「儒家的統御思想」[19]，而祭祀媽祖的儀式成為一種文化表現的過程，這一切可看出媽祖形像藝術受到儒家的影響。

　　因此祭祀媽祖的禮儀有一部分參考儒家的祭祀禮儀，儒家經典《禮記》中說：「法施於民則祀之；以勞定國則祀之；以死勤事則祀之；能捍大災則祀之；能禦大患則祀之。」歷代的官廟與私廟都遵奉此原則，依照《禮記》的祭法與祭義來實行祭祀，而祭祀過程中對於儒家重視的

17　《福建通志台灣府》，《台灣文獻叢刊史料》第二輯，頁233，錄自重撰《福建通志》卷六十一。
18　《乾隆重修台灣縣誌》，頁154。
19　陳清香，〈北港朝天宮內供像造型初探——以正殿媽祖像和觀音殿觀音像為例〉，《媽祖信仰國際學術研討會論文集》，頁158。

君臣尊卑亦有充分的表現，媽祖的祭祀也是一樣的。媽祖的祭祀成為國祀之後，祭祀的時間除了每年於媽祖誕辰進行祭祀，又增加於媽祖羽化成仙之日進行祭祀，於是演變為一年兩次的祭祀。歷代朝廷不僅對媽祖加封，並提高祭祀禮儀的標準，且增加每年祭祀的次數，可見官方更加重視媽祖信仰，並藉著媽祖文化和信仰在民間宣揚了儒家思想；以上均影響媽祖的形像藝術。

媽祖可說是歷代朝廷受褒封最豐盛的女神，一共三十六次，包括：宋代十四次、元代五次、明代兩次、清代十五次。媽祖受褒封的年代與封號如下所列 [20]：

一、宋代 14 次：

1. 宋高宗紹興二十五年（西元 1155 年），封「崇福夫人」。
2. 宋高宗紹興二十六年（1156 年），封「靈惠夫人」。
3. 宋高宗紹興三十年（1160 年），封「靈惠昭應夫人」。
4. 宋孝宗乾道三年（1167 年），封「惠昭應崇福夫人」。
5. 宋孝宗淳熙十一年（1184 年），封「靈惠昭應崇福善利夫人」。
6. 宋光宗紹熙三年（1192 年），封「靈惠妃」。
7. 宋寧宗慶元四年（1198 年），封「靈惠助順妃」。
8. 宋寧宗嘉定元年（1208 年），封「靈惠助順顯衛妃」。
9. 宋寧宗嘉定十年（1217 年），封「靈惠助順顯衛英烈妃」。
10. 宋理宗嘉熙三年（1239 年），封「靈惠助順嘉應英烈妃」。
11. 宋理宗寶祐二年（1254 年），封「靈惠助順嘉應英烈協正妃」。
12. 宋理宗寶祐三年（1255 年），封「靈惠助順嘉應慈濟妃」。
13. 宋理宗寶祐四年（1256 年），封「靈惠協正嘉應善慶妃」。
14. 宋理宗景定三年（1262 年），封「靈惠顯濟嘉應英烈妃」。

---

[20] 媽祖的歷代賜封資料引自〈歷代皇帝對媽祖的賜封〉（華夏經緯網，05/10/2007/14：18）。

二、元代 5 次：

1. 元世祖至元十八年（1281 年），封「護國明著天妃」。
2. 元世祖至元二十六年（1289 年），封「護國顯佑明著天妃」。
3. 元成祖宗大德三年（1299 年），封「護國輔聖庇民顯佑明著天妃」。
4. 元仁宗延祐元年（1314 年），封「護國輔聖庇民顯佑廣濟明著天妃」。
5. 元文宗天曆二年（1329 年），封「護國輔聖庇民顯佑廣濟靈感助順福惠徽烈明著天妃」。

三、明代 2 次：

1. 明太祖洪武五年（1372 年），封「昭孝純正孚濟感應聖妃」。
2. 明成祖永樂七年（1409 年），封「護國庇民妙靈昭應弘仁普濟天妃」。

四、清代 15 次：

1. 清聖祖康熙十九年（1680 年），封「護國庇民妙靈昭應弘仁普濟天上聖母」。
2. 清聖祖康熙二十三年（1684 年），封「護國庇民妙靈昭應仁慈天后」。
3. 清高宗乾隆二年（1737 年），封「護國庇民妙靈昭應弘仁普濟福佑群生天后」。
4. 清高宗乾隆二十二年（1757 年），封「護國庇民妙靈昭應弘仁普濟福佑群生誠感咸孚天后」。
5. 清高宗乾隆五十三年（1788 年），封「護國庇民妙靈昭應弘仁普濟福佑群生誠感咸孚顯神贊順天后」。
6. 清仁宗嘉慶五年（1800 年），封「護國庇民妙靈昭應弘仁普濟福佑群生誠感咸孚顯神贊順垂慈篤佑天后」。

7. 清宣宗道光六年（1826 年），封「護國庇民妙靈昭應弘仁普濟福佑群生誠感咸孚顯神贊順垂慈篤佑安瀾利運天后」。

8. 清宣宗道光十九年（1839 年），封「護國庇民妙靈昭應弘仁普濟福佑群生誠感咸孚顯神贊順垂慈篤佑安瀾利運澤覃海宇天后」。

9. 清宣宗道光二十八年（1848 年），封「護國庇民妙靈昭應弘仁普濟福佑群生誠感咸孚顯神贊順垂慈篤佑安瀾利運澤覃海宇恬波宣惠天后」。

10. 清文宗咸豐二年（1852 年），封「護國庇民妙靈昭應弘仁普濟福佑群生誠感咸孚顯神贊順垂慈篤佑安瀾利運澤覃海宇恬波宣惠導流衍慶天后」。

11. 清文宗咸豐三年（1853 年），加封「護國庇民、妙靈昭應、弘仁普濟、福佑群生、誠感咸孚、顯神贊順、垂慈篤佑、安瀾利運、澤覃海宇、恬波宣惠、導流衍慶、靖洋錫祉天后」。

12. 清文宗咸豐五年 (1855 年) 加封「護國庇民、妙靈昭應、弘仁普濟、福佑群生、誠感咸孚、顯神贊順、垂慈篤佑、安瀾利運、澤覃海宇、恬波宣惠、導流衍慶、靖洋錫祉、恩周德溥天后」。

13. 清文宗咸豐五年 (1855 年) 又封「護國庇民、妙靈昭應、弘仁普濟、福佑群生、誠感咸孚、顯神贊順、垂慈篤佑、安瀾利運、澤覃海宇、恬波宣惠、導流衍慶、靖洋錫祉、恩周德溥、衛漕保泰天后」。

14. 清文宗咸豐七年 (1857 年) 封「護國庇民、妙靈昭應、弘仁普濟、福佑群生、誠感咸孚、顯神贊順、垂慈篤佑、安瀾利運、澤覃海宇、恬波宣惠、導流衍慶、靖洋錫祉、恩周德溥、衛漕保泰、振武綏疆天后」。

15. 清穆宗同治十一年（1872 年），封「護國庇民、妙靈昭應、弘仁普濟、 福佑群生、誠感咸孚、顯神贊順、垂慈篤佑、安瀾利運、澤覃海宇、恬波宣惠、導流衍慶、靖洋錫祉、恩周德溥、衛漕保泰、振武綏疆、嘉祐天后」。

第二節 媽祖形像與典籍的關係

　　南宋高宗紹興二十年（西元 1150 年）廖鵬飛所撰《聖墩祖廟重建順濟廟記》中記載有關鄉人祭祀媽祖的樂歌：「神之來兮何方？戴玄冠兮出琳房。玉鸞佩兮雲錦裳，儼若存兮爇幽香。」[21] 樂歌中的媽祖是一位戴「玄冠」、「玉鸞佩」及穿著「雲錦裳」的祭祀對象，這些裝扮均具有道教的特徵；並提到「祠宮褊迫，畫像形暗」[22]，說明當時是以畫像的形式來供奉媽祖的。南宋詩人劉克莊題《白湖廟》詩：「駕風檣浪舶，翻筋斗千秋……封爵遂纍貴，青圭蔽朱旒」[23] 提到媽祖的青圭與冠帽的紅色冕旒。南宋莆田人李俊甫在《莆陽比事》中說「服朱衣而護雞林之使」[24]，也記載了媽祖在海上救護時穿著紅色的衣服。

　　元代《台州金石志》記載台州路重建天妃廟，且將媽祖神像引回的景象：「擇吉日，迎置神像，冠服尊嚴，繪飾靜煥。絡繹瞻仰，且駭且欣。……廣莫兮披披，紛珠蓋兮拂虹霓。」[25] 媽祖塑像經重新繪飾，並加上簇新的冠服，珠蓋霞披的媽祖造像猶如貴婦人，具有雍容、富態的的形像，讓瞻仰聖容的人們感到既驚又喜。

　　明永樂十四年（西元 1416 年）在《太上老君說天妃救苦靈驗經》中說：「珠冠雲履，玉佩寶圭，緋衣青綬，龍車鳳輦，佩劍持印。」[26] 由上記述可見媽祖形像。道教典籍《藏外道書》第三冊收有明永樂十八年（西元 1420 年）的《太上說天妃救苦靈驗經》，其中也有媽祖形像的記載，該經典說：

---

[21] 蔣維錟編校，《媽祖文獻資料》（福州：福建人民出版社，1990 年），頁 2。
[22] 蔣維錟編校，《媽祖文獻資料》，頁 1-2。
[23] 蔣維錟編校，《媽祖文獻資料》，頁 16。
[24] （清）阮元，《莆陽比事》（宋李俊甫編）卷七《鬼兵佐國神女護使》（上海：上海古籍出版社，1988 年），頁 282。
[25] 《台州金石志》卷十二（杭州：浙江人民出版社，1986 年），頁 48。
[26] 《太上老君說天妃救苦靈驗經》，《道藏》第 11 冊（文物出版社，上海書店，天津古籍出版社，1988 年），頁 409。

老君近來天妃曰：雖為女人，一表堂堂，顏容自在，聞有許多道德，善哉，善哉。即時奏封無極輔鬥助濟政德天妃，頂帶珠冠，身披緋衣，腳踏雲履，手按龍形鳳輦，時隨車馬，日從黃蜂兵帥，前擁白馬將，而後排有千里眼之神、有順風耳之將、青衣童子侍從判官，去住難觀莫測，人人敬仰，處處皈依，即說咒曰：敕封畏鬥，顯跡咸靈，……。昔時仙妃形容端正，空穀傳聲，留此經咒，奉皇敕命，而跪尊聽……。[27]

以上經文大意與《太上老君說天妃救苦靈驗經》類似，文內「頂帶珠冠，身披緋衣，腳踏雲履，手按龍形鳳輦」「昔時仙妃形容端正」等處，可得清晰的媽祖形像。在《太上說天妃救苦靈驗經》刻於卷首的插圖，首坐者是媽祖，身旁兩側有眾多的侍從簇擁，包括千里眼、順風耳、侍女等配祀神群體，氣派萬千猶如人間帝王家，可見媽祖的女神形像與群像形式皆與中國的帝王禮制和社會風俗有密切關係。

清代《續新齊諧》記載媽祖「一畫冕旒秉圭，一畫常服，一畫披髮跣足仗劍而立。」[28] 這是媽祖在不同時間出現的三種服飾形象。《陔余叢考》也記載：「呼媽祖，則神披髮而來，其效立應。若呼天妃，則神必冠帔而至，恐稽時刻。」[29] 顯現媽祖在不同場合時間穿著不一樣的服飾。依據以上從南宋至明清的史料記載，媽祖的原始服飾形像從上到下包含：頭戴玄冕朱旒，身穿紅（朱、緋）衣，下著雲紋錦裳，腰佩青綬和玉佩，腳穿雲紋絲履、手持青圭。

第三節 媽祖形像與意象的關係

媽祖的形像藝術在一定程度上是借物抒情，使得媽祖造像是融入人們的感情和思想的「物象」，形成注入某種特殊含意的實體形象，成為

---

[27] 《太上說天妃救苦靈驗經》，《藏外道書》第三冊。
[28] （清）袁枚，沈習康，《新齊諧續新齊諧》（北京：人民文學出版社，1996 年），頁 570。
[29] （清）趙翼，《陔餘叢考》卷三十五《天妃》（北京：中華書局，1963 年），頁 761。

「意象」。「意象」一詞出自漢代王充《論衡》，儒道的源頭《周易·繫辭》說：「易者，象也。」而《周易》別名《易象》，研究「易」的卦象結構功能，可明瞭人生諸事象甚至宇宙的「境」象；道教則以「意象」闡述、詮釋自然之道；延伸為所謂「意象」，是客觀的自然物象經過主體內心的體察經驗，脫化出可視的形象。意象是一種藝術形象，創作主體對於客觀物象賦予獨特的主觀的情感活動，因而創造出來。意象就是寓「意」之「象」，「意象」的「意」指「意念」或「意圖」，「象」指「現象」或「物象」，「意象」即上述二者的結合，也就是主觀的「意」和客觀的「象」的組合。「意」與「象」代表一虛一實，虛的意念或思想是無形的，藏在主體的腦中，藉助一個可見可感的實體、具體物象來顯露，便架構一個「意象」的呈現。

意境的內涵則大於意象。意境源於意象，從情感、情緒的感受到藝術意涵的生成，這其中有一具體外化的過程，既是「意與象俱」的意象構成過程，更是「思與境偕」的意境構建過程，意象與意境是藝術必要的創作元素，中國文化中推崇意象、意境由來已久，故能在媽祖造像藝術中感受到意象的生成，並在媽祖文化中提升為一意境。

佛慈悲的藝術表現產生在媽祖造像上，形成一種意象，媽祖造像「有如觀音菩薩寶相」[30]，觀看媽祖的造型，容貌豐滿端秀、慈祥莊嚴，雙眼半張半閉，俯視眾生，似乎給予無限的關懷和庇佑，人們所賦予媽祖的造型正是佛教精神的表現，展現慈悲的微笑，意味最高的慈愛。即使宋元或明代的媽祖造型總體比較修長，但面容仍然飽滿；清代與近代的媽祖造像更為豐滿，臉部龐圓，身體也渾圓，表現一種圓滿、圓融的氣象。佛教中發現圓形符合形式美學原理，錢鍾書在《談藝錄》（補訂本）中認為：「形之渾簡完備者，無過於圓。」[31]而且以圓的形式美來彰顯形象美，《文殊師利問菩提經》說：「如來智慧如月十五

---

[30] 陳清香，〈北港朝天宮內供像造形初探—以正殿媽祖像和觀音殿觀音像為例〉，《媽祖信仰國際學術研討會論文集》。

[31] 錢鍾書，《談藝錄》（北京：中華書局，1984 年），頁 111。

日。」[32] 即顯出如來佛的智慧猶如滿月般圓融，「珠圓玉潤」成為佛教與中國美學的審美理念，也是崇高人格的象徵，因而媽祖的圓潤造型表達一種理想的圓滿的人格。

媽祖造像亦以道教西王母的塑像為主要審美傾向，做為媽祖形像塑造的基礎，神貌端正威嚴、眉目清秀；並塑造得更加寫實具體，接近當時現實生活中的婦女的面貌服飾，予人慈和藹慈善、溫良寬厚的感受，尤其貼近富貴婦女相貌，以符合「夫人」、「天妃」、「天后聖母」等封號；並具母神與帝后的象徵意涵，以及融合媽祖「海神」的基本神格，綜合成為整體的意象。

媽祖信仰因與佛教與道教的神靈於形象、職能、神蹟各方面有相似處，故互相滲透、影響、混染甚至替代，媽祖成為一種文化符號，媽祖也成為寓意之象，即意象，這都反映在媽祖造像藝術上。

第四節 媽祖形像藝術分析－含漕運地區與台閩地區的比較

以下將探討媽祖形像的整體造型、塑材、冠帽、容顏色彩、手勢、手持配件、衣飾、媽祖造像裝飾與造像群等。

一、媽祖像的整體造型

由媽祖宮廟的媽祖造像來看，表現出女性的慈愛、和藹和崇高的形象；再從媽祖被官方所賜封號來看，由「夫人」至「天后」，都呈現母性慈悲尊貴的女性意識，也從媽祖像的整體造型表現出來；而媽祖的母神與帝后特質是在與民眾的關係上展現，一種以母與子為隱喻的擬親屬關係，也就是做為媽祖子民的象徵，呈現深層的文化象徵意義，這一切

---

[32] 《文殊師利問菩提經》，《大正藏》卷14（石家莊：河北佛協出版社，2009年），頁482。

皆表現在媽祖造像的威嚴神態上。

儒家思想對媽祖造像的整體造型有深刻的影響，宋代理學興起，提出「存天性，滅人欲」的觀點，亦即將人的自然慾望都列為禁錮。從目前現存的宋代媽祖造像，可看出在理學思想的束縛下，媽祖造像完全如同當時日常生活中普通婦女的真實形象一樣，其造像特徵通常是低眉端坐，身材平直，神情恬靜淡泊，反映出細膩敏感的女性特質，這些皆符合理學所規範的婦容與婦德，也符合當時社會對於禮的規範，顯現儒家的造型之美。理學的「理」指出封建倫理準則，包括忠孝廉節、仁義禮智、強調天性，神為宣揚理學倫理道德的合適載體，自宋元以來，媽祖像的整體造型亦受理學影響。鄭玄說：「聖人的精氣謂之神」，聖人是倫理的典範，神也被稱為「聖人」、「聖明」，元成祖宗大德三年（西元 1299 年），媽祖受褒封為「護國輔聖庇民顯佑明著天妃」，媽祖憑藉社會共同意識和藝匠巧手而塑成形像，具宣揚倫理的功能。媽祖造像在單純中求變化，身軀塑造非常簡練，衣紋平直流暢，人體的骨骼肌肉細節被簡化或刪除，最重要的臉部本可用來表情示意，但因「聖人化」而被淡化，只表現出人的概念化內容，顯現慈眉善目、仁愛端莊的容貌。媽祖的整體造型、衣紋處理、綬帶飄舉、眼神姿態、手式法器等都有一套格式，有傳神表現，使媽祖形像達到「心與物、動與靜、簡與繁、平與直的完美統一」[33]，此藝術手法累積自社會和藝匠對神的理解，也是人們對媽祖形像的審美共識。

在幾千年的封建社會中，男權居上，女性無權力而處於從屬地位。「婦德、婦言、婦容、婦功」之「四德」（東漢班昭，《女誡·婦行》）後來推至對所有婦女的要求，其立足點在於鞏固既得權力的男性的強權根基，因而對女性加強管束與要求，包含德行與容貌都需兼備。在中國古代，來自「女禍」概念的「女色禍水論」形塑出「淫女」、「蕩婦」、

---

[33] 王暎，〈從媽祖造像看中國神像造型美學的意涵〉，《福建師範大學學報（哲學社會科學版）》（2012 年第 3 期），頁 125。

「尤物」、「妖魅」、「孽嬖」等女性的負面類型,「女禍觀」顯然是在父權文化觀念的產物,根源於男權社會的道德觀;夏商周以降,因「亡國婦人」之例,而有「毋耽美色,以致亡國」的主張,勸誡世人遠離紅顏,抑制「美色之禍殃」產生。因此人們在塑造女神形像時,受到傳統道德觀的影響,避免過度強調官能美而引人遐思,只是將女神造像理想化,讓人感受到女神的美好高尚,「聖潔」就形成了女神造像的至高要求,對於媽祖神像的塑造也是一樣的追求。

媽祖神像的造型,常常是身材較圓潤,腹部也較有份量,五官圓融飽滿,莊嚴端莊、額頭寬大、柳眉彎彎,細目下看,中直鼻樑,雙耳蝠垂,具慈悲和藹的容貌,因而學者陳清香說「有如觀音菩薩寶相的翻版」[34],可見民間藝術結合佛教神像的類型,並反映出中國的審美觀念,賦以媽祖完美的外在形像。觀音屬於外來的並逐漸本土化的神靈,經歷性別的轉變,從印度的「轉輪聖王無諍念的大太子」,變成本土化的高雅女性與慈祥母親形象,建立了一套完整的信仰體系,成為一位家喻戶曉的女神,而媽祖與觀音一樣具有女神與慈母的形象。觀音是中國歷史上第一尊海上保護女神,媽祖被尊奉為海神,觀看觀音與媽祖的神職功能,皆具備慈航普度、解厄救難、祈雨濟民、佑安送子等廣大神力,因而媽祖呈現觀音化的傾向,從人到神格化的歷程中,吸收了觀音慈航普濟、救苦救難的特質。在媽祖的傳說中,觀音將海上保護的職責移交給小龍女,最後媽祖從龍女身份轉變為觀音大士的化身。在媽祖造像上也吸收了觀音造型的特色,今人張蓓蓓的研究說:

> 宋代觀音則為飽滿的鵝蛋臉,配以秀眉鳳眼,高鼻櫻唇。前額較前代寬闊些許,兩頰和下巴雖亦豐腴,但較之唐五代則顯得瘦削與狹長了些,神色淡然寧靜。……而宋代觀音體態豐潤柔軟,腰部不及前朝之纖細,頭部和上下軀幹部分的比例較為適

[34] 參自陳清香,〈北港朝天宮內供像造形初探―以正殿媽祖像和觀音殿觀音像為例〉,《媽祖信仰國際學術研討會論文集》。

第四節 媽祖形像藝術分析―含漕運地區與台閩地區的比較

中，頗具貴族婦女雍容華貴之嬌豔富態。[35]

媽祖造像從觀音造像取得了借鑒的依據，觀音與媽祖神靈藉著造像而現形於世間，世人亦藉著造像而寄情於神靈，人們將具有完美造像與神通內涵的女神作為心靈的撫慰、信仰的力量，依憑莊重理想的女神形象，寄寓崇高的慈愛精神，成為意象之藝術形象，付託心中的祈求與願望。

媽祖的整體造型與西王母的造像一比較，類似道教的造像形制，有關西王母的形像，在〈媽祖形象考──兼論媽祖服飾及媽祖形象復原實踐〉一文中說：

> 從戰國至兩漢、魏晉六朝時期的史料記載可以發現，西王母的形象經歷了從半人半獸型到去獸、完人型的女神轉變；西王母也從凶神逐漸演化成為位居道教之首的女神。……魏晉南北朝以後，對西王母信仰所呈現的形式雖然不盡相同，但西王母的身形體貌逐漸呈現世俗化的特點，其從最初的一個刑殺之神逐漸轉變為一個絕世容顏的天宮女神，其服飾裝扮亦隨之成　為同時期貴族婦女服貌的再現和縮影。[36]

媽祖形像與西王母自魏晉南北朝以後的形像類似，呈現世俗化的傾向，有端正的容顏和尊貴的服飾。媽祖的形像從初始的漁家女，到具有超自然神力的女神形像，是從人到神的轉化。

媽祖的形像有以媽祖的生前年齡為依據，現今大陸的媽祖廟宇中的媽祖形像大都如下造型：

> 媽祖生卒即成神年齡約在 30 歲左右，故塑造的面容膚色自然清秀，慈眉善目，眉宇間透著一絲英氣；體貌雖纖瘦、玉骨冰

---

[35] 張蓓蓓，〈媽祖形象考──兼論媽祖服飾及媽祖形象復原實踐〉，《民族藝術研究》，頁154。

[36] 張蓓蓓，〈媽祖形象考──兼論媽祖服飾及媽祖形象復原實踐〉，《民族藝術研究》，頁153。

姿，但卻睿智博通，兼具水般靈動聰慧、山般沉穩寬厚。[37]

由大運河沿岸媽祖宮廟的的媽祖造型觀察，大都以媽祖升化時二十多歲的樣子來塑造，顯出柔美年輕的淑女形象，譬如：江蘇太倉縣瀏河鎮的天妃廟 -- 天妃靈慈宮（圖8），媽祖的形象塑造得很年輕柔美，似二十多歲的姑娘，容貌和身材皆顯得消瘦，具窈窕淑女的美麗形象，塑造一位女神的神奇與聖潔性。與台灣的媽祖造型大不相同。

圖8：江蘇太倉縣瀏河鎮天妃靈慈宮媽祖神像。

從現今的神像造型來探討，台灣的媽祖造型除了明清從閩南地區祖廟分靈的媽祖之外，都較傾向於年長的慈母形像。在塑造媽祖形像時，不以年齡為主要考慮，而是以「相好」為主，即以理想的相貌為重要原則。而其穩重慈祥的形態，顯示台灣將媽祖的女神形象轉化為母親形象，如劉文三所描述：

> 媽祖神像……豐滿而圓實的臉型，修長而成弧形的眉毛，小小的嘴，與鼻孔略齊……眼略為睜啟往下俯視……身穿繡有龍頭衣服，衣服的折紋簡單而厚，做靜態的坐姿狀。[38]

台灣人以慈母的形象來塑造媽祖，敬仰媽祖有如對母親的崇拜。儒家思想對媽祖造像有深遠影響，佛教與道教的女神造像成為主流的審美傾向，三者皆為媽祖的造像奠定了基礎的女神相貌，成為媽祖造型的依憑。

---

[37] 張蓓蓓，〈媽祖形象考—兼論媽祖服飾及媽祖形象復原實踐〉，《民族藝術研究》，頁156。

[38] 劉文三，《台灣宗教藝術》（台北：雄獅圖書公司，1988年），頁24。

二、媽祖像的塑材

以媽祖神像的塑造材料來看，分成硬身和軟身，軟身是指媽祖神像的頭部、手足為硬木或泥塑，露出在衣袍外面，而身軀內部是由棉布包裹泥絮或稻草，再縫製起來，外面則添加錦繡服飾，因為身軀柔軟，所以成為軟身。硬身即指媽祖神像全部由同一種材質，例如：木雕、泥塑、陶瓷或磚燒等製作而成，其衣冠是一體成型的，但在閩浙台沿海地區的風俗，信眾還是會在神像外面再加添冠帽和彩衣，[39] 以表媽祖的尊貴形象。

以台灣媽祖神像為例，軟身與硬身的姿態有所差異，王永裕在《台灣媽祖造像群之圖像藝術研究》中說：

> 早期台灣媽祖造像的型態表現，以軟身媽祖而言，整體造型表現出雍容端莊、秀麗聰慧的女性，具有女性成熟優雅氣質的典型、宅心仁厚的心理反射意味。而硬身媽祖，有的表現溫柔豐容、面露慈祥的女性形象，有的渾厚飽滿、端莊威儀的母神形象，有的雍容高貴，尊貴威儀，一股帝王般的氣息，其風格來自不同區域的心理反映，更體現出民間百姓複雜的情感意味，融合在媽祖造像上做為精神寄託的一巨集審美意識的隱含。[40]

由此可看出民間所塑造的媽祖造型是百姓所期待的媽祖形象，從各地神像的造型，可推測地方特色和風土民情，而此集體情感形成了對媽祖的信仰。

三、媽祖像的冠帽

媽祖神像的冠帽幾乎都有冕旒垂下來，稱為「冕旒式」，可分成「九旒冠冕」、「七旒冠冕」，媽祖的冕冠依據文獻中出現的「玄冠」、

---

[39] 以上資料參自陳清香，〈北港朝天宮內供像造形初探—以正殿媽祖像和觀音殿觀音像為例〉，《媽祖信仰國際學術研討會論文集》。

[40] 王永裕，《台灣媽祖造像群之圖像藝術研究》（嘉義：南華大學美學與藝術管理研究所，2002年碩士論文），頁56。

「珠冠」、「冕旒」、「朱旒」等記載，憑藉宋、明帝王的冠冕垂旒的制式，再參照出土的明初魯王朱檀的九旒冕冠實物，並結合周代冠禮中有關冕冠的規定，據以進行冕冠的塑造。另外，媽祖神像有一種「平帽式」的冠帽，樣式較有親近感，主要原因是媽祖成仙前是漁村女子；在自家供奉的媽祖有不少是此種冠帽，具親和的形象。

若從歷史上來看，媽祖成仙前是湄洲島的樸實漁家女、巫女，「冕旒式」冠帽與霞帔並不符合她的人間身份。但從儒家角度來思考，儒家推崇聖賢，為了以圖像和塑像達到倫理道德教化的功能，歷代改變了歷史方面的真實性，並且各代朝廷為媽祖褒封爵，媽祖的的地位逐漸提高，加上造像師以想像力進行形像塑造，以上各原因，引起了媽祖造像形式的變化。

媽祖的冠帽依封號而有官銜職稱的形成，有其象徵的意涵，應是從道教思想而來。從周代冠禮就可知「冠」是權力的象徵，這種傳統的等級制度也反映在道教的冠制中，道冠一樣有權力象徵，此權力則自神聖的仙界，在道教仙界裡再次表現世俗的意義，一如學者楊莉認為：

> （道教女仙）「上元夫人」本身就是一個官號。而「夫人」之稱早見於周代，指諸侯之妻或帝王之妾，漢代也包括列侯之妻。其後歷代多為命婦封號，其品級與夫人之官品相應。……六朝仙界女官隊伍的逐漸形成，更直接地是以世俗朝廷禮制為藍本的仙界官僚體制日趨成熟的產物。其中最基本的因素便是仙界等級秩序的建構。[41]

由上可知女冠應起源於道教，從西王母與「上元夫人」開始的仙界女形象，出現於六朝，因而將媽祖納入道教仙界系統，反映於宋代媽祖封號為「夫人」時，頭戴「花釵冠」，元代封號為「天妃」時，頭戴「九翬

---

[41] 楊莉，〈「女冠」芻議：一種宗教、性別與象徵的解讀〉，《漢學研究》（2001 年 6 月第 19 卷第 1 期），頁 171、172。「上元夫人」是道教的一位女仙。

圖9：天津天后宮媽祖神像。　　　　圖10：江蘇連雲港市新埔天后宮媽祖神像。

四鳳冠」，到清代封號為「天后」、「天上聖母」時，頭戴最高等級的「九旒冠冕」，顯示媽祖的神職逐漸高升而戴的頭冠有帝王的象徵意涵，顯現民眾對於媽祖的尊崇。（例：圖9：天津天后宮媽祖神像，圖10：江蘇連雲港市新埔天后宮媽祖神像。）

　　大運河沿岸江蘇太倉縣瀏河鎮的天妃廟始建於元至元2年，元、清兩代的天子之冠並無冕旒，瀏河天妃廟的媽祖頭冠亦無冕旒，仍具有地位崇高的帝后形象。

　　台灣的北港朝天宮（圖11）、鹿港

圖11：台灣北港朝天宮。

圖 12：台灣鹿港敕建天后宮。

圖 13：台灣台北關渡宮。

敕建天后宮（圖12）、台北關渡宮（圖
13）、大甲鎮瀾宮（圖14）與台南大
天后宮等的媽祖神像冠上都有冕旒；
通常神像左右兩側各有正面龍形圖，後
方有鳳形圖雕飾。歷代天子的禮冠都有
冕旒，是最尊貴的禮冠，天子的冠冕有
十二旒，自先秦時代周禮就記載天子的
禮冠有大裘冕，為祭天之冠服，但元、
清兩代的天子之冠並無冕旒，可知唯有
漢人的天子之冠才有冕旒。[42] 可見媽祖
穿戴屬於漢人、儒家的冠服，予人地位
崇高的形象。

圖 14：台灣大甲鎮瀾宮媽祖神像。

---

[42] 以上資料參自陳清香，〈北港朝天宮內供像造形初探—以正殿媽祖像和觀音殿觀音像為
例〉，《媽祖信仰國際學術研討會論文集》。

圖15：台灣台北松山慈祐宮媽祖神像。

圖16：台灣新北汐止聖德宮媽祖神像。

四、媽祖像的容顏色彩

　　媽祖神像的容顏色彩，可分為：膚色、黑色、紅色、金色和白色等五種顏色，故有「粉面媽」、「烏面媽」、「紅面媽」、「金面媽」、「白面媽」等稱謂。「粉面媽」有著信眾常人的膚色，代表和真實人物一樣具有親和力（例：台灣宜蘭頭城慶元宮媽祖神像）。「烏面媽」（例：天津天后宮媽祖神像，圖15：台灣台北松山慈祐宮媽祖神像，圖16：

台灣新北汐止聖德宮媽祖神像。）有兩種說法，一說法是媽祖救難除煞捉妖的象徵，具公正、耿直的形象，一說法是信眾奉祀時，長期受香火薰染而成。「紅面媽」代表祥瑞吉祥，也是血性忠勇的象徵（例：台灣彰化永靖鄉乾巽宮媽祖神像）。「金面媽」（例：圖17：台灣台北士林媽祖廟媽祖神像，廟宇又稱慈誠宮，原建於西

圖17：台灣台北士林媽祖廟媽祖神像，廟宇稱為慈誠宮。

元 1796 年。）其金色是道、佛神祉的象徵色彩，有成仙昇化得道的含意，表示尊貴的形象。而白色面容的媽祖比較少見，在中國大陸可以見到[43]，例如：大運河沿岸江蘇太倉瀏河天妃廟的媽祖神像其容顏色彩。天津天后宮正殿的神龕裡，媽祖神像是「烏面媽」，天后慈眉善目，儀態端祥，禮冠有九條冕旒，穿著鳳冠霞帔，手勢為「朝天持笏式」。

五、媽祖像的手勢與手持配件

　　媽祖神像的手勢可分為：1.「朝天持笏式」（例：圖 18：寧波慶安會館天后宮媽祖神像，又如：台灣台北士林媽祖廟媽祖神像），雙手相握上舉成拱狀，手持圭笏版於胸前正中位置，或用有金龍紋的黃色覆巾蓋住手部，或裸露纖纖玉指。2.「作供舉狀式」，雙手包覆錦絹（軟身則是紅色絲巾），做上舉拱狀。以上這兩種手勢被認為身分位階較高，具莊嚴的形象，大都是供奉於廟宇中的鎮殿媽。3.「如意式」，左手平放於左大腿上，右手執如意的樣式，有的左右相反。4.「平放式」，左右手肘平放在椅上，有的左手持手絹、右手持如意或扇子。這兩種較有親和的形象，是平民百姓在廳堂所供奉的媽祖神像，有如意吉祥、書香門第的象徵，在造像上也可視主家的需求而塑造。5.「通壽體」，雙手於右腹前交握，讓寬闊的衣袖在腹部前面圍成半圓狀，而雙手在寬袖內，只露出右手大拇指，這種形式具文靜的形象。[44]

圖 18；寧波慶安會館天后宮媽祖神像。

[43]　以上資料參自曹銘宗，《台灣宗教之美迎媽祖》（台北：聯經出版社，2009 年），頁 2。
[44]　以上資料參自陳清香，〈北港朝天宮內供像造形初探─以正殿媽祖像和觀音殿觀音像為例〉，《媽祖信仰國際學術研討會論文集》。

　　而媽祖造像手持配件，在此可知有圭笏、如意、折扇、錦絹，有威嚴尊貴、如意吉祥、書香門第、端莊秀氣等象徵意涵。媽祖手持圭笏代表「神格的職稱」，可以「直接稟承民間情事」[45]，是媽祖權威、權力的重要象徵，例如：寧波慶安會館內媽祖彩塑神像手持圭笏，莊嚴肅穆；而媽祖手持如意、折扇、錦絹，皆有生活美好、吉祥納福與健康長壽的象徵。

　　據媽祖文獻有「青圭」、「寶圭」的詞語，推斷媽祖早期手中持有青圭。《宋史》記載：「圭，宋初，凡大祭祀、大朝會，天子皆執圭……中興仍舊制，大祭祀則執大圭以為笏。……（宋代圭制）兩旁刻十二山，若古山尊，上銳下方。」[46] 媽祖手持的圭以此為依據，推定為青色玉制的長條形圭，上銳下方，上有山紋，持圭的手部則用黃色金龍紋的覆巾蓋住。

六、媽祖像的衣飾

　　媽祖神像的衣飾可分成七種基本配件：1. 白衣內裡，類似內衣一般，通常只露出領口部分。2. 連身衣：穿在白衣內裡的外面，是一整套含裙子的外衣。3. 圍裙：穿在連身衣外面、胸口以下，到約腳跟處。4. 玉帶：繫在胸口的地方，是高貴和權力的象徵。5. 如意帶：繫在玉帶上面，再壓於腰帶下，而垂放於圍裙外，在如意帶上常有花紋的裝飾。6. 腰帶：繫在腰上，固定如意帶和圍裙。7. 帔帛：媽祖是屬於道教仙女的神祇，故配戴帔帛，有升天成仙的象徵。

　　媽祖身穿的衣飾主要參照宋明時期漢人的服制，並依據當時的史料、宗教經典、民間信仰的相關記載，進行比對服飾樣式再加以確定。「朱衣」是媽祖的文獻、道教藝術中提到較多的衣服色彩，朱色是紅色

---

[45] 王永裕，《台灣媽祖造像群之圖像藝術研究》（嘉義：南華大學美學與藝術管理研究所，2002年碩士論文），頁148。

[46] （元）脫脫，《金史》卷四十三志第二十四《輿服中》（北京：中華書局，1975年），頁3531-3532。

或緋色，衣則是對於服裝的統稱。《宋史・輿服志》說「朱衣」是宋代后妃冠服制的一種禮服，用緋羅制成，兩宋百官服制以紫緋為貴；明代一到四品命官通服緋，取消服紫。媽祖具有多重身份，既受封為「天妃」，又可視為朝廷奉官，因此所著禮服的色彩可為朱色或緋色。

媽祖的衣飾大都表現女神的尊貴華麗與女性的柔順端莊，所穿著的「彩衣」袍服在色系上除了上述朱色較多之外，還有金黃色系，皆是象徵富貴、吉祥、華麗、平安、幸福的色彩。江蘇太倉縣瀏河鎮天妃靈慈宮媽祖神像所穿著的袍服是紫緋色，即紫紅色，應是承「兩宋百官服制以紫緋為貴」的傳統；江蘇連雲港市新埔天后宮媽祖神像的袍服則是紫緋色加朱色。台灣的媽祖神像袍服可看到很多以金黃色為主，例如：大甲鎮瀾宮媽祖神像的袍服、台北松山慈祐宮媽祖神像的袍服等。媽祖神像服飾的形制、色系與紋飾可反映出天象秩序與天道倫理，由於服飾形制有身分等級秩序的象徵，自然也對應天象秩序，而服飾的色系與紋飾，應當也等於天道人倫的秩序。

媽祖衣飾的帔帛，雖在史料較少提及，但從現存宋明的媽祖塑像中可以見到在雲肩上面有一條長形帶狀的帔帛，披在肩背，環繞雙臂上，懸置在身側。媽祖的帔帛，依據宗教藝術（敦煌石窟壁畫）的人物衣飾，或是參照貴族和平民婦女的衣飾而設定，成為媽祖服飾組成中的一項衣飾，通常是綠底雲紋。[47]

部分媽祖衣飾外面會增添披肩，圍在領肩處，覆蓋在前身、後背和肩部，長至肩部稍下，它的形狀如雲，且有多種吉祥圖案做為裝飾紋樣，又稱「雲肩」或「雲佩」，為媽祖神像增加樸實感[48]。《元史・輿服中》記載「雲肩」的形制：「雲肩，制如四垂雲，青綠，黃羅五色，

---

[47] 參自張蓓蓓，〈媽祖形象考—兼論媽祖服飾及媽祖形象復原實踐〉，《民族藝術研究》，頁 157。

[48] 以上資料參自盧翰明編輯，《中國古代衣冠辭典》（台北：常春樹出版社，1990 年），頁 260、381。余燧賓主編，《刺繡之美》，頁 31。

嵌金為之。」[49] 媽祖衣飾的雲肩最初形制參照當時壁畫圖像（如敦煌莫高窟壁畫）或宗教造像（菩薩）中的雲肩樣式而加以設定，媽祖的雲肩色彩跟衣服的領袖緣邊設為同一顏色，即青色，此為考慮色彩的協調性，而上面的紋飾有雲紋、團鳳紋等。

媽祖造像身穿袍服，覆蓋足踝之上，露出三寸金蓮鞋[50]，軟身媽祖穿的鞋履繡有金帶圖紋，硬身媽祖則漆上紅色顏料，這種鞋履是宋以後典型的婦女鞋履，成為中國的女神穿的鞋履。媽祖的衣飾使得整體造型呈現莊嚴威儀的風貌。

七、媽祖造像裝飾與造像群

人們信奉媽祖，為了表示對媽祖的敬意，以人的想法認為女神也應享受人間富貴的生活，因而在女神媽祖前奉上金銀珠寶等財物，《媽祖文獻資料》記載「廟之後宮，繪畫夫人梳妝之像，如鸞鏡、鳳釵、龍巾、象櫛、床帳、衣服，金銀器皿、珠玉異寶，堆積滿前。」[51] 人們奉獻了無數的金銀珠寶飾物給媽祖，反映出民間廟宇追求富麗奢華的風氣。福建莆田文峰天后宮（圖 19）供奉宋代木

圖 19：福建莆田文峰天后宮。

雕媽祖神像，在宮內有古建築物「三代祠」、「梳妝樓」（圖 20）與「元代石柱」，於「梳妝樓」（又稱「升天樓」）內有媽祖平常生活與

---

[49] （元末明初）宋濂，《元史》卷七十八志第二十八《輿服一》（北京：中華書局，1976年），頁 1940。

[50] 三寸金蓮鞋出現於五代，宋代進一步以纏足陋習壓迫婦女，直到清末，因而三寸金蓮鞋成為中國各個女神普遍穿的鞋履。

[51] 佚名，《崇福夫人神兵》，蔣維錟，《媽祖文獻資料》，頁 23。

圖 20：福建莆田文峰天后宮梳妝樓。

梳妝所用的東西，例如鸞鏡、床帳、衣服，金銀器皿等，形成周邊裝飾物件。明代萬曆十二年（西元 1584 年）任南京太常博士的湯顯祖說：「神無求於人，而慈悲人。」[52] 他認為把媽祖神像裝扮得有如現實世間的帝后是不太妥的，用金銀珠寶來奉侍也是違背媽祖神意的，由於媽祖慈悲助人，對人無所求，因而湯顯祖決定把多餘的金銀首飾變賣後，增置祭田，以造福百姓，更為彰顯媽祖女神的慈悲。

　　海神媽祖與配祀神形成造像群體格式，配祀神包含千里眼（圖21）、順風耳（圖22）和侍女等造像，顯示海神媽祖在神的世界中地位崇高，造像群的階級和從屬關係與人間一樣，其格式模擬社會生活的

圖 21：台灣台北松山慈祐宮千里眼。

圖 22：台灣台北松山慈祐宮順風耳。

---

[52]　湯顯祖，《續天妃田記》，蔣維錟，《媽祖文獻資料》，頁 117。

型態與制度而建立起來。在造像群中，媽祖的位置一般處於中心，且比例上明顯大於其他配祀神，配祀神的比例較小，這種配置方式具有人物紀念性的特點，以居中和高大顯示媽祖的尊貴。明代吳還初的小說《天妃娘媽傳》對媽祖形象有所描述，第十九回描寫教場真人（即媽祖）顯身：「頃刻間輒然祥雲罩座，紫霧籠壇；忽見天將分列左右，現出真人。」第二十六回描寫朝廷遣使敕封建廟：「落成之三日，境內大小神祇，無不到壇拜賀，附近四海龍王，各命駕獻珍。真人禮遇已畢，當堂上召遣四員天將，鎮守四境及廟庭。」[53] 文中媽祖每次出現的場面，都是被前擁後簇，顯示富貴無比。媽祖地位逐漸提高，侍從屬下也增多了，增加一些部屬臣（配祀神）：千里眼、順風耳、晏公大神、水部判官、黃蜂元帥、白馬將軍等[54]；這些部屬臣也在媽祖「斬鬼除妖」時派上用場。到明代晚期，順風耳、千里眼成為左右對稱的侍從，「偶像式」構圖已成媽祖造像群的標準格式。

第五節 小結

媽祖的形像藝術受到漢人民間信仰、媽祖歷代封號與祭祀、經典記載的影響，並與意象有獨特的關係。媽祖的造像因歷代以來演進的封號、官階而改變外在造型；元代將媽祖祭祀列入國家三大祀典之一，媽祖從地方性的濱海神祇迅速晉升為全國祭祀的天上尊神，大為影響其造像藝術。依據從宋代至元明清的典籍史料記載，可探知媽祖的原始形像，展現海神媽祖的典型形像。在媽祖造像藝術中感受到意象的生成，並在媽祖文化中提升為一種意境，媽祖成為一種文化符號，反映在媽祖形像藝術上。

---

[53] 吳還初，《天妃娘媽傳》，蔣維錟、周金琰編，《媽祖文獻史料彙編》著錄卷上編（北京：中國檔案出版社，，1999 年），頁 42、56。

[54] 王暎，〈從媽祖造像看中國神像造型美學的意涵〉，《福建師範大學學報（哲學社會科學版）》，頁 123。

　　媽祖形像藝術包含整體造型、塑材、冠帽、容顏色彩、手勢與手持配件、服飾、造像裝飾與造像群等，分析以上形像藝術可體現其中意涵。故知媽祖的形像藝術受到儒家的影響，將女神造像理想化，讓人感受到女神的品德特質美好高尚；也有屬於道教的造像形制，與道教的天尊、西王母的造像類似，都是神貌端莊威嚴，風度寧靜超然；也在媽祖造像上看到「有如觀音菩薩寶相」，屬於佛教慈悲的藝術表現；因此媽祖的形像藝術與儒、佛、道皆有密切的關係；媽祖的形像遂從初始的漁家女，提升到具有超自然神力的女神形像，從人轉化為神。

第五章 媽祖形象美學——含元代漕運地區與其他地區的整體形象

　　以媽祖的傳說故事與形像藝術所透露的意涵與審美價值為要點，融匯成媽祖形象美學，成為媽祖文化的穩固意義。為增進元代漕運地區媽祖形象美學的了解，並加入其他媽祖文化地區做為一併分析，以求得媽祖的整體形象美學，以下探討包含：現實形象的象徵意涵、神話表現的形象美學、具儒佛道思想的審美精神。

第一節　現實形象的象徵意涵

　　對於媽祖，可以在現實生活中找到人物的原型，此原型起於人們追求真善美的理想，在媽祖身上寄託了美好的期望。媽祖原是北宋於莆田湄洲島出生的一位漁家女，名林默，具有漁家平民女子的形象；修得「靈慧巫術」，又懂得海洋氣候及醫學、防疫知識，在生前就常為人們驅邪治病、拯救海難，且能預知吉凶禍福，具有巫女的形象，於現實形象就是一個品德良善、慈心助人的完美女子；其羽化升天後，莆田百姓尊稱她為「默娘」、「神女」、「媽祖」等，傳說不斷流傳，媽祖逐漸被神化，由人變成神，人們建廟奉祀，歷代朝廷冊封媽祖為天妃、天后，逐漸媽祖具有天神形象。

　　宋代興化文人林俊甫於《莆陽比事》中記述：「湄洲神女，生而神異能言人休咎，死廟食焉。」[1] 學者蔡天新說：

---

[1] （宋）李俊甫，《莆陽比事》卷七。

> 宋雍熙四年（西元 987 年），莆田百姓在湄洲島林默生前經常
> 舉燈引航的湄峰上建廟祀祭，紀念媽祖，這是世界上 6000 多座
> 媽祖廟的始祖，人稱湄洲祖廟。此後，沿海百姓經常到湄洲島
> 媽祖廟燒香祭拜，祈求保佑，商人、漁民紛紛赴湄峰祖廟「祈
> 禱報賽，殆無虛日。」（宋，咸淳，《臨安志》卷七十三。）[2]

宋雍熙四年人們在湄洲島建廟祭祀媽祖，而有湄洲祖廟，媽祖的現實形象自此透過奉祀與信仰而延續。北宋海外經濟交流逐漸擴大，福建沿海港口相繼開通，以海商為業者倍增，蘇東坡在《論高麗進奉狀》奏曰：「福建一路，多以海商為業，凡沿海地區，爭相以舟船販貨。」[3]《宋會要輯稿》也記載：「漳、泉、福、興化，凡濱海之民所造舟船，乃自備財力，興販牟利而已。」[4] 海商的擴張有益於媽祖信仰的傳播，海上商人祈求媽祖保佑海洋航行平安，媽祖身為海神，其庇佑具有重要的精神作用。

　　海神媽祖自始保護海上航行的人們，包含官員、商人和民眾，故媽祖信仰與海洋有密切關係；商人經商出航受媽祖庇佑，因而尊崇媽祖，並以商業精神奉獻媽祖，故媽祖信仰與經貿亦關係密切。在民間許多神祇之中，天后媽祖除了受民眾的奉祀，且最受海上商人與朝廷官方的尊崇，而在媽祖文化中展現特殊的經貿、海洋與海商精神；媽祖造像呈現象徵意涵，反映出媽祖的現實形象，故以下探析從此點開始。

一、媽祖造像呈現象徵意涵

　　從媽祖像造形藝術的探討，可見媽祖的現實形像是由不少造型與裝飾性圖騰或物體組合而成，種種基本造型會讓人聯想到一些熟悉的事物與意義，因而形成約定成俗的媽祖造像，反映出現實社會裡的禮儀規範

---

[2]　蔡天新，〈古絲綢之路的媽祖文化傳播及其現實意義〉，《世界宗教文化》（2015 年第 6 期），頁 51。

[3]　（宋）蘇軾《論高麗進奉狀》，《東坡奏議》卷六。

[4]　《宋會要輯稿》刑法二之一三七。

與官方儀式,並在現實形象中,呈現抽象概念,於是我們觀察媽祖整體
造型的形式與物體,包含容顏色彩、手勢、衣飾、冠帽、手持配件等,
可從其現實形像看到民間或傳統的抽象象徵的意涵。這些抽象概念,有
個人和民間集體意識裡隱藏的象徵意涵,來自個人情感或集體情感概念
的釋放,亦即儘管媽祖形像概念是真實的,卻也有情感概念的抽象象
徵,而成為民間的情感符號,釋出集體的意識,凝聚成媽祖的現實形
象。因此媽祖造像產生的情感象徵意涵顯然是媽祖信仰的重點。

由媽祖宮廟的媽祖造像觀察,媽祖造像表現出母性的慈愛、和藹和
崇高,並有母神與帝后的象徵意涵;再從媽祖被官方所賜封號來看,由
「夫人」至「天后」,都呈現母性慈悲尊貴的女性意識;而媽祖的母神
特質是在與人們的關係上展現,一種以母與子為隱喻的擬親屬關係,也
就是做為媽祖子民的象徵,呈現深層的文化象徵意義。

早期媽祖是海上的保護神,元代漕運使得媽祖從海神而兼為內河
的水神及大運河漕運的保護神,媽祖現實形象為大運河漕運、海上漕運
與海上絲路提供重要的精神力量。元代到明代中期,媽祖因為保護漕運
獲得支持,於是官方成為修建媽祖廟的主力,此時媽祖的現實形象成為
「公務之神」[5],協助國家執行了護佑漕運等重要職能;並且媽祖的現
實形象具有極高的經貿精神、海洋精神與海商精神,意味媽祖庇佑人民
河海航行安全順利、開疆闢土、戰勝艱難,在經濟發展的社會上,媽祖
信仰漸漸普及各地,在民間信仰文化上表現出人民樸實敦厚、歡愉樂觀
的情懷,而在媽祖造像反映出人民的宗教情感,以寫實的形式塑成媽祖
的造型,以象徵與寓意的方法呈現民間集體情感的意涵;故媽祖形像藝
術,因具經貿、海洋與海商精神,使其象徵意涵更為豐富,而具深刻的
文化內涵。

5　參見李伯重,《「鄉土之神」、「公務之神」與「海商之神」———簡論媽祖形象的演
　　變》,《中國社會經濟史研究》(1997 年第 2 期)。

二、媽祖的現實形象展現經貿精神

　　媽祖的現實形象展現經貿精神，媽祖在元代河海漕運中，對於漕運與經貿航行的護佑為其現實形象；而媽祖對於海上航行的保護庇佑是媽祖信仰的一大核心思想，從最早的漁民、船工和海商對媽祖崇祀，到各個朝代對於媽祖的屢次褒封，人們對於媽祖的信奉無比虔誠，隨著海洋經濟的活動，將媽祖信仰推展到各地；在這個過程中，媽祖信仰發揮了凝聚與感召的力量，在很多地方媽祖廟變成商人們議事和交易的處所。例如清代商人因而共同組織「郊」，供奉媽祖為「郊」保護神，設爐主即郊長，輪流主持郊務，例如：鹿港的泉郊成立於清乾隆時。陳培桂於《淡水廳志》記述：

> 有郊戶焉。或贌船，或自置船，赴福州江浙者曰北郊，赴泉州者曰泉郊，亦稱頂郊，赴廈門者曰廈郊，統稱三郊。共設爐主，有總有分，按年輪流以辦郊事。[6]

甚且商人們出資興建媽祖廟，藉以推展媽祖信仰，也成商人議事的場所，這一方式從清代延續到日治時期；後來台灣的媽祖廟漸由地方仕紳來組織管理。近來台灣大型的媽祖廟如鹿港天后宮、北港朝天宮、大甲鎮瀾宮等都陸續建文化大樓，修宮志以保留地方歷史，舉辦藝文展覽和文化活動，擴大媽祖文化影響力。

　　商人認為支持媽祖廟的建立和媽祖文化活動的推展，是屬於有福報的善舉，並符合儒家的道德行為。而且建廟、辦慶典等可以帶來人潮，提升市況，促進消費，讓經濟活絡，營造經濟的需求和供給，讓社會的經濟更加繁榮發展。加上商人能動員地方商眾配合活動，可見他具有商場上的號召力，顯示他在現實商業的實力；而商人們也可擴展人際關係，互通商情。以上既利人又利己，故在港口或交通樞紐所在地，常可見到媽祖宮廟。商人信仰媽祖與經營管理媽祖廟，將其經營商業的精神

6　陳培桂，《淡水廳志》（台北：國防研究院，1968 年），頁 297。

運用到管理廟宇，因媽祖具有崇高位階的宗教能量，故擴大了商人的資源範疇，在商業上更為有利。這一切都讓商人支持媽祖信仰，故媽祖現實形象展現經貿精神。

商人以其經貿精神供奉媽祖，而媽祖信仰也影響了商人的性情和行為，商人受媽祖傳說故事的影響，受到媽祖孝悌、愛鄉民、救人救難等情操的感召，因此商人彰顯儒、佛、道與民間信仰的美德與精神，激勵向上奮發的心，展現商業實力，更因信仰與奉獻的虔誠，提升了美學藝術的文化涵養，而於媽祖廟的造像、建築與慶典、文化活動中表現出來。

明清以來商人構成媽祖信仰的主體，商人很支持媽祖廟的建立，以江蘇為例，依據民國《泗陽縣誌·實業》的記載：「百年以前，著籍商界之人，大都屬於客民……藥材多寧商，煙草多閩商。」[7] 因此，在泗陽修建媽祖廟的商人大都是外來的商人。吳縣（蘇州）的「浙寧天后宮」為「寧波商人公建」，「潮州天后行宮」為「潮州商人公建」[8] 因此，在吳縣（蘇州）的媽祖廟也大都是外地的商人所建。依據《揚州天妃宮碑記》的記載：「揚州古無祀天妃者，相傳明中葉閩估客泛海遇風，舟落大洋……見空際有神女，見知為天妃也，於是醵金造宮於邗水之上。」[9] 從文中可知揚州最早的媽祖廟是在明中葉由閩商所興建的。因此商人以其經貿身分供奉媽祖，媽祖的現實形象中具有經貿精神。

三、媽祖的現實形象展現海洋精神

媽祖的現實形象亦展現海洋精神，從最初媽祖在海上救助海難，面對大自然的神秘力量，唯有祈求媽祖的神靈力量保佑，如〈福建商人與媽祖信仰〉所說：「對於神秘的自然力只能借助神靈的力量來克制，海

---

[7] （民國）《泗陽縣誌》，《中國地方誌集成·江蘇府縣誌輯（56）》，頁 449。
[8] （民國）《吳縣誌》，《中國地方誌叢書》華中地方第 18 號，頁 505。
[9] 魏禧，《魏叔子文集·外篇》，《續修四庫全書》集部第 1409 冊，頁 85。

神媽祖『超人間力量的形式』，就成為他們所倚賴的對象。」[10] 這是一種人類面對艱難挫折時所尋求的解救之道，意味商人和民眾在危難重重的海上，期冀謙卑的順服大自然的力量，又能克服困難，讓自己能夠安全的脫離險境，得到平安。

媽祖給予海上航行者不畏艱難的精神力量，在媽祖神蹟上多有記載，例如：元代《台州路重修天妃廟碑》說：「盲風怒濤，危在頃刻，叩首疾吁，神光下燭，划時靜恬，順達所擬。」[11] 在危險的浪濤中，祈求媽祖護佑，產生力量，順利抵達。又如明代《河東大直沽天妃宮碑記》說：「所乘舟觸山石，幾覆，乃亟呼天妃，俄火發桅杆，若振其舵，遂得免。」[12] 天妃顯靈救助，免除船難。在明代《使琉球錄》中記載：

> 船搖盪於暴風雨中，蓬破、杆折、舵葉失，舟人號哭，祈於天妃。妃云立即換舵可保平安。舵重二三千斤，由於神庇，力量倍增，平素換舵須百人，今日船危三十人舉而有餘。[13]

媽祖不僅庇佑舟人，並且激發人的潛能，使換舵成功，保護全船平安。清代媽祖後裔林清標編《敕封天后誌》記載：「風濤萬狀，倏而霾曀潛消，天日晴霽；倏而陰風怒號，濁浪沸騰。……乃當顛連危急之際拜禱，天妃恍若自天而降，神光焜耀，異香氤氳。遂使瀚海之狂飆化為薰風。」[14] 皆說明當時人們身處大自然中海浪狂飆的惡劣環境，尋求心靈慰藉的熱烈盼望，向媽祖祈求幫助他們度過危機，化險為夷。以上種種

---

[10] 張桂林、羅慶四，〈福建商人與媽祖信仰〉，《福建師範大學學報》（社會科學版，03期），頁 105-110。

[11] （元）劉基，《台州路重修天妃廟碑》，劉基著，林家驪點校，《劉伯溫集》（杭州：浙江古籍出版社，2011 年），頁 175。

[12] 蔡長奎，《天津天后宮的傳說：附碑文賞析》（天津：天津古籍出版社，2006 年），頁 45。

[13] （明）陳侃，《使琉球錄》（北京：中華書局，1985 年），頁 14。

[14] （清）林清標編，《敕封天后誌》，轉引自鄭永貴、孟建煌，〈論媽祖文化與海洋文明的關係〉，《國際媽祖文化學術研討會論文集》（莆田：莆田學院媽祖文化研究院），頁 43。

媽祖予人無畏危難的啟示,皆存於媽祖現實形象中的海洋精神。

透過媽祖信仰的祭祀活動,能讓人們因虔誠敬崇,而產生心靈的領悟與提升,陳器文於《玄武神話、傳說與信仰》中說:

> 通過人們的崇拜活動,使萬物世界本來就有的生命力,萬物間本來就有的聯繫,有了生息相通的管道。……宗教信仰或許從利己主義的動機開頭,在信仰的喜樂中獲得自我提升,產生一種覺悟或光照的經驗,虔誠的皈依會產生積極的情緒,提升到追尋意義與濟人濟世的實踐,用以激勵人們面對艱難的現實。[15]

此積極進取的意志力、懷抱恢弘理想與不畏艱苦的生命力,正是媽祖啟發人們的海洋精神;並且受到媽祖慈悲良善、救苦救難的情操感應,能夠提升個人心靈與行為,而有「人飢己飢,人溺己溺」的仁愛精神和濟世濟人的實踐,此更是廣大的海洋精神。

人們在危險的海上,以謙卑順從面對大自然,並祈能平安度過困境,此奮發向上的意志力、堅忍不拔的生命力正是強大的海洋精神;並且尊崇媽祖慈悲救人的仁愛精神,而能提升個人人生境界,懷抱濟世濟人的理想,更是意境崇高的海洋精神。

明成祖永樂十四年(西元 1416 年)御製《南京弘仁普濟天妃宮碑》中記載:「恒遣使敷宣教化於海外諸番國,導以禮義,變其夷習。」[16]明朝廷鼓勵使臣於海外各國傳播媽祖文化,並宣揚禮義道德以教化海外各國,擴展媽祖在海外的神威與影響力。明代在僑居國修建媽祖廟,例如洪武二十五年(西元 1392 年)在琉球修建媽祖廟,永樂三年後在琉球先後創建兩座媽祖行宮。到了清代,今人蔡天新的研究說:

> 據海外各國(地區)興安會館資料記載:清代海外許多國家(地區)都建有媽祖廟,如馬來西亞、印尼、菲律賓、新加坡、

---

[15] 陳器文,《玄武神話、傳說與信仰》(高雄:麗文文化事業公司,2001 年),頁 146。
[16] 轉引自羅謐、鄭永濤,〈淺談鄭和下西洋對亞非國家的文化影響〉,中國新聞網。

> 日本、台灣、泰國、香港、澳門等國家和地區，都修建了媽祖
> 廟和天后宮。……清代時期的日本、越南、泰國、緬甸、台灣
> 等國家和地區，民間媽祖信仰也很流行。日本境內媽祖文化傳
> 播始於元代，發展於明，鼎盛於清。[17]

自元代到了明、清，海外修建媽祖廟與傳播媽祖信仰更加興盛，媽祖為
海神的現實形象在海外逐漸得到廣大認同，如同海洋一般具有盛大、包
容與開拓的意涵，此為媽祖現實形象蘊含海洋精神的表現。

現今在歐洲、美洲等地都建有媽祖廟，媽祖現實形象中的海洋精神
更加展現，繼元明清時期傳播至東北亞、東南亞之外，媽祖廟在世界其
他地方都可見到，媽祖文化的傳播更加廣泛，今人俞黎媛提出：

> 北歐的挪威、丹麥，美洲的美國、加拿大、墨西哥等國都建有
> 媽祖廟、天后宮。獨具特色的媽祖文化對海內外炎黃子孫具有
> 很強的吸引力，有人說「有海水的地方就有華人，有華人的地
> 方就有媽祖文化。」由於信仰媽祖的善男信女遍及世界各地，媽
> 祖便又具有「和平使者」的特殊身份……。在離鄉背井、舉目
> 無親的情況下，唯有祈求媽祖天后庇佑、賜福，媽祖信仰成為
> 海外華僑華人的精神寄託。媽祖是和平仁愛的化身，受媽祖精
> 神的陶冶和感召，在潛移默化中滋長了與人為善、與世無爭、
> 和平相處的思想。……媽祖作為和平女神的象徵，表達了世界
> 人民熱愛和平的美好願望。[18]

有華人的地方就有媽祖廟，媽祖信仰傳遍世界各地，表現和平仁愛的
海洋精神，媽祖成為世人的「和平使者」，其現實形象既是「海洋女
神」，也是「和平女神」。今人李建國也說：「媽祖——這位中國海
神，伴隨著華人的足跡，早已走向了世界。在東南亞以及日本、琉球、

---

[17] 蔡天新，〈古絲綢之路的媽祖文化傳播及其現實意義〉，《世界宗教文化》，頁57。
[18] 俞黎媛，〈媽祖文化中海峽西岸經濟區建設〉，《媽祖研究學報》第三輯。

朝鮮半島數百年前已經修建有媽祖。」甚至在遙遠的歐洲、美洲,「法國巴黎的天后宮,美國檀香山的天后宮」[19] 都是華人的媽祖廟,供奉著媽祖神像;歐美雖有自身文化的海神,但對於來自中國的女海神媽祖仍然非常尊敬。媽祖穿著意寓吉祥的紅衣,在海上救助海難,祂是華人崇拜的海上保護神,並且是為世界帶來和平與安全的「和平女神」。媽祖有許多美德,譬如忠心愛國、熱愛和平、除惡安良、樂於助人、無私無畏、甘於奉獻等,祂是中華民族精神的象徵,是中華民眾美德的代表,亦具中華文化主流的根本,因而媽祖文化蘊含著人文關懷精神與廣博的普世情懷;媽祖的現實形象自古以來是「護航促商、保疆衛國的海洋女神」,如今媽祖成為世界華人心目中「普世和諧的海洋女神」[20]。

四、媽祖的現實形象展現海商精神

媽祖的現實形象展現海商精神,媽祖的海神、水神形象是很強烈的,媽祖信仰形成中國古代海絲之路的一個象徵,學者蔡天新說:

> 媽祖文化的豐富內涵,不但為中國歷代執政者所需要,也被海內外廣大普通百姓所認可媽祖作為古代航海者的保護神,在古代海上絲綢之路開拓中發揮了巨大作用,促進了中外經濟交流、人員往來和文化融合。[21]

於是媽祖成為古代海上絲綢之路的保護神,在現實的意義蘊含國家與民間在海洋經濟利益的共享和競爭,尤其於海外貿易方面。北宋元佑二年(西元 1087 年),在泉州設市舶司,利用私商貿易來收取市舶厚利,並吸引海外朝貢,宋代重視海外貿易,其目的是為了提高封建政治的經濟服務;宋代對媽祖有十三次的褒封,反映了封建政治對海外貿易的態度,使國家能夠與信奉媽祖的人們共同享有海洋經濟的利益。

---

19 李建國,〈媽祖信仰與媽祖精神〉,《八桂僑刊》(2004 年 3 期)。
20 楊曉雙,〈海洋女神—媽祖形象研究〉,《大眾文藝》(1),頁 119。
21 蔡天新,〈古絲綢之路的媽祖文化傳播及其現實意義〉,《世界宗教文化》,頁 50。

　　到了元代，泉州的海外貿易已到達非常繁榮的狀態，海上商人的勢力日趨膨脹，掌控了沿海的對外貿易與地方大權，於是元朝廷加強控制商人海外貿易，一則嚴密市舶制度，多次施行海禁，這些措施使得巨商遭受打擊，二則元朝廷親自投入海外貿易，派出大量的商隊出海，實施「官營海外貿易制度」；此時媽祖被褒封為「天妃」，元朝廷對媽祖更加尊奉，祈求獲得更大的海洋貿易利益。今人魏愛棠研究說：

> （元）實行官營海外貿易制度。媽祖被抬到「天妃」的地位，
> 並被元朝廷廣為尊奉，就是發生於這樣的一種歷史背景之下。
> 這一舉動至少包含著兩層喻義：一是使媽祖佑護官營海外貿易
> 和海漕運輸，二是標誌著國家加強了對海洋經濟利益的壟斷。
> 但由於元朝實行對外開放的政策，經商風氣很盛，元廷對市舶
> 貿易基本上還是持保護態度，使市舶貿易得以繼續發展，反映
> 在媽祖信仰上就是官民對媽祖海上護航神職能的共享。[22]

元代對媽祖信仰的重視，用意在於祈求對官營海外貿易和漕運的庇佑，元朝廷掌握了海洋經濟利益，但民間商人的海外貿易依然有進行的時候，故媽祖的護佑包含了官方與民間的海上貿易，因而媽祖其海商精神的現實形象更為明顯。

　　明代，鄭和在永樂到宣德年間，從永樂三年起，用了二十多年時間，七次下西洋，開闢多條海上絲綢之路，既擴大海外經濟的發展，亦促進海外媽祖文化的傳播。鄭和航海從江蘇太倉出發，途經福建長樂、廣東沿海等地，再往南海訪問諸國，曾遭遇巨浪、颱風、海寇襲擊，總是向媽祖祈求保佑度過艱難險阻，船出發前後與每到碼頭，必定祭拜媽祖，若碼頭無媽祖廟則領先捐建天后宮；並奏請明朝廷褒封媽祖（永樂七年）。明代在使船內都建造供奉媽祖神像的小屋，還有專職的「香公」，於朝夕祈祝禱告，即「舟後作黃屋二層，上安詔敕，尊君命也，

---

[22]　魏愛棠，〈媽祖神話的隱喻與歷史進程〉，《莆田高等專科學校學報》（2001 年 9 月第 8 卷第 3 期），頁 71。

中供天妃，順民心也。」[23] 到達目的地之後，恭請媽祖神龕登岸至行宮，供人瞻拜：完成當地任務後，再迎請媽祖上船。鄭和在《通番事蹟之記》中說：「我之雲帆高張，晝夜星馳，非仗神功，昌克康濟。」[24] 他將下西洋的外交與經濟成就歸功於媽祖浩大的神德，只有倚仗媽祖神功，才有此輝煌成果；媽祖的現實形象蘊含海商精神更加發揚光大。

明清在很長的一段時間實行海禁，禁止民間私人的海上貿易，使得朝貢貿易幾乎變成僅存的海外貿易的形式；雖然如此，民間並沒有放棄海上利益，他們轉為走私貿易，沿海地區的海上私商的力量一直存在著，與封建官方爭獲海上經濟利益。[25] 此時媽祖現實形象的象徵意義有了明顯異化的情形，國家視媽祖為安邦護國的女神，是「國家顯示權威與控制地方的象徵」；相反的，在民間特別是東南沿海地區，則使媽祖成為「保持原有海洋文化象徵的基礎上發展成為一種地方文化的象徵」[26]。不管如何變化，媽祖其海商精神的現實形象仍然延續著。

明成祖永樂七年以後竟有長達二百七十年朝廷不再誥封媽祖，自明成祖永樂七年（西元 1409 年）至清聖祖康熙十九年（西元 1680 年）。清代因海外貿易擴大及五口通商開放，媽祖文化在海外的傳播更勝於以往，商人將媽祖奉為一切海商活動的保護神，媽祖的現實形象鮮明。周玄韋在《聖林續記》中說：福建商人「慣習通番，每一舶必置媽祖妃像，中燃祖廟信香」，「神在無所懼，故之周流島國。道無不通耳。」[27] 可知商人在海船上奉祀媽祖神像祈求保佑；再據琉球王國史料記載：「福建商船遭遇海難漂流到琉球王國，船戶身上均帶有媽祖神像。」[28]

[23] 轉引自劉福鑄、王連弟，〈國內各地信仰及宮廟研究〉（十二），《中國海洋大學學報》（2006 年第 4 期）。

[24] 鄭和，〈天妃靈應之記〉碑文，《通番事蹟之記》，引自百度文庫。

[25] 李金明，廖大珂，《中國古代海外貿易史》（南寧：廣西人民出版社，1995 年）。

[26] 魏愛棠，〈媽祖神話的隱喻與歷史進程〉，《莆田高等專科學校學報》，頁 72。

[27] 歐豺樓，《拾墨記》，卷十二《媽祖》。

[28] 轉引自蔡天新，〈古絲綢之路的媽祖文化傳播及其現實意義〉，《世界宗教文化》，頁 56。

可見清代海上商人對媽祖的崇拜。

清代仁宗嘉慶三年（西元 1798 年），福建的商舶也反映出攜帶媽祖神像出航的習俗應已有長久的時間，今人李伯重說：

> 其中最有代表性者，是嘉慶三年商舶「金寶發」號所反映出來的情況。該船由海澄縣船戶陳嘉瑞等駕駛出海貿易，路上遇到風暴，漂至朝鮮。據朝鮮方面記載，其船之上，「設窗櫺，以金塗之，施錦帳，帳幅金書『天后聖丹』字，中供金佛三軀」（《李朝實錄》正宗卷 48，二十二年正月庚辰）。此外所記之「金佛」三尊，即天后和其他配祀神祇。[29]

此船載有糧食和紙張等貨物，據以上描述船戶供奉天后的配置十分豪華鋪張，可見福建海上貿易商人對於媽祖的信仰非常虔誠。在元代、明代，民間的媽祖信仰仍然主要於福建沿海的閩商中最熱絡，媽祖被稱為「福建海商之神」；到了清代，有了明顯變化，福建以外信奉媽祖的海商越來越多，不少媽祖廟漸漸擺脫商人「同鄉會館」的性質，成為不同籍貫的商人「共同議事活動」的場所，於是媽祖在清代中期成為「全國海商之神」[30]，媽祖的「海商之神」的現實形象因而更為確立。

第二節　神話表現的形象美學

媽祖的神話故事在《天妃顯聖錄》[31]、《天后志》等歷史文獻中有所記載，包含：〈媽祖誕降〉、〈機上救親〉、〈救父尋兄〉、〈禱雨濟民〉、〈窺井得符〉、〈化草救商〉、〈菜甲天成〉、〈懇請治病〉、〈掛席泛槎〉、〈降伏二神〉、〈龍王來朝〉、〈靈符回生〉、〈伏高里鬼〉、

29　李伯重，〈「鄉土之神」、「公務之神」與「海商之神」──簡論媽祖形象的演變〉，《中國社會經濟史研究》。

30　李伯重，〈「鄉土之神」、「公務之神」與「海商之神」──簡論媽祖形象的演變〉，《中國社會經濟史研究》。

31　（明末清初）照乘，《天妃顯聖錄》，台灣文獻叢刊第 77 種（台北：台灣銀行，1961 年）。

〈奉旨鎖龍〉、〈斷橋觀風〉、〈收伏晏公〉、〈鐵馬渡江〉、〈收伏二怪〉、〈湄山飛升〉、〈神佑使節〉、〈解除水患〉、〈聖泉救疫〉、〈解除旱情〉、〈神助修堤〉、〈神助擒寇〉等。[32] 在這些神話故事中，媽祖表現了孝悌救助、慈悲博愛、扶危濟困、大公無私、誠心奉獻、護國庇民的美德，儒家經典《禮記》〈禮運〉說：「大道之行也，天下為公」這是儒家的最高理想「天下大同」，媽祖信仰是大同哲學的精神表現，此種天道精神展現在元代漕運河海沿岸眾多天后宮廟所進行的祭禮儀式與大運河的媽祖文化中，呈現媽祖慈悲仁愛、安定社稷民心的女神形象。

媽祖的神話故事在民間傳播，所產生的中心思想藉著神人交感的形式進行，民眾的社會現實需求反映於媽祖信仰中，透過神像造型與祈求場域，呈現信仰的行為模式，猶如今人鄭志明所述：

> （媽祖神話信仰所產生的中心思想）乃源自於遠古的靈感思維，以象徵性神話的神人交感系統，確立各種神人感通儀式的操作規則。
>
> （經由）不斷地類化與擴充，在各種靈感事跡的累積下，匯集了各類的神聖形象，將媽祖塑造成為宇宙靈力的象徵，具有安定世俗災難的功能。
>
> 民眾對媽祖的崇拜也是極為現實的，基於趨優避劣的求優意識，企圖假借媽祖靈感的神恩來實現個人的生存與發展的需要。
>
> 媽祖傳說即是媽祖神話，以擬似神話的靈感思維，來馳騁人們對神明的想像與生命的寄託，傳說也像神話一樣，是民眾集體信仰的精神象徵。[33]

---

[32] 媽祖的神話故事內容詳見於蔡相煇，《《天妃顯聖錄》與媽祖信仰》，頁 139-158。

[33] 鄭志明，《台灣民間的宗教現象》（台北：台灣宗教文化工作室，1996 年），頁 73-82。

由上可知媽祖的傳說故事亦即神話，與媽祖的造像一樣，都是民眾集體情感與信仰的象徵，表現民眾共同的精神感受。並且透過現實形象表達神話的意義，以觸發民眾信奉崇拜的心理，由此看到媽祖信仰容納天、神、人、物為一體的自然觀。

對女神崇拜，來自圖騰崇拜中女性的生殖象徵，逐漸變成由女神來統領生育繁殖，今人吳正光曾說：

> 由於始祖女神的確立，標誌著女性崇拜，歷經孕體崇拜、女陰崇拜、圖騰崇拜而升格到對神的崇拜，是生育信仰由神來統領的開始。
>
> 從始祖女神的誕生到生育女神的形成，人類建構一個貫穿歷史長河的以女性生殖器和女性生育為核心的信仰鍊條。使女性成為歷史最悠久的性別崇拜，成為歷史最早、人數最多的崇拜偶像。[34]

對於媽祖的信仰，傳承自對於原始的生殖與生育女神的崇拜，雖然在造型上已無原始生殖與生育的造像特徵，仍然傳達出某種原始信仰的思維；加上人類生存環境的轉變，民眾有更多元的需求，透過信仰膜拜，祈求實現現實的需要和消災解厄，祈求媽祖的賜福而永保安康。

從媽祖誕生的神話，在明末清初《天妃顯聖錄》中記述：「見一道紅光從西北射室中，晶輝奪目，異香氤氳不散。俄而王氏腹震，即誕妃於寢室。」[35]文中避開人欲性愛結合下發生的生產過程，在宗教神聖性的現象中降世，塑造一位女神誕生的聖潔性、神奇性。神話中曾說媽祖觀看母羊生產痛苦的情景，聯想到婚姻生育的痛苦，因而逃避婚姻，但天上諸神仍想媒說媽祖與保生大帝的姻緣，雖無結果，然可見在民間觀念裡，依舊永久存有生殖生育、繁衍傳承的意識。

---

[34] 吳正光，《女性與宗教信仰》（遼寧畫報出版社，2000年），頁27、31。
[35] （明末清初）照乘，《天妃顯聖錄》，〈天妃誕降本傳〉，台灣文獻叢刊第77種，頁17。

　　「女性崇拜」的原型層面，其中包含的原始意象是基本模式，來自於原始神話和文化；原型反覆出現於日常文化現象中，即弗萊[36]所說：「一種典型的或重複出現的意象」；原型層面對審美層面的作用是：一方面表現為原型層面積聚的原始意象衝破現實意識的制約，最後昇華轉化為審美意象；一方面表現為原型層面積聚的原始生命力是審美層面生成的深層動力。在原始神話的類型發展中，於自然神話——原始群時期（兩百萬年前至十一萬年前），神話顯得神秘，人和自然界的動植物互相轉化融合為祖先；如中國的西王母，半人半獸形，穴居而善嘯，本來是屬於惡的力量，其「司天之及五殘」，近似原始人，後來才演變成雍容的美婦。於圖騰神話——氏族部落制時期（十一萬年前至一萬年前），在中級階段中有圖騰物和女始祖出現[37]，當圖騰物化身為天地或造天地的情節成為過去之後，在舊有的生殖信仰上發展出女性創世者，產生女神崇拜。

　　幾乎每個民族都經歷過女神崇拜的時代，在傳說中女神補天造地、祛邪除惡，以及有生殖繁衍的功能，中國漢族的女神：女媧，出現在《大荒西經》中：「有神十人，名曰女媧之腸，化為神，處栗廣之野。橫道而處。」記敘裡已見到原始開闢神的形象出自「女媧之腸」。以及漢末應劭《風俗通義》佚文說：「摶黃土作人。」《太平御覽》說：「俗說天地開闢，未有人民，女媧摶黃土作人。」[38]還有《淮南子‧覽冥訓》說「女媧煉五色石以補蒼天，斷鰲足以立四極，殺黑龍以濟冀州，積蘆灰以止淫水。蒼天補，四極正，淫水涸，冀州平。」[39]都說明

---

[36] 羅傑‧弗萊（Roger Fry 1886-1934），英國著名的藝術批評家，活躍於 1910 至 1930年間，與克利夫‧貝爾（Clive Bell 1881-1964）同為二十世紀初期英國形式主義美學泰斗，二人皆主張「純粹之藝術形式」，強調美感經驗與藝術品的「孤立」特性，簡言之，這些理論基調就建立在「形象直覺」上。

[37] 參見戚廷貴、劉坤媛、趙沛林，《美的發生與流變》（長春：吉林文史出版社，1992 年 4月），頁 246-247。

[38] 《太平御覽》卷 78《四部叢刊》三編影印宋刊本，頁 5。

[39] （西漢）劉安等，《淮南子‧覽冥訓》（卷 6），中華書局影印《諸子集成》本（上海：上海古籍出版社，1989 年），頁 95。

女媧具備造人與補天兩大事蹟，女媧造人被奉為生殖之神，生殖繁衍是人們最基本的願望，人口數量意指社會群體力量的提升，女媧形象常以人身蛇尾顯現，也常與伏羲做雙蛇纏繞的樣貌，即古人對生殖與性愛的崇拜。

另外瑤族傳說的密洛陀神話，保存了較為完整的女神開闢的典型例子[40]。因此女性就成為造物神、始祖神。原始社會對於女性的崇拜，隨著社會生產力的發展，由母系氏族朝向父系宗族，使得女性的言行備受禮俗加以規範，然而男性對女性崇拜的思想並沒有消滅。

以陰陽來看神祇，山是陽而水是陰，男是陽而女是陰，身為女性神的媽祖正好符合海神的身分。跟水有關的神祇例如觀音菩薩曾為女性海神，還有興修木蘭陂的錢四娘等，海南文昌縣的漁民供奉水尾聖娘，越南的民間信仰有庇佑漁民的天依女神等女性海神，而媽祖文化也傳播至越南南部，正好符合越南崇拜女性神的民間文化風格。在菲律賓呂宋島東南部描東岸市有媽祖天后宮，供奉的卻是穿著天主教服飾的女神像，菲律賓人尊奉其為地方守護神，而華人尊奉其為媽祖，兩個民族共同信仰這二位一體的女神。[41] 海洋文化具有女性陰柔的特質，呈現溫柔、包容、和諧的特性，媽祖的海神形象蘊含了如此特色，因而能夠傳播至世界各地。

在天津天后宮裡有一副對聯將女媧與媽祖分列兩端：「補天媧神，行地母神，大哉乾，至哉坤，千古兩般神女；治水禹聖，濟川后聖，河之清，海之晏，九州一樣聖功。」顯示女媧與媽祖對於中華文化有極大的影響，兩者有相同的神格屬性，女媧與媽祖在形象上皆為女性神，兩者成為南北女神的標誌，傳統上女性神較少，更顯得珍貴；而且兩者皆顯現女性崇高品格與母性形象，女媧「煉石補天」、「摶土作人」，媽

---

[40] 參見袁河，《中國神話史》（台北：時報文化出版公司，1991 年），頁 443。

[41] 參自孟建煌、張峭，〈論媽祖文化包含海洋精神〉，《媽祖文化研究》（莆田：莆田學院媽祖文化研究院，2018 年第 4 期），頁 21、23。

祖「濟世救人」、「佑安送子」，都蘊含女性仁愛奉獻的精神與母性的特質。兩者也都建立了豐富的民間信仰體系，相異處是女媧信仰以西北的農耕文明為基礎，在陝西山區多有女媧山的記載，《大明一統誌》說：「女媧山，在平利縣東三十里。舊有女媧氏祠，灌溪河發源此山。」[42] 而媽祖信仰以保護漁民、船員和使臣為始，再以海洋經貿與漕運為憑藉，然後傳播到北方與世界各地，於是女媧擁有始祖神的形象，媽祖則具有海神的形象。另一相異處，女媧的存在始終為神，而媽祖是「神為人造」、「由人成神」[43] 的典型，從福建莆田湄洲的漁家林姓少女逐漸神化而來，滿足社會國家的需要，因此媽祖的形象較易被人們廣泛接受，影響也更大。

民間在媽祖神話中，賦予媽祖的女性意識，是以媽祖自身的特殊能力而獲人民的敬崇，從女巫的形象到女神的形象，都是擁有特殊才能和神力，能夠救助人民、保佑人民，這一崇高的形象是女性真實自主的意識，已跳脫傳統女性的角色和規範。因此媽祖的神話形象，就在於其具有受民眾推崇的才德與特殊的神力，在媽祖昇化之後，即成為神，能夠救難助人、消災解厄、除妖降魔，成為民眾於現實生活裡的精神寄託。海神是媽祖的外顯形象，因其神話故事與靈應事蹟而再拓展為「醫神」、「司孕神」「戰神」、「農業神」等，然而媽祖還是以海神「因水而靈」為核心來擴展祂的神性和形象，媽祖海神的典範性難以被完全取代。

第三節 具儒佛道思想的審美精神

媽祖信仰與儒佛道等思想的融合一直不斷的進行，在理論思想與審美精神的薰染日益增進下，更加強相互之間的融合，並在尊崇行為、敬祀活動、信仰實踐、生活轉化中，擴大了思想的貫通和認同。

---

[42] （明）李賢，《大明一統誌》卷 34《漢中府》（國家圖書館藏萬曆萬壽堂刻本）。

[43] 卞梁、黃藝娜、胡棋，〈始母與天后：女媧與媽祖的異同比較〉，《媽祖文化研究》（莆田：莆田學院媽祖文化研究院，2019 年第 4 期），頁 95。

　　媽祖信仰屬於民間信仰，而與儒、佛、道有關聯性，表現儒、佛、道的哲學思想與審美思維。學者謝重光在〈媽祖信仰與儒、釋、道三教的交融〉文中說：

> 在媽祖信仰的發展、演變過程中……(儒、釋、道) 三教與媽祖信仰這種互相影響、互相滲透的複雜關係，體現了宋代以降三教與民間信仰的互相融合趨勢；而媽祖信仰對於儒、釋、道三教思想和宗教因素的兼收並蓄，又是三教合一潮流在民間信仰方面的具體反映。[44]

儒、佛、道三教與媽祖信仰互相交融，媽祖信仰對於三教兼容並蓄、博採三教的長處。在媽祖宮廟中供奉媽祖造像與佛、道造像，甚且有儒家造像，佛、道與儒家思想有所接觸，媽祖信仰又與儒佛道思想相互融合。學者王文欽在〈媽祖崇拜與儒釋道的融合〉一文中說：

> 在媽祖神廟中儒釋道的聖像或神像同受供奉，這種「三位一體」還屬於形式上的同在，它固然表明各種宗教諸神之間並不互相抵觸，但還不是實質上的聯系。實際上，在天妃神廟中供奉的道教神明和佛教造像，都已涵容著儒教的品格。從佛教在華傳播的歷史和發展過程以及道教形成的前史和發展過程來看，佛道二教在與中國社群文化、尤其是主導文化— 儒家思想相接觸中都有了涵化。[45]

從以上論述可知媽祖文化與儒佛道思想有密切關聯。

　　關於民間信仰，學者鄭志明說：

> 民間信仰是指民間社會化與世俗化的宗教，源起於古代原始信仰的泛靈崇拜，是一種非儒、非道、非佛的宗教，又與三教有著密

---

[44] 謝重光，〈媽祖信仰與儒、釋、道三教的交融〉，《汕頭大學學報》（1997 年 05 期），頁 47。

[45] 王文欽，〈媽祖崇拜與儒釋道的融合〉，《孔子研究》（1997 年，第 1 期），頁 109。

不可分的關係。民間信仰就其本質而言，是一套觀念，在「百姓
日用而不知」的社會習俗中，傳承了鄉土百姓的心靈世界。[46]

由許多文獻資料裡的故事，獲知各朝代皆紀錄媽祖於儒家、佛教與道教
三者中都受到尊崇和重視，而將媽祖信仰的宗教屬性歸於三教的互相認
同，而與三教有著密不可分的關係。人們生活於媽祖文化的區域中，普
遍受到媽祖民間信仰的影響，據學者瞿海源的研究說：

> 民間信仰是世俗化最深的一種宗教，它本身並無明顯的教義，
> 信仰的基礎在於神對人的生活保障，民眾有求於神，也因而有
> 所報於神，是相當功利的。同時它與民眾的生活混成一體，除
> 了儀式與宗教活動具有神聖性外，對個體的行為及價值卻少有
> 神聖性的要求。[47]

媽祖信仰與人們的生活互相融合，其世俗化也較高，雖無明顯的教
義，但透過文化地理的認同、繞境祈福的儀式、傳統文化的傳承、地
區情感的連結、社教娛樂的活動等，皆使得媽祖信仰與社會生活有著
相互的契合和依存，並且在信仰思想與審美思維上受到儒、佛、道三
方面的影響。

中國傳統文化以儒、佛、道為主要的哲學、宗教思想，此思想是中
國社會建構自我人生觀、宇宙觀與建立制度的重要信念，鄭志明說：

> 儒釋道思想，不會安於僅停留在思想層面的抽象象徵價值，反
> 而寄望在整體的實踐過程中有著決定性的創造力量，經由制度
> 化的轉移，使思想的象徵意義具有文化傳統的典範作用。[48]

---

[46] 鄭志明，《台灣新興宗教現象—傳統信仰篇》（嘉義：南華管理學院宗教文化研究中心，
1999 年），頁 175-176。
[47] 瞿海源，〈世俗化與宗教變遷〉，《氾濫與匱乏》（台北：允晨圖書公司，1988 年），
頁 360。
[48] 鄭志明，《中國意識與宗教》（台北：學生書局，1993 年），頁 64。

儒、佛、道思想中物我相融、天人相通、以象悟道與整合泛靈等觀念，除了是中國哲學、信仰與藝術的重要思維和抽象象徵，也希望透過實踐的作為，產生創造的力量。在媽祖信仰中，顯現媽祖在儒、佛、道的思想上有其實踐精神與作為。

在論述媽祖形象的儒、佛、道審美思維時，也會論及儒、佛、道三教的融合，許多言論主張三教的旨意其實歸於同源一致，有「禮之中庸，伯陽之自然，釋氏之無為，共為一家。」[49]「儒門釋戶道相通，三教從來一祖風。」[50] 等說法，也有因儒家在封建社會中較直接適於統治的需要，因而地位不斷上升，導致佛、道主動吸取儒家的的觀點，學者謝重光說：

> 佛教吸取忠孝仁義作為自己的新教義，宋代著名禪師宗果提出了「菩提心則忠義心也」的觀點，並公開聲明：「予雖學佛者，然愛君憂國之心與忠義士大夫等。」（《大慧語錄》卷 24）揭起了忠君、愛國的旗幟；道教派別如淨明道也把儒家的忠孝觀點加以神化，其宗教倫理信條有所謂「垂世八寶」：忠、孝、廉、謹、寬、裕、容、忍，而忠、孝是八寶的中心，故該派經典《淨明大道說）寫道：「忠孝大道之本也。」[51]

以上皆在表明，宋代以來儒、佛、道三教融合的特點即彼此吸收教義，而因儒家得到封建時代的支持，促使其倫理觀點形成儒、佛、道三教共同的思想重心。另一文化信仰發展的趨勢，是佛、道二教與民間信仰互相揉合，包含：1. 佛、道的神祉被轉化成民間信仰的神祉，例如觀音，觀音原是佛教的菩薩，被民間賦予送子、救苦難、締結婚姻等功能；以及 2. 民間信仰的神祉被納入佛、道的神祉，媽祖信仰即是如此的狀態，而且是被納入佛教，又被納入道教，成為亦佛亦道亦民間的特殊神祉。

---

[49] 《宋史》卷 277《宋太初傳》。
[50] 《重陽全真集》卷 1。
[51] 謝重光，〈媽祖信仰與儒、釋、道三教的交融〉，《汕頭大學學報》，頁 48。

　　道教從建立即吸納儒家的思想，也吸收佛教的教義，在儒道相容這點學者王文欽曾說：

> 道教領袖人物是重視儒道雙修的，他們中的很多人提倡孝道，褒揚仁義，以自然謙和的人際關係來維持社會秩序。全真教主王品與人交談。「必先使讀《孝經》、《道德經》，又教之以孝謹純一；其立說多引六經為證。」儒道相容，三教相通，既然在中國宗教文化的上層結構中逐漸實現，那麼，在民間信仰的宗教實踐中，自然就會出現諸神混雜的宗教「圓融」的情況。[52]

學者王文欽亦曾舉下面文獻說明了道教羅織儒家的思想：

> 為道者以救人危，使免禍，護人疾病，令不枉死為上功也。欲求仙者，要當以忠孝、和順、仁信為本。（《抱樸子》卷三引《玉鈴經》）

> 每與浩言，聞其論古興亡之跡，常自夜達旦，妹意欲容，深美之。……因謂浩曰：「吾當兼修儒教，輔助太平真君，而學不稽古，為吾撰王者政典，並論其大要。」（《魏書・崔浩傳》）

> 喚是道教，恰是儒規；喚為道法，即是王法。人能受戒者，非僅欲人盡心盡性，抑且欲人知命知天。於入世之中，達身於省身之內，實有佐幹王化，繩人於眾善也。（《初真戒》卷首吳序）[53]

由上可知道教蘊含許多儒家的禮儀、道德的思想，以儒學融入道教，在儒、佛、道三教相通相容之下，民間信仰如媽祖信仰，在宗教實踐中，自然的也會產生三教圓融共存的情形。

---

[52] 王文欽，〈媽祖崇拜與儒釋道的融合〉，《孔子研究》，頁111。
[53] 王文欽，〈媽祖崇拜與儒釋道的融合〉，《孔子研究》，頁111。

一、媽祖形象的儒家審美思維

儒家重視忠孝仁愛禮義的觀念，講「君使臣以禮，臣事君以忠」，孔子主張仁政思想，並提出「正名」與「復禮」，以使社會達到「君君、臣臣、父父、子子」的和諧境界。在《天妃顯聖錄》中，記載有南宋時媽祖保佑路允迪平安出使朝鮮，元代護佑河海漕運，明代時神佑鄭和順利的七次航行下西洋，清代時庇助施琅平復台灣，種種神蹟都說明媽祖對於當朝國家的功績，顯示媽祖「忠君」與忠於國的形象。孔子說：「弟子入則孝，出則悌，謹而信，泛愛眾而親仁。」《論語》〈學而〉：「孝悌也者，其為仁之本歟。」在「孝悌」的形象方面，於《天妃顯聖錄》中記述媽祖「機上救親」的神蹟，這是媽祖最早顯露神力的故事，她伏睡在織布機上，卻神出在海上拯救家人，此故事呈現孝悌的美德。清光緒年間徐葉珍編著《天后聖母事蹟圖志》（中國歷史博物館收藏）有 48 幅作品，包含「波濤中默佑漕船」與「垂神燈糧船有賴」等，這些海洋救難的故事與畫面，皆展現了媽祖安民濟世的德行，從父兄親人到黎民百姓、出使官員的海上保護以及漕運護航，都是「泛愛眾」精神的表現。於媽祖文化中，因其表現儒家思想顯著而盛行，儒家思想亦藉媽祖忠孝仁愛之善美形象對人民施行教化。

「天后祖祠」位於福建莆田湄洲灣北岸山亭鄉，古稱「賢良港」，這裡是媽祖的誕生地，媽祖羽化升天後，鄉人建祠紀念祂，祠始建於宋代，前殿供奉媽祖神像，額稱「天后祠」，後殿供奉媽祖聖父母與其先代牌位，額稱「林氏祖祠」，故尊稱為「天后祖祠」；明代永樂十九年（西元 1421 年）整修致祭。天后祖祠的後殿照壁上，刻有明代太子少保刑部尚書林俊撰寫的林氏《族範》：

> 凡林子孫，父慈子孝，兄友弟恭，夫正婦順，內外有別，尊幼有序，禮義廉恥，兼修四維。士農工商，各守己業，氣必正，心必厚，事必公，用必儉，學必勤，動必端，言必謹。事君必忠藎，居官必廉慎，鄉里必和平。人非善不交，物非義不取；

> 毋富而驕，毋貧而濫，毋信婦言傷骨肉，毋言人過長薄風，毋
> 忌嫉賢能，營私召苑。毋奸盜譎詐，飲博門訟；毋滿盈不戒，
> 妙微不謹；毋壞名喪節，災已辱先。善者嘉之，貧難、死喪、
> 疾病周恤之，不善者勸誨之，不改、與眾棄之。不許入祠，以
> 共綿詩禮仁厚之澤。敬之戒之，毋忽！[54]

所刻撰的《族範》文中流露出儒家思想，篇首「父慈子孝，兄友弟恭，夫正婦順，內外有別，尊幼有序」是儒家「三綱五常」的倫理觀念；「事君必忠籲，居官必廉慎，鄉里必和平」是儒家「忠君」與「以人為本、以和為貴」的處事原則；「善者嘉之」、「不善者勸誨之」、「以共綿詩禮仁厚之澤」等，皆是儒家「善者，美之實也」、「仁義禮智信」的核心思想。

在《天上聖母經》中的文述：「孝父母、守倫規」、「一等人、忠烈士、曰成仁、曰成義」、「求忠臣，宜孝子、克孝人」、「廉說盡、講節義」、「百善行、孝為先」等，文中重視「孝」、「忠」等儒家思想，並將媽祖與孔子、關羽之儒家人物並稱為「聖」[55]，媽祖的相關經文中直接以儒家思想的言論來闡釋，更加證明儒家文化與媽祖信仰相互融合。經籍《天后聖母幽明普度真經》中，將「三從四德」從傳統說法轉為強調夫妻間分工不同，各自實行職責，且夫妻男女地位平等，但首要責任在男子身上，「正家在夫，夫道宜健；成家在婦，婦道宜柔。」[56]以天后的神明旨意對「夫權」社會提出新的詮釋。今人葛兆光說：「宗教要在上層社會與主流文化中立足，就必須迎合掌握了知識權力的士人的口味與興趣，也必須在到認可的知識譜系爭得一個位置來安放自己。」[57]從媽祖經典中，反映了儒家思想對媽祖信仰的滲透，媽祖信仰也對主流意識的儒家文化產生主動認同。

---

[54]（明）林俊，《族範》，刻撰於福建莆田湄洲之天后祖祠。
[55] 蔣維錟，《媽祖文獻資料》（福州：福建人民出版社，1990 年），頁 373-375。
[56] 羅春榮，《媽祖文化研究》（天津：天津古籍出版社，2006 年），頁 231-215。
[57] 葛兆光，《唐代宗教信仰與社會》（上海：上海辭書出版社，2003 年），頁 27。

第三節　具儒佛道思想的審美精神

　　莆田吸收儒家思想可追溯自五胡十六國時期，由於永嘉之亂，導致西晉滅亡，當時五胡亂華，大量民眾從北方向南方逃難，《閩中記》記載：「永嘉之亂，中原士族林、黃、陳、鄭四族先入閩，今閩人皆稱恭始人。」其中有許多重視儒學的官宦士族，他們將儒學思想散播到了南方各地。唐末至五代十國時期的戰亂使得更多北方民眾向南方遷移，許多官宦家族因而在莆田定居，他們維持了儒學的傳統，形成當地尊孔崇儒的風氣。北宋，莆田等地是興化軍轄地，蔡襄說：「每朝廷取士，率等第言之，舉天下郡縣，無有絕過吾郡縣者。甚乎，其盛也哉！」[58]莆田成為聞名全國的科舉地；黃仲昭的《八閩通志》記載：北宋興化軍進士為 493 名，南宋為 538 名，共計 1031 名。李俊甫《莆陽比事》記載：興化軍「皇朝以進士魁天下者，熙寧九年徐鐸，紹興八年黃公度。」[59]可見興化軍的狀元人數也不少，「矧莆水之衣冠，實閩南之鄒魯。」此言說得很真實，足以證明莆田深受儒家思想的影響，而莆田是媽祖的出生地，媽祖信仰亦深受儒家思想的影響。

　　媽祖以神蹟表現為國家與國君盡忠的一面，獲得歷代君王對媽祖予以「夫人」、「妃」、「天妃」、「聖妃」、「天后」、「天后聖母」、「護國庇民」、「忠貞衛國」等敕封，是「名」副其「實」的褒封。孔子認為社會需走上軌道而井然有序，首先必須「正名」，意為客觀事物應與其名字的原本含義相符，孔子認為：「名不正則言不順，言不順則事不成，事不成則禮樂不興，禮樂不興則刑罰不中，刑罰不中則民無所措手足。」「子曰必也正名乎」[60]（《論語・子路》）在社會關係中任何一個人皆要有其「名」，還要有其「實」，人人都有相應的社會責任和義務，如此才能興禮樂，行仁政，使人民生活安樂。

---

[58] （北宋）蔡襄《興化軍仙遊縣登第記序》，《蔡襄全集・卷二六》（福建人民出版社，1999 年），頁 582。

[59] （宋）李俊甫，《莆陽比事・卷一》，頁 30，轉引自徐曉望，《媽祖信仰史研究》（海風出版社），頁 16。

[60] 同（明）胡廣等，《論語》，收於《景印文淵閣四庫全書經部 199 四書類》（台北：台灣商務印書館，1983 年），頁 205-384。

　　媽祖祭祀所表現的也是儒家的仁德要求與倫理規範，媽祖祭祀分為官方的祭祀與民間的祭祀，官方祭祀來自宋高宗舉行「郊典」；元代的祭祀享朝廷的「御祭」，指由朝廷特派使者到媽祖廟致祭；清代康熙五十九年（西元 1720 年）開始晉享「春秋諭祭」，即享有與孔子、關帝同等的國家大祭典 [61]。媽祖的官方祭祀有特定的禮儀規定，例如湄洲祖廟依據的就是儒家的《周禮》，《荀子・禮記》說：

> 祭者，志意思慕之情也，忠信愛敬之至矣，禮節文貌之盛矣。苟非聖人，莫之能知也。聖人明知之，士君子安行之，官人以為守，百姓以成俗，其在君子以為人道也；其在百姓以為鬼事也。[62]

荀子這番話表達出儒家對於祭禮的嚴謹態度，祭典意義含有「忠信愛敬」，具有教化社會的功能，突出神明信仰在於推崇其「德」，並重視神明祭典中禮制的「序」，這都是儒家在祭祀儀式中所主張的。

　　媽祖最初為民間的神女形象，保護民間的利益，鄉民遇到海上危險或生活急難需要救助時，便會祈求媽祖幫忙渡過困難；歷代以來，官方則將媽祖的形象定為海上的保護神與漕運的保護神，媽祖以海神形象保衛國家的利益，並與各國產生海商、文化交流。在媽祖信仰的演進中，可見媽祖文化源於民間，藉由儒家思想促其成長與傳播，媽祖文化吸收了儒家思想，儒家也接受了媽祖文化，儒家學說使得媽祖形象獲得重塑，使媽祖由湄洲地方神轉變為全民信仰的大神，也使媽祖文化因著儒家思想而納進了中華文化的主體。

　　媽祖救濟世人的坦蕩胸懷給予世人「仁愛」的啟示，在《敕封天后誌》、《天妃顯聖錄》中記載媽祖「祈雨救民」、「化草救商」、「鑿

61　周金琰，〈湄洲媽祖祖廟祭典及其當代意義研究〉，《世界宗教研究》（2015 年），頁83。

62　《荀子・禮記》，轉引自姜家君，〈妈祖信仰与儒家文化的互渗探析〉，《鲁东大学学报（哲学社会科学版）》（2019 年 3 月），頁 43。

泉療疫」等危難救助的各種傳說故事，皆展現媽祖普世濟民的仁愛情操。《論語》〈里仁〉：「里仁為美」[63]，《中庸》：「仁者，人也。」孟子也說：「仁，人之安宅也：義，人之正路也。」[64]「仁」是為人的根本之道，孔子以「仁」為人生最高境界的審美精神。孔子的倫理思想宣揚「仁」，一個人為人處事有應循的義務，這些義務的本質應是出於仁愛之心，如此才是一個品德完備的人。《論語》〈衛靈公〉記載：「子曰，其恕乎。己所不欲，勿施於人。」[65]〈雍也〉篇說：「夫仁者，己欲立而立人，己欲達而達人，能近取譬，可說仁之方也已。」[66]將這兩方面結合起來，稱為「忠恕之道」，〈里仁〉篇記載曾參解釋孔子「吾道一以貫之」說：「夫子之道，忠恕而已矣。」而「盡己之謂忠」、「推己及人之謂恕」，能以忠恕待人，即仁心的表現。儒家教導人有所為而無所求，每個人都應盡自己的義務，所關注的並非達到任何目的，真正的意義在於盡其所能的做，不需在意得失結果，也就理所當然的保有快樂。

　　「和」是媽祖形象的終極目標，媽祖的審美精神裡最富有特色的是寬容與和諧，這也是媽祖有別於其他神衹的重要特徵；「和」在中國傳統哲學思想中佔據重要地位，儒家主張「和」，提出「和為貴」、「君子和而不同，小人同而不和。」凸顯「和」的意義。在媽祖傳說中，〈降伏二神〉、〈收伏二怪〉、〈伏高里鬼〉、〈收伏晏公〉等，都記述媽祖以法服之、以德服之，感化他們，呈現「和」的精神。如今媽祖成為世人的「和平使者」、「普世和諧的海洋女神」，媽祖信仰藉著海洋精神傳播至世界各地，也是依憑著儒家「和」的精神。儒家的理想以仁禮政治和人倫社會為中心，而強調整體和諧的「中和」之美，「中和

---

[63] 同（明）胡廣等，《論語》，收於《景印文淵閣四庫全書經部199四書類》，頁205-177。

[64] 《孟子・盡心章句上》，《四書五經・上卷》（北京：北京古籍出版社，1996年），頁235。

[65] 同（明）胡廣等，《論語》，收於《景印文淵閣四庫全書經部199四書類》，頁205。

[66] 同（明）胡廣等，《論語》，收於《景印文淵閣四庫全書經部199四書類》，頁205-244。

之美」是孔子「中庸」原則的審美表現，與「仁」、「禮」等同樣重要的儒家最高道德標準。《中庸》說：「中也者，天下之大本也；和也者，天下之達道也。致中和，天地位焉，萬物育焉。」[67]「中和」達到不偏不倚、協調和諧的狀態，這是天下萬物通達的道路，如此天地便能各在其位而運行不息，萬物便也能各得其所而生長育化。以自然來看，萬事萬物雖複雜紛紜，卻存在於一個無比和諧的整體環境之中；以社會來看，《禮記‧樂記‧樂論》說：「大樂與天地同和，大禮與天地同節。」所有禮樂教化的目的皆是讓個人與社會達到猶如自然一般和諧、無矛盾的境界，使國家安定、天下太平，及世界和平。

「勇」是媽祖形象的內在動力，在媽祖傳說中，「勇救海難」、「降伏二神」、「收伏二怪」等都反映出媽祖不畏自然和艱難、不畏強權和邪惡的勇敢大無畏精神，「勇」成為媽祖對於普天蒼生行善救濟的內在精神動力。「勇」是儒家施仁的條件之一，「勇」須符合仁義禮智，《論語‧憲問篇》記載：「仁者必有勇」，《中庸》說：「智、仁、勇三者，天下之達德也。」「勇」在儒家文化的品德與倫理範疇之中，「勇」是一種在生存繁衍的歷程中與自然搏鬥而產生的可貴品質。「勇」也出現在荀子的言論中，荀子對於「比德」的儒家審美觀進一步發揚，在《荀子‧宥坐》中以水「比德」：

> 孔子觀于東流之水，子貢問於孔子曰：「君子之所以見大水必觀焉者，何也？」孔子曰：「夫水大遍與諸生而無為也，似德；其流也埤下，裾拘必循其理，似義；其洸洸乎不淈盡，似道；若有決行之，其應佚若聲響，其赴百仞之谷不懼，似勇；主量必平，似法；盈不求概，似正；淖約微達，似察；以出以入，就鮮潔，似善；化其萬折也必東，似志。是故君子見大水必觀焉。[68]

---

[67] 同（明）胡廣等，《中庸》，收於《景印文淵閣四庫全書經部 199 四書類》，頁 205。
[68] （唐）楊倞注，（清）王先謙集解，《荀子集解‧考證》（台北：世界書局，2000 年 12 月）。

以上論述水性的道德象徵意義，儒家以物比德的美學傳統是以「仁」為核心命題，及以中國傳統文化中「天人合一」的觀念所共同決定的；荀子以水比德：「其赴百仞之穀不懼，似勇。」由此可知「勇」亦是儒家的一種精神動力，孔子觀水得到德、義、道、勇、法、正、察、善、志的啟發，皆是君子所應具備的道德。媽祖於現實形象中展現海洋精神，廣義的水包含浩瀚的海洋，在媽祖形象具有儒家審美思維此處，看到兩者的匯合，尤其「勇」為高貴品質與內在動力，更可體會到海洋精神與儒家精神的融合。儒家認為人的情感與自然能處於一種單純和諧的狀態，自然成為理想道德的比擬與象徵，「比德」是儒家欣賞自然景物時產生的模擬聯想，並將客觀自然中的具體物件與人的精神相互聯繫，作為人生德行的追求。媽祖形象與海洋息息相關，順服自然的「和」與克服困難的「勇」，均是從自然得到的「比德」聯想。

媽祖因擁有慈悲良善與高尚德行的形象而美，此符合儒家至高無上的審美觀。以「仁」為核心的儒家美學思想，在審美與藝術領域裡，極力提倡美與善的和諧統一，相對的，亦高度重視審美與藝術所具有的陶冶個人情操、穩定社會秩序的作用。在儒家美學裡，美的本質往往被制度的善或美的目的所替代，也就是所謂善高於美。宋朱熹說：「美者，聲容之盛。善者，美之實也。」[69] 這都是一種融合道德的美感型態，又如孟子說：「我善養吾浩然之氣」[70]，樹立起中國審美範疇中崇高的美；屈原在《楚辭》中以香草美人的形象象徵芳潔美善，《離騷經・王逸序》說：「《離騷》之文，依《詩》取興，引類譬諭，故善鳥香草，以配忠貞；惡禽臭物，以比讒佞；靈脩美人，以媲於君。」[71] 故儒家美學觀點在「美與善」、「美與倫理道德」有必然的聯繫，「美」具有良

---

[69] （宋）朱熹集注，《四書集注》所釋《論語》〈八佾〉（台北，世界書局，1966 年），頁 10。

[70] 李澤厚說：「孟子對美、大、聖、神的區分，包含有對美的各種不同情況和性質的觀察和區分，都是針對人格美而言的。」《華夏美學》（台北：時報文化出版公司，1989 年），頁 67。

[71] （東漢）王逸章句、王興祖補注《楚辭》卷 1（台南：北一出版社，1972 年）。

善與比德的意義。儒家希望媽祖此種揉和「美與善」審美象徵能夠永留人間,與世長存。

以儒家對於藝術的審美觀來觀看媽祖的傳說故事與造像藝術,採美學上有關美的本質、美的意涵與美的形式三項分析如下:

（一）美的本質: 在於有感而發,實質上涵蓋感動自己（自得快樂和滿足）也感動別人（說服力與感染力）,往往被禮制或目的的論點所取代,成一種融合美與善的美感型態。由這一點觀察媽祖的傳說故事與造像藝術,的確符合美與善相互融合的美感。

（二）美的意涵:在於故事與藝術的內容、寓意或戲劇性;常呈現有意義、具教訓的德目,目的是要別人順從。由這一點觀察媽祖的傳說與造像,的確其中的內容、寓意和戲劇性具有良善與仁愛的道德意義。

（三）美的形式:藝術常用形式可帶來感官的愉悅,若是脫離詩等文學性、情感性或意境,則無美的本質和美的意涵,以這一點觀察媽祖的傳說與造像,均擁有文學性、情感性與意境,具有美的本質和美的意涵;至於一般美的形式,如繪畫、塑像乃純粹指由空間、色彩和圖像形成的美感,但在媽祖的造像藝術上,則仍然包容善與美。

因而對於媽祖信仰,除了流傳神話以宣揚其濟世精神與優良品德,並立廟塑像奉祀,透過祭祀、繞境祈福的儀式、人民祈求媽祖保佑於現實人間的生活諸事順遂平安,及實現生存需求與人生理想,商人祈求經營事業順利,集體祈求國泰民安、風調雨順、五穀豐收、工商丕利等,這一切都符合儒家入世的觀念。又如台灣大型的媽祖廟如鹿港天后宮、北港朝天宮、大甲鎮瀾宮等都陸續建文化大樓,舉辦藝文展覽和文化活動,並修宮志以保留地方歷史,人民認為支持媽祖廟的建立、慶典的舉辦和媽祖文化活動的推展,是屬於有福報的善舉,並符合儒家的道德行為。

第三節 具儒佛道思想的審美精神

　　媽祖原名「林默」，「默」即「靜默」，由媽祖傳說故事，映合宋元以來理學的「主靜說」，從內與心含蓄的傳達善良人格、道德觀念與濟人理想。元代的儒家審美思維以理學為主，自宋代理學建立，周敦頤的「主靜說」成為一部分士大夫的世界觀，強調「主靜」、「主誠」、「修身」，在思維上，將前期儒學的「天」演變為「理」和「心」，突顯主體的自主精神，以及以理智省思為主的內向型思維方式，取代傳統儒家以倫理實踐行為為導向的外向思維模式。以往儒家的影響很具體，多含有道德觀念，如後漢王延壽所說：

> 上紀開闢，遂古之初，五龍比翼，人皇九頭，伏羲鱗身，女媧蛇軀，鴻荒樸略，厥狀睢盱，煥炳可觀，黃帝唐虞，軒冕以庸，衣裳有殊，下及三後，淫妃亂主，忠臣孝子，烈士貞女，賢愚成敗，靡不載敘，惡以誡世，善以示後。[72]

由於理學在思維上由外而內、由物而心的轉向，使得美學的審美觸角指向人的內心，而與表現情感、體驗的寫意方式相互呼應；因此元代的儒家思想中的道德觀念不再直接傳達，而改採較為隱晦、含蓄的方式來表達，流露內心的人格、操守以及對於社會的理想。

　　媽祖形象在儒家審美思維中，因「默」而「靜」，元初的「靜」，是致禮達道的途徑，是處世態度，是「超脫」與「入世」二者統一的媒介，也是世界觀，其思想基礎則是儒、道、佛三家的融合。儒家之「靜」謂「虛壹而靜」（《荀子・解蔽篇》），是指求道、了解新事物的方法；道家之「靜」，謂「至虛極，守靜篤」（《老子・第十六》），主張無為；佛家之「靜」，是「靜觀」，指禪定的修習。元人三教合一的趨勢明顯，但還是以儒家為根本，其「靜」頗有理學色彩；元人將儒、道、佛融彙，而取其根本，說「聖人貴名教；老莊明自然，佛居一方以

---

[72] （後漢）王延壽，〈魯靈光殿賦文考賦畫〉，《新譯昭明文選》（台北：三民出版社，1997 年），頁 456-457。

空寂化流天下蓋求其善，善之心本同也。」這與元人仕隱觀的觀念是一致的。在元統治者的倡導之下，使程朱之學在改良中得以綿延發展，至元、大德年間「（上）而公卿大夫，下而一邑一鄉之士，例皆講讀，全謂精詣理極，不可加尚。」[73] 由於元代特別的社會因素，使「靜」溶入自身感情因素，普遍的付諸於現實，形成特殊的美學思想。

二、媽祖形象的佛教審美思維

媽祖為「補陀大士之千億化身」[74]，指出媽祖是慈悲的觀世音菩薩化身降世，觀音大士轉身成媽祖降生於世間，而於白日飛昇成神，不墮入輪迴轉世之苦，且祂的兩大護衛神：一為「千里眼」取「觀」的象徵，另為「順風耳」，取「音」的象徵，觀世音菩薩是在中國最受崇奉的菩薩，菩薩意即覺有情，菩薩超脫慾界，是慈悲、智慧、自在、圓融的象徵。媽祖與觀世音一樣，慈悲為懷，救助人間苦難，一切皆符合佛教的理念。今由媽祖廟的奉祀情形，常見媽祖與觀音普遍共祀於一廟，可見人民對媽祖與觀音的信仰極為貼近。

佛教於東漢明帝永平十年（西元 67 年），正式由官方傳入中國[75]，在中國的佛教早先與黃老相通，至魏晉轉依附於玄學，東晉時佛教大乘般若學開始流行，雜揉不少老莊思想。入唐以來佛教進一步發展，佛教與道家思想有更多的融和，包含內在精神、心性修養、思維方式、體認

---

[73] 高銘潞，《論趙孟頫的古意》（上）（台北），頁 4。

[74] （元）黃仲元，〈聖墩順濟祖廟新建蕃釐殿記〉，《四如集》卷二，《景印文淵閣四庫全書》集部第 1188 冊，頁 626-627。

[75] 在佛教史上，多以東漢明帝永平十年（67 年），迦葉摩騰與竺法蘭以白馬馱經像來華，是為佛教傳入中國之年。《後漢書‧卷八十八‧列傳‧西域傳‧第七十八》記載：「世傳明帝夢見金人，長大，頂有光明，以問群臣。或曰：『西方有神，名曰佛，其形長丈六尺而黃金色。』帝於是遣使天竺問佛道法，遂於中國圖畫形像焉。」

外觀等方面的全面融合，致使南北朝以後禪宗[76]之南宗更為開展。禪宗可說最具有中國哲學理論特色的佛教流派，它是佛教與中國本土思想相結合的思想，禪宗又常被稱為「莊禪」思想，在很大程度上，可將禪宗視為莊學的佛學化，或在莊學的基礎上強調補充心性修養，讓莊學更加直觀、感性，使道家哲學更加精緻化。由此可見，媽祖文化在信仰思想與審美思維上，由於受到儒、佛、道彼此之間的相互融合的影響，在此看到佛教與道家的密切融合，因而媽祖信仰受到儒、佛、道三方面的影響是更加難以分割的。

佛教講求自然萬物皆有佛性的表現，人也是具有佛性的；人唯有進入「涅槃」，方能達至完全的消融和永生。因而佛教在人們的流傳中，強調「因果報應」、「佛國淨土」、「輪迴轉世」等觀念，並注入民間信仰，成為主要內涵，且產生拜佛、塑佛像、廟會等活動，大為拓展社會的信仰活動與生活習俗。媽祖信仰亦重視廟宇、塑像、奉祀與慶典，媽祖的傳說即有媽祖建廟的故事，最早見於宋洪邁《夷堅志》〈林夫人廟〉，台灣關渡媽祖廟也有媽祖顯靈建廟的神蹟[77]；自早期簡單的媽祖祠廟，在三寶商人[78]的擴建下，將媽祖廟建得壯麗宏大，歷經宋、元、明、清各代，媽祖信仰傳播快速，連續產生好幾座媽祖大廟，以此擴大媽祖文化影響力。

---

[76] 古印度迦毘羅衛國的釋迦牟尼，在大約西元前6世紀對於佛弟子所開示的教導，後發展為佛教。相傳當年靈山會上，如來拈花，迦葉微笑，如來就傳法給迦葉，因而傳下此種不立文字、以心傳心的法門，即是禪宗之源始。在印度傳授到二十八世菩提達摩，於南北朝（西元一年）時期到中國弘法，是為中國禪宗初祖，傳到五祖弘忍後，禪宗一分為南北宗，南宗的六祖慧能，主張頓悟，當時活動地區在南方；北宗的神秀主張漸悟，當初活動地區在北方，但北宗不久就沒落，南宗的勢力日漸擴大，成為中國禪宗主流；因此目前所說的禪宗都是指南宗禪，之後分為五家七派，現在還流傳的是臨濟宗與曹洞宗。

[77] 謝金選，〈神秘的關渡媽祖〉，《台灣風物》第四卷第二期（台北，1955年），頁15-16。

[78] 故事見〈三寶建廟〉，林仙久搜集，〈南海媽祖—媽祖〉，卓鐘霖等編，《福建文學四十年選・民間文學卷》（福州：海峽文藝出版社，1990年），頁198。

　　佛教的信眾將造像視為最直接的信仰寄託，且造像也反映出信眾最真正的內心需求，因而在具體造像的藝術表現上，總有豐富的象徵意涵，意謂佛的大慈大悲，以及社會的道德教化。同樣的藝術表現也在媽祖造像上產生，「有如觀音菩薩寶相的翻版」[79]，佛陀洞悉現實人生的痛苦本質，總是無限關懷眾生，以拯救眾生永遠脫離苦海為終極目的，佛教的精神表露於佛陀、觀世音菩薩與媽祖的造像上，顯現無比慈悲的微笑，象徵最高的慈愛。

　　媽祖信仰中吸取不少佛教的思想。佛教最根本的觀念、最核心的問題可說是尋求解脫，佛教的任務是讓人從「無常」中解脫出來，透過實現佛性而進入「涅槃」[80]，而中國化的禪宗的解脫最終歸到「心」的解脫，領悟到本心自性的清虛靈明、奇妙澄明，猶如虛空，就能放下一切，一切消殞，然本心卻是分明清楚。禪宗「涅槃」說中所追求的是「物我同化」的理想境界，是空、寂、靜、淨的絕塵境界。禪宗亦注重從自然的起伏變化中體悟佛道，由於宇宙萬象皆是佛性的顯現，因而主張對於「物我同化」理想境界的追求，以主體與客體的相互融匯為其心理契機，禪宗的「物我同化」，它克服自身欲望，反對理性認識，對客體的體驗採取直覺頓悟的方式，具有濃厚的審美意味，因而「物我同化」觀點顯得更加感性與人性化，所以天地與我同根，萬物與我一體，禪宗的「物我同化」、「心物合一」、「物我兩忘」，最終達到「物我泯滅」超塵脫俗的境界。

　　據照乘的《天妃顯聖錄》中記載，媽祖是北宋太祖建隆元年出生；北宋理學有心性論的形成，其受禪宗注重心性修養的影響，在此看到儒家與佛教的融合；因而媽祖信仰受到儒、佛、道三方面相互融合

---

[79] 陳清香，〈北港朝天宮內供像造形初探—以正殿媽祖像和觀音殿觀音像為例〉，《媽祖信仰國際學術研討會論文集》（台中：台灣省政府印刷廠，1997 年）。

[80] 涅槃，佛教術語，意譯為圓寂、滅度、寂滅、無為、解脫、自在、安樂、不生不滅等。佛教教義認為涅槃是將世間所有一切法都滅盡而僅有一本住法圓滿而寂靜的狀態，所以涅槃中永遠沒有生命中的種種煩惱、痛苦，從此不再有下一世的六道輪迴。

的影響更加深刻。「本心論」是禪宗的理論根基,「本心」即指自性、心性,主張「一切般若智,皆從自性而生」、「方法盡在自心」、「自性能含方法」等,只要悟得自性,就能達到成佛境界,講求「即心即佛」。六祖慧能的南宗主張頓悟,其主旨即「明心見性」、「見性成佛」,今人皮朝綱在《禪宗美學論綱》中說:

> 禪宗所要解決的根本問題與傳統佛教一樣,仍然是個人如何在現實的苦海中得以解脫,如何「明心見性」,以「自成佛道」這一人生的根本問題。……禪宗思想的鮮明特色(還在於)對人的生命的關注,對人的生命意義、價值的追問以及對生命存在本身的反思,它是在般若直覺的方式中表達了對人生意蘊的熱切關注,在超越的空靈態度中透露了對生命自由的迫切渴望。[81]

由此可知禪宗本身即內含一種活潑的生活思考,期盼生命的高度自由。

禪宗認為悟道須自日常生活中,故注重生活的體驗與理解,擅長從真實例子闡釋觀點,而更易使人信服,今人葛兆光說:

> 它(禪宗)把日常生活世界當作宗教的終極境界,把人所具有的性情當作宗教追求的佛性,把平常的心情當作神聖的心境,於是,終於完成了從印度佛教到中國禪宗的轉化,也使本來充滿宗教性的佛教漸漸卸卻了它作為精神生活的規訓與督導的責任,變成了一種審美的生活情趣、語言智慧和優雅態度的提倡者。[82]

禪宗在文化因素下形成中國化的佛教,它是從佛教中選擇出與中國傳統文化較契合的部分。媽祖的故事亦從日常生活的體驗與理解而來,傳說中媽祖具有海上救難、救助災民、醫治病人和助軍作戰等特殊神力,媽祖的救助皆是人們在生活處境中所關切的事;又因自然的起伏變化無常且巨大,海洋的變化莫測,而媽祖的救助救難方法盡在自心自性,讓世

---

[81] 皮朝綱,《禪宗美學思想的嬗變軌跡》(成都:電子科技大學出版社,2003 年),頁 2。
[82] 葛兆光,《中國思想史》第二卷(上海:復旦大學出版社,2001 年),頁 89-90。

人體會到佛的境界；逐漸的媽祖信仰與社會生活之間的契合度和依存性愈來愈高。

媽祖的信仰沒有訂立教義，也沒有媽祖的言論記錄成文字，媽祖的信仰均來自媽祖的傳說故事。媽祖的故事指以媽祖為主角，具有基本情節的口頭文學，這些饒富文學趣味的故事均成為媽祖信仰的淵源。而禪宗講求「不立文字」，《壇經》說「諸佛妙理，非關文字」如拘泥於語言文字、概念判斷和邏輯推理，就必定會防礙參悟佛性、把握真理，若要把握真如佛性，只有靠「頓悟」，一方面全然不顧世間所有是非、善惡、美醜和好壞，另一方面對佛性只靠直覺體悟，此途徑也是在某種意義上否定由文化積累而達到禪宗境界。「不立文字」還表現出禪宗對簡約美的追求，不依賴繁瑣的文字著述形式，純粹追求簡潔的知覺體驗。媽祖信仰不依靠文字，與禪宗講求「不立文字」，有異曲同工之妙，同樣具有直覺體悟與簡約簡潔的審美思維。

三、媽祖形象的道家審美思維

道教是以老莊道家學說為宗旨的宗教，老莊思想與原始信仰原本就有密切關係，接受原始的人、物、靈三者為一體的渾沌觀念，人與自然融合一起。而在媽祖信仰裡，人們根據道教信仰的理念系統，產生完備的精神依據，充分補充相關崇拜活動，例如對自然、亡靈、萬物的崇拜，而更富有想像力。媽祖早期即以原始信仰中的女巫身分為民眾預知福禍及治療病痛，昇天之後，民眾立廟奉祀，稱祂為「神女」，明顯表現道教仙家虛無飄渺的意味；且被稱為「姑射神人之處子」（〈聖墩順濟祖廟新建蕃釐殿記〉），即在姑射山上修道得道的女真人；又被奉為道教女仙中的「妙行玉女」，而且「天尊乃命妙行玉女降生人間，救民疾苦。」[83] 成為美與善的象徵；再至「天妃」、「天后」的萬能母神、

---

83 佚名，《太上老君說天妃救苦靈驗經》，《正統道藏》傷十（台北：藝文出版社，1965年），頁105。

女神崇拜，顯示媽祖信仰結合道教信仰。

　　道教在造像上，重視道的精神，師法大自然的意象，並將神靈人格化、宗教化，追求個性的超逸和自由，強調道與德、美與善的和諧，故造像的重點以神情表現形體，透過民眾的視覺接收，得到希望、理想與祈求的感受。道教的天尊、西王母與媽祖的造像，都是神貌端莊嚴肅、眉清目秀，以達到超然、寧靜、威嚴的風度，媽祖造型從整體造型、冠帽、服飾、圭笏等，皆可見屬道教的造像形制；受到道教的影響，媽祖的現實形象予人慈藹善良、溫和寬厚的歡愉美好感。

　　媽祖的造像藝術「以形寫神」，表現媽祖的神韻，呈現端莊慈悲的女神形象，「氣韻生動」可說是根據道家的「氣」論說提出的。到唐末宋元時期，隨著內丹學的產生和發展，人的精、氣、神成為道教修煉理論的基本內容[84]，元代陳致虛在《金丹大要》中加以闡述：「是以三物相感，順則成人，……何謂順，一生二，二生三，三生萬物，故虛化神，神化氣，氣化精，精化形，形乃成人。」[85] 由此，人在本質上是形、氣、神的統一體之思想，已成道教整個理論思想的核心內容，對於神仙修煉的理論和方法，都圍繞著人的形、氣、神三方面來進行。因而藝術上「氣韻生動」和「以形寫神」的理論在元代得以進一步發展，對形象把握的主觀態度，並將客觀物象的精神呈現置於首要地位，客體形象可以適當的予以簡約概括，掌握形體特徵和精神風貌，以創作出擁有意象、充滿神韻的作品。

　　媽祖原名林默，因其「至滿月不聞啼聲」，所以取名為「默」，「默」正好與道家特質「無」相合[86]，道家老子認為道是既超越又內在，道是萬物的根源，是無形的、虛無的，具絕對性，而無生滅，故是

---

[84]　南北朝以後，道教即是道家，道家也即是道教；為傳統文化的一個支點。

[85]　《上陽子金丹大要‧精氣神說下》，《道藏》第 24 冊，頁 16。

[86]　參自謝清果，〈媽祖文化中道家元素與信俗傳播的社會功能〉，《媽祖文化研究》（莆田：莆田學院，2017 年第 3 期），頁 65-66。

有恆的、無限的。《老子》第五十一章說：「道生之，德畜之，物形之，勢成之。」[87]當道生長萬物，就內化於萬物之中，成為德性而畜養萬物，萬物有外在物質的形體，有形才具相對性，會有變化和生滅，故是有限的；媽祖的「默」與道家的「無」相呼應，彰顯出媽祖對人民的愛是無限大的、無窮盡的、恆長久的。道家美學思想向來有超越外在形式之美、追求內在道之至美的傳統，《道德經》認為「大音希聲，大象無形」，道美是內在的、超越有限物質形體的，這是中國美學注重「言外之意、韻外之致」的意境論基礎；媽祖的「默」與道家的「大音希聲」相呼應，呈現出媽祖的意境美，超越外在形式的聲音與形象，傳遞內在的良善與智慧。

媽祖信仰中吸納了道家的思想。老子的「道」為美學主要的來源，延伸的美感如：柔弱、自由、樸素與純真、無形、虛靜無為與自然之美，關於人心與天心，永遠是往上提升的超越意念，提及清靜無為與素樸天真，是對世俗功利態度的超越；提及柔弱重虛、無形忘象，是對現實現象世界的超越；提及自由自然、渾然一體、悠遊逍遙是對物我天人界限的超越。媽祖造像的創作，追求「生拙」、「氣韻」、「神似」、「簡率」和「生趣」等旨趣，崇尚自然、素樸、天真等意境，均與老子的理想人格觀念中的真樸思想有關。

媽祖原為一位柔弱的女子，從漁家女的平凡形象、救父兄的孝女形象、救鄉人的女巫形象到救苦救難的神女形象，再到「天妃」、「天后」的萬能女神形象，顯示柔弱女子擁有真實自主的意識，以「天下之至柔」逐漸形成崇高的完美形象。對應於老子主張的柔弱之美，在《老子》中提及柔弱的言論有第七十八章「天下莫柔弱於水，而攻堅強者莫之能勝。」「弱之勝強，柔之勝剛」[88]；第七十六章「人之生也柔弱，其死也堅強。萬物草木之生也柔脆，其死也枯槁。故堅強者，死之

---

[87] （晉）王弼注，《老子帛書老子》（台北：學海出版社，1994 年），頁 59。
[88] 同（晉）王弼注，《老子帛書老子》，頁 89-90。

徒；柔弱者，生之徒。」「強大處下，柔弱處上」[89]；第四十三章「天下之至柔，馳騁天下之至堅」[90]；第四十章的「反者，道之動；弱者，道之用。」[91] 以上的言論處處展現老子的柔弱哲學，強調道的作用是柔弱、循序漸進、若有若無，柔弱不強勢，似乎很微弱，卻如由冬轉春，最後真正能居上。

媽祖信仰使得人們得到心靈的撫慰，解除生活中的困頓，這點與道家莊子的思想有一樣的用意；莊子的哲學觀念，其思想原為解除亂世人民的困頓，因而揭示一套人生理想，主張追求悠遊逍遙，以得到個體人格和生命的自由，此是美學的極致，也是最高意境；在莊子哲學下，得道者表現出自由瀟灑和純真自然的性情之美。

媽祖的信仰沒有教義文字或言論記錄，卻是來自媽祖的傳說故事，對應莊子哲學可看到貼切的義理。莊子主張「得意而忘言」，「荃者所以在魚，得魚而忘荃；蹄者所以在兔，得兔而忘蹄；言者所以在意，得意而忘言。」[92]（〈外物篇〉）莊子用荃和蹄比喻為了達到目的而採取的手段，魚和兔才是捕獵的真正目的；意指不拘泥於文句言辭，既得其意，則忘其言；和道「不可言傳」、「言不盡意」相連繫，天地間的至理，並非言語文字所能傳達，因而不要停留於「言」而要領會「意」，一旦通達意理，就應該捨棄所憑藉的外在形式。「道」是從宇宙萬物的生成變化中產生的抽象觀念，自然至高，「不可言傳」。因而媽祖的傳說故事重於領會「意」，體會天地間的道理。同樣的，在媽祖造像上，美學的「美」是抽象範疇之一，也是不能以個別具體的物象來加以描述美的狀態，或規定其為美，從現實造像所獲得的審美感受很難用語言加以明確規定，只能心領神會，進入「得意而忘言」的境界也就是審美感受的形成。

---

[89] 同（晉）王弼注，《老子帛書老子》，頁88。
[90] 同（晉）王弼注，《老子帛書老子》，頁52。
[91] 同（晉）王弼注，《老子帛書老子》，頁47。
[92] （晉）郭象注；（清）郭慶藩集釋，《莊子》，頁475。

又如在〈知北遊〉中，「可以言論者，物之粗也。可以意致者，物之精也。言之所不能論，意之所不能察致者，不期精粗焉。」[93] 莊子主張不受語言文字的拘限，宜求於「言意之表」，體會自然之美。因此，在莊子的審美感受中，「不可以言傳」指無法用語言表達自然的妙理，所以不要拘泥於言，奉言是一切，而是要去體會「意」，並進入「得意以忘言」的境界，而完成審美的感受；再進一層，自然的妙理，是不能用言和意來全部表達的，而只能求之於「無言無意之域」。以上對照出媽祖的名字「默」呈現最高精義與意境。

媽祖文化透過儒家的審美觀，媽祖形象的美與善合而為一，此處透過道家的審美觀，媽祖形象的美與真合而為一。莊子所說的「真」就是一般所認為的合於客觀實際或客觀真理的意思，必須符合人的「性命之情」，使人的生命能自由發展；莊子的美是「返其真」、「法天貴真」，美來自於自然無為的「道」，凡是美的事物均應真實無偽，沒有虛假做作，真正的美是天然美。進一步說，美與真結合的內涵，是讓事物本身按照它的自然天性去表現自己，完全尊重事物自身規律，其「真」就是合規律的意思。莊子已意識到——美是自然生命在合規律的活動中所表現出的自由狀態。認為美是規律和自由的統一，在這意義上肯定了美與真的一致性。媽祖按照其真實自然的天性去表現自己，祂仁慈為懷、救民疾苦，完全合乎自身規律與自由狀態，媽祖形象的美與真的確相互結合。

媽祖濟世救人的形象是超功利的，莊子對審美的超功利性的看法表現在超越「有用與無用」上，而能與宇宙萬物之祖一同悠游。超功利觀念在西方美學史上是十九世紀德國（康德）從哲學上強調與明確論證的，在中國則出自莊子，能不為外物所支配，得以保持自我的人格自由，而獲得超出功利的精神上的愉快，就其本質來看正是審美的愉快，

---

[93] 同（晉）郭象注；（清）郭慶藩集釋，《莊子》。

此種自由和愉快有利於生命的發展；通過超功利的審美態度，才能夠提升到支配宇宙的絕對自由的狀態。人們能從莊子得到啟發，亦能從媽祖的形象得到很大的啟示。

　　一般民間信仰採用了道家的宇宙創生觀及天人和諧觀，只要有利於社會傳播與實踐，都盡可能吸納，再經過一番順應或同化，獲得內部的均衡穩定，媽祖信仰也有同樣的情形。簡、清、靜、淡、空、遠是道家獨特的美學意趣和表現方式；由於在有限的時空中表現無限的道，道家談人和自然的關係，充滿宏闊的宇宙精神，拓展了審美視野。在媽祖信仰裡，人民根據道教信仰裡的老莊道家理念，產生完善的精神依據。

第四節　小結

　　媽祖在民間的造像呈現民眾心目中美好理想的現實形象，而其象徵意涵包含救苦救難的女神形象、具生殖意義的母神形象與母儀天下的帝后形象等，這些媽祖的神威形象反映出民間信仰、藝術、風俗和思想的審美觀點與人文美學。現代民眾信仰媽祖不只因祂是海神，海神形象逐漸延伸而轉化，現今媽祖已轉化為更富神能的女神，此至高形象顯現女性真實自我的自主意識，而從媽祖神話反映出祂的神職範圍已包括：政治管理、國防軍事、社會民安、經濟產業、醫療健康、民生需求等領域，顯示無所不能的全方位女神之形象。

　　媽祖文化表現儒、佛、道的哲學與審美思維，形成其人文美學。1. 儒家思想於媽祖文化中顯著而盛行，儒家思想亦藉媽祖忠孝仁愛的審美象徵與形象而流傳人間，媽祖因良善德行的形象而美，符合儒家至高的審美觀，達到以「仁」為核心的美與善的和諧統一。2. 在媽祖與佛教審美思維上，媽祖與觀世音菩薩相合，滿懷慈悲，救助苦難，符合佛教的理念；媽祖信仰中吸取佛教的思想，最核心的問題可說是尋求心的解脫，從「無常」中解脫出來，透過實現佛性而進入「涅槃」，領悟到本

心自性，追求「物我同化」的理想境界。3. 媽祖的形象美學呈現道家的審美思維，人們融會道教信仰的道家哲學，「道」在媽祖信仰上成為心靈依據；媽祖的「默」與道家的「無」、「大音希聲」相呼應，呈現媽祖的意境美；媽祖形像重視道的精神，師法大自然的意象，追求個性的超逸和自由，強調道與德、真善美的和諧，造像的重點以神情表現形體，透過視覺接收，得到審美與期求的感受；道家談人和自然的關係，充滿宏闊的宇宙觀、天人和諧觀與審美觀。因此，儒、佛、道融匯成為媽祖文化的人文美學，使審美視野更加拓展，產生兼容並蓄的崇高意境，追求各種超自然宇宙力量與現實環境的和諧關係，及協助人們的祈願實現，這一切皆在媽祖文化中表現出來。

第四節 小結

第六章 結論

　　《媽祖文化的傳說故事與形象美學之研究——以元代漕運河海沿岸地區為例》之研究，首先探析媽祖傳說故事，包括媽祖的生平傳說、傳奇故事及與儒佛道有關的故事，尤其重視漕運救困故事，在了解媽祖故事的意涵之後，助益於媽祖形象美學的建構。接著探討元代河海漕運的媽祖文化，元代漕運擴大建立，河海漕運沿岸的媽祖文化廣為傳播，留下媽祖宮廟等各種遺跡，對於媽祖形象有深一層的認識。然後研析媽祖的形像藝術，媽祖形像與封號、祭祀、典籍、意象皆有關係，對媽祖形像分析象徵意義與審美價值，尤以漕運地區與台閩地區做為比較，更能增進媽祖形象美學的創建。最後研究媽祖形象美學，包含元代漕運地區與其他地區的整體形象，從現實形象的象徵意涵、神話表現的形象美學、具儒佛道思想的審美精神三方面深入分析。因此呈現研究結果，一共有四大點，並談論研究省思與展望。

第一節　研究結果

　　經由深入的研究，得到研究結果如下：

　　第一，媽祖傳說故事普遍影響民間社會，人們對於媽祖產生特殊的信奉與生活形式，屬於民間信仰的媽祖信仰融進民間習俗與日常生活中，具有廣大普及性；歷經宋元明清各朝代的文化與宗教思想的洗禮，特別是受到儒家、佛教與道教（家）三家思想的影響，並與民間的情感融匯，成為一種深受認同的文化心靈。

　　媽祖的傳說故事從前生、降生、生平行事到升天之後非常豐富，影響媽祖的形象美學；除了生平傳說，還有傳奇故事：海洋救難、漕運

救困、行善救助、建廟與鬥法故事等。「伏機救親」是媽祖最早顯露神力的故事；護佑宋使臣路允迪是海上救難最早紀錄的故事；助漕神跡在《天妃顯聖錄》的〈怒濤拯弱〉、〈神助漕運〉中有所記載；媽祖救助旱災、助兵作戰、助禦海盜侵襲、紓解缺水困境、〈濟度飢荒〉、〈聖泉救疫〉等神蹟輝煌。媽祖還有顯靈建廟的故事，以及與保生大帝的鬥法、收服「千里眼」和「順風耳」等故事。

從媽祖故事顯出媽祖信仰的本質包含儒家、佛教與道教（家）三家思想。在媽祖與儒家的相關故事中，以儒家觀點闡揚媽祖的忠孝和仁愛事蹟，包含救父兄的孝悌形象，以及救濟危難、救助漕運、保護外交使節、維護海域安全等忠勇仁愛的形象。在媽祖與佛教的相關故事中，顯現媽祖與佛教的關係密切，媽祖的前生、降生與觀世音菩薩有緊密關聯，媽祖是觀音大士的轉身，媽祖呈現慈悲為懷、救苦救難的海神形象。在媽祖與道教（家）的相關故事中，媽祖於人間學道有成，經由道教成為救世靈女，甚且前生得天尊指派而下凡助人，顯示媽祖信仰被歸入道教系統中，在道教經典中媽祖被列入道教神明，媽祖呈現更富神威與神能的天后與女神形象。

第二，於元代媽祖文化與河海漕運的發展相得益彰。元代建立國都於大都，即今北京，透過河海漕運運送稅糧物資，由南方運往北方，以供給官方與民生需求，然而漕運路遠艱辛，漕運航行需祈求與仰賴媽祖的庇佑，媽祖信仰成為一重要的精神力量；京杭大運河和海洋漕運的蓬勃發展，促使交通發達、經濟繁榮，也增進媽祖文化廣為傳播。

元代河海漕運的建立與媽祖護漕彼此呼應，北京通州是京杭大運河北方的終點，浙江杭州是京杭大運河的南方起點，大運河取直於元代，到元代（1293 年）全線開通，協助「南糧北調」，此影響媽祖文化的推展，在大運河沿岸留下不少媽祖宮廟等遺跡；元代有三條漕運路線的演進，第三條就是至元十八年元世祖開海漕的路線，媽祖文化應海漕的熱絡而更加推展，在海岸港口陸續建立媽祖宮廟。官方崇信媽祖十分熱

烈，媽祖成為河漕與海漕的保護神，元代為祈求與答謝媽祖護漕，《元史》本紀中記載元朝廷派遣使者祭祀海神天妃媽祖，多次從北至南一路於各地媽祖宮廟舉辦祭祀，並對媽祖共有五次敕封，「天妃」的封號即表示媽祖對人民與國家的護佑；身為水神與海神的媽祖深受元朝廷敬奉，媽祖信仰與元國家的結合十分密切。

元代河海漕運沿岸的媽祖文化遺跡，包含江蘇與上海、山東、天津、北京與浙江的媽祖宮廟等遺跡，江蘇在元代有平江（蘇州）天妃廟、瀏河（太倉縣瀏河鎮）天妃廟、劉家港天妃廟、昆山（太倉）靈慈宮、淮陰清口靈慈宮等；上海嘉定、常熟福山、南京清涼山等處皆有媽祖廟。山東在德州南回營、濟寧城北關、寧海州北和登州等處有天妃廟。天津大直沽（東廟）與海河三岔口的天妃宮（西廟）最為有名；北京通州有兩座天妃宮等。浙江杭州在孩兒巷西的天妃宮始於元代，寧波鄞縣的媽祖廟在元代皇慶二年（西元 1313 年）重建。可見元代河海漕運沿岸有許多媽祖宮廟遺跡，媽祖文化隨著漕運而拓展。

元代是蒙古族進入中原，建立起的強大政權，促進了各民族的融合。蒙人敬天，從君主到人民皆崇敬天；元代幅員遼闊，疆土內的種族眾多，這些因素都讓元代的宗教、思想意識逐漸呈現多元化，元代對於各種宗教亦採取自由放任的態度；媽祖信仰在元漕運中傳播，得以由南往北擴展，並藉由海運向海外傳播。元代具有儒佛道背景，三教合一的思想盛行，元皇帝重視儒、佛、道三家思想，採用「以佛治心，以道治身，以儒治世」的政策；而媽祖文化包容儒、佛、道三家思想，並且媽祖於三家中皆受到尊崇。元朝廷多次舉辦盛大的媽祖祭典，媽祖享有與古代吉禮「祈嶽瀆」同等的祭祀，顯示對媽祖信仰的尊重，媽祖在國家大事上具有「輔政」的形象，並成為「護國為民」的形象。

於元代媽祖文化因河海漕運而大為傳播，並富含濃厚的經貿精神與海商精神。由元代的貿易背景可知其積極拓展海上貿易，海上絲綢之路的經濟效益增大，建立起與世界各國互相往來的海洋經貿關係，

元朝廷重商輕儒的政策，使得在東南沿海泉州等地區產生重視海商的變化；元代社會和經濟安定之後，也使得各種信仰得以在民間發展，尤其特別提升媽祖信仰的地位。大運河與海路漕運是元代政經發展的基礎，河運與海運相連，再構成海上絲路網絡，並透過海路的港口與國外全世界互通貿易，譬如海漕的始點劉家港、終點為大直沽港口等要港皆成貿易中心；以上元代經貿活動的重要心靈力量就是媽祖文化，人們祈求媽祖護佑河海漕運與海外貿易，因而元代媽祖文化亦展現充分的經貿與海商精神。

河海漕運影響媽祖文化的傳播由元代延伸至明清時期。明清漕運在江蘇大運河沿岸所產生的媽祖文化遺跡與媽祖宮廟非常豐富，明代有淮陰清口清江浦的靈慈宮、淮安區多處靈慈宮、揚州的天妃宮等，南京在歷史上至少建有七處媽祖宮廟。清代有淮陰泗陽閩商會館的娘娘廟、淮陰淮安區城北蓮花街河下福建會館的聖母宮殿、淮安區多處天妃宮廟、淮陰碼頭鎮北的惠濟祠、南通鎮江山巷底的天后宮等；慶安會館位於浙江寧波市鄞州區，始建於清代道光年間。明代褒封媽祖有二次，清朝屢次褒封媽祖有十五次。明代使得大運河暢通，從而代替了海漕；清代仍沿襲明代的大運河河漕，康熙、雍正、乾隆的一百多年間，還開放了海禁。信奉媽祖的廣大漕民變成傳播媽祖信仰的民眾，媽祖文化隨著漕運而在大運河沿岸大為發展，京杭大運河文化包含了大運河沿岸的媽祖文化；媽祖信仰成為元明清安定社稷民心的信仰力量。

第三，媽祖的形像和媽祖歷代封號與祭祀、經典與史料的記載、特殊的意象有所關係，因而產生形像藝術，反映出媽祖文化中美好理想的現實形象。媽祖的造像因歷代以來演進的封號、官階而形成外在造型，由「夫人」至「妃」、「天妃」、「聖妃」，再至「天后」、「天后聖母」、「天上聖母」等，一共三十六次受歷代朝廷褒封，因而影響造型。元代在每年舉辦春、秋兩次媽祖祭拜，元代將媽祖祭祀列入國家三大祀典之一，使得媽祖信仰從東南沿海地區逐漸擴展為全國信仰，媽祖

從濱海神祇迅速晉升為天上尊神，大為影響其造像藝術。從祭祀媽祖的儀式與媽祖神像的整體造型，可看出媽祖形像藝術受到儒家的影響。

從典籍中可看到媽祖的形像，例如：南宋廖鵬飛所撰《聖墩祖廟重建順濟廟記》與李俊甫的《莆陽比事》、元代《台州金石志》、明代《太上老君說天妃救苦靈驗經》與道教典籍《藏外道書》中的《太上說天妃救苦靈驗經》、清代《續新齊諧》與《陔余叢考》等，皆有媽祖形像的記載。依據以上從宋代至元明清的典籍史料記載，媽祖的原始形像包含：頭戴玄冕朱旒，身穿紅（朱、緋）衣，下著雲紋錦裳，腰佩青綬和玉佩，腳穿雲紋絲履、手持青圭，此為海神媽祖的典型形像。

媽祖造像是融入人們感情和思想、注入某種特殊含意的「物象」、「實體形象」，成為「意象」，意象就是寓「意」之「象」，「意」指「意念」或「意圖」，「象」指「現象」或「物象」，也就是主觀的「意」和客觀的「象」，一虛一實的組合。意境的內涵則大於意象，意境源於意象，既經歷「意與象俱」的意象構成過程，更趨近「思與境偕」的意境構建過程；在媽祖造像藝術中感受到意象的生成，並在媽祖文化中提升為一意境。佛教慈悲的藝術表現賦予在媽祖造像上，形成一種意象，展現慈悲圓滿的容顏與微笑，意味最高的慈愛。媽祖造像亦以道教西王母的塑像為主要審美傾向，以及融合媽祖「海神」的基本神格，綜合成為整體的意象。媽祖成為一種文化符號，媽祖也成為一種意象，反映在媽祖形像藝術上。

媽祖形像藝術包含整體造型、塑材、冠帽、容顏色彩、手勢與手持配件、服飾、造像裝飾與造像群等。儒家思想對媽祖造像的整體造型有深刻的影響，人們將女神造像理想化，對於媽祖神像的塑造即讓人感受到女神的美好高尚；也在媽祖造像上看到「有如觀音菩薩寶相」，屬於佛教慈悲的藝術表現；也有屬於道教的造像形制，神貌端莊威嚴；儒、佛、道三者皆為媽祖的造像奠定了基礎的女神相貌。媽祖的形像有以媽祖的生前年齡為依據，漕運大運河沿岸媽祖宮廟的媽祖造型，大都採以

媽祖升化時二十多歲的樣子；台灣的媽祖造型則較傾向於年長的慈母形像。媽祖的形像從初始的漁家女，到具有超自然神力的女神形像，是從人到神的轉化。

第四，媽祖在民間的造像呈現民眾心目中美好理想的現實形象，而其象徵意涵包含救苦救難的女神形象、具生殖意義的母神形象與母儀天下的帝后形象等。媽祖在現實生活的原型是漁家平民女子、巫女的形象，於現實形象中是一個品德完美女子；媽祖羽化升天後被神化，由人變成神，成為海神形象，歷代褒封媽祖為天妃、天后，逐漸媽祖具有更富神能的天神形象。由媽祖造像呈現象徵意涵，元代漕運使得媽祖從海神而兼為內河水神及大運河保護神，媽祖形像因具經貿、海洋與海商精神使其象徵意涵更為豐富，並具有深刻的儒、佛、道審美思維的文化內涵。

媽祖的現實形象展現經貿精神，元代以來，媽祖對於河海漕運與河海經貿航行的護佑為其現實形象；此源自媽祖對海上航行的庇佑是信仰的一大核心思想。媽祖的現實形象也展現海洋精神，媽祖給予海上航行者不畏艱難的精神力量，在媽祖神蹟上多有記載，並且媽祖啟發人們懷抱濟世助人的理想，如今媽祖成為一位為世界帶來和平與安全的「和平女神」，更是意境崇高的海洋精神。媽祖的現實形象亦展現海商精神，媽祖成為古代海上絲綢之路的保護神，宋元以來人們對媽祖非常尊奉，實施「官營海外貿易制度」後，祈獲更大的海洋貿易利益，故媽祖的護佑包含了官方與民間的海上貿易，媽祖「海商之神」的現實形象更加確立。

由媽祖神話表現出媽祖的形象美學，在媽祖的神話中，顯現出媽祖的神職範圍已包括：政治管理、國防軍事、社會民安、經濟產業、醫療健康、民生需求等領域，顯示媽祖從海神轉化為無所不能的全方位女神之形象；這些媽祖的神威形象反映出民間信仰、藝術、風俗和思想的審美觀點與人文美學。對於媽祖的信仰，傳承自對於原始的生育女神的崇

拜，人們延伸更多元的需求，祈求媽祖賜福而永保安康。在舊有的生殖與性愛的信仰上發展出女性創世者，成為「女性崇拜」的原型，並反覆出現於日常文化現象中，大自然的山是陽而水是陰，身為女性神的媽祖正好符合海神的身分，媽祖的神話形象，就在於其具有受人們推崇的才德與特殊的神力，呈現女性真實自我的自主意識。

媽祖文化表現儒、佛、道的哲學思想與審美精神，形成其人文美學。1. 儒家思想於媽祖文化中十分顯著，並經由媽祖忠孝仁愛的審美象徵與德行形象而流傳人間，媽祖因具有良善德行的形象而美，符合儒家至高的審美觀。2. 媽祖形象蘊含佛教審美思維，媽祖與觀世音菩薩相合，慈悲為懷，救苦救難、自在圓融，佛陀洞悉現實人生的痛苦本質，總是無限關懷眾生，佛教的精神表露於佛陀、觀世音菩薩與媽祖的形像藝術上；媽祖信仰吸取佛教的思想，崇尚「本心」，即指自性、心性，領悟到「一切般若智，皆從自性而生」、「明心見性」、「見性成佛」，即能達到成佛境界。3. 媽祖的形象美學呈現道家的審美思維，「道」在媽祖信仰上成為心靈依據，道家談人和自然的關係，充滿宏闊的宇宙觀，媽祖的「默」與道家的「無」、「大音希聲」相呼應，呈現媽祖的意境美；媽祖造像的重點以神情表現形體，透過視覺得到審美與祈求的感受。由上儒、佛、道融匯成為媽祖文化的人文美學，產生兼容並蓄的崇高意境，使審美視野更加拓展。

第二節 研究省思與展望

媽祖文化追求各種超自然宇宙力量與現實環境的和諧關係，人們尊崇媽祖慈悲救人的仁愛情懷，內心油然生起濟世助人的理想。媽祖信仰影響人們的德行與文化涵養，而讓人們擁有善良虔誠的心，及協助個人創造自我生命的價值，實現生存需求與人生理想，這一切皆在媽祖文化中表現出來。

　　本研究探析「媽祖文化的傳說故事與形象美學」特以「元代漕運河海沿岸地區為例」，對於明清漕運的媽祖文化這一部分在本文中雖有論及，但只是點到為止，譬如在探討「元代河海漕運的媽祖文化」時，曾論述「元代漕運媽祖文化對明清的影響」，提到「明清漕運在江蘇大運河沿岸所產生的媽祖文化遺跡與媽祖宮廟非常豐富」，故大部分以江蘇大運河沿岸為解說，並不是全面探討明清漕運沿岸地區的媽祖文化，而明代大運河暢通，且代替了海漕，清代沿襲明代的大運河河漕，於康熙、雍正至乾隆的一百多年間還開放海禁，故明清兩代的河漕、海漕與海上貿易促使媽祖文化的拓展，這些皆是繼元代漕運之後值得繼續研究的，宜繼續探析媽祖信仰承宋繼元以後亦成為明、清安定社稷民心的信仰力量。冀望在未來的研究上，能就明清漕運的媽祖文化，再延伸做深入的研究。

　　元代漕運使得大運河與海運相連，因而也與海上絲路相通，元代重視媽祖信仰用意在於祈求對河海漕運和官營海外貿易的庇佑，其中媽祖文化展現高度的海商精神，這點在本文「元代媽祖文化展現經貿與海商精神」與「媽祖的現實形象展現海商精神」，均曾予以探討。元代經由海上漕運和貿易，媽祖信仰得以迅速傳播，不僅從南方傳往北方，並且藉著海上絲路，更將媽祖信仰傳播到海外各地。當時從南方劉家港到北方大直沽皆貿易活絡，劉家港被稱為「六國碼頭」，由國內海漕的港口晉升為與國外貿易交通的港口，海上絲路對外貿易的繁榮景象達到高峰，促使媽祖信仰傳播到海南島、東北亞、東南亞等地，元末傳到日本、琉球、朝鮮、越南等國家，延續到明清，傳播到世界各地，如今甚至在遙遠的歐洲法國、美洲美國等地都有媽祖信仰。媽祖信仰對於官營與民營的海外貿易均有很大的作用，其提供重要的心靈力量，並與時開創進步的文化與經濟，人們皆熱烈崇拜媽祖；媽祖文化經由海商在海外傳播的情形，不僅於元代此時期可再更進一步研究，對於明清時期以來如何在海外各地傳播更可延伸研究。在本文中亦有探討「媽祖的現實形象展現海洋精神」，如今媽祖在世界華人心目中的現實形象既是「海洋

女神」，也是「和平女神」，在更廣大探討媽祖信仰於世界各地的傳播情形時，可對於媽祖「海洋精神」中的和平象徵再進行深入的探析，這是在未來研究上的期盼。

　　本文對於《媽祖文化的傳說故事與形象美學之研究——以元代漕運河海沿岸地區為例》的研究，期冀在前人各方面文獻與理論基礎上，經過不斷的探索、深思與研究，以對所開啟的研究範圍提出研究成果，然或仍有不足之處，有待繼續努力；除此之外，並產生研究的省思與展望，啟發新的探討契機，在研究的未來展望中，唯有讓內在心靈更為清澄、虛靜，以吸收、發現、衍生新的想法，並秉持堅毅的決心繼續探索文化、文學、藝術與生命的奧妙關係，讓研究的熱忱不斷延續。

參考文獻

一、古籍：（依年代排序）

晉‧王弼注，《老子帛書老子》，台北：學海出版社，1994 年。

晉‧郭象注；清‧郭慶藩集釋，《莊子》。

西漢‧劉安等，《淮南子‧覽冥訓》（卷 6），中華書局影印《諸子集成》本，上海：上海古籍出版社，1989 年。

東漢‧王逸章句、王興祖補注，《楚辭》，台南：北一出版社，1972 年。

唐‧李延壽，《北史》、宋‧范曄，《後漢書》，收於《二十五史》21、6，台北：藝文印書館，1962 年。

唐‧楊倞注，清‧王先謙集解，《荀子集解‧考證》，台北：世界書局，2000 年 12 月。

宋‧蔡襄，《蔡襄全集‧卷二六》，福建人民出版社，1999 年。

宋‧朱熹集注，《四書集注》（《論語》），台北，世界書局，1966 年。

宋‧彭大雅，《黑韃事略》，蒙古史料四種，台北：正中書局，1962 年。

宋‧李俊甫，《莆陽比事》卷七。

宋‧蘇軾《論高麗進奉狀》，《東坡奏議》卷六。

元‧劉謐，《三教平心論》，《大正大藏經》52 冊，台北：中華電子佛典協會 CBETA 電子佛典集成，2010 年。

元‧黃仲元，〈聖墩順濟祖廟新建蕃釐殿記〉，《四如集》卷二，《景印文淵閣四庫全書》集部第 1188 冊，台北：台灣商務印書館，1987 年。

元‧劉基，林家驪點校，《劉伯溫集》，杭州：浙江古籍出版社，2011 年。

元‧至順《鎮江志》。

元‧脫脫，《金史》卷四十三志第二十四《輿服中》，北京：中華書局，1975 年。

元末明初‧宋濂，《元史‧世祖紀》、《元史‧食貨志卷》、《元史‧輿服一》、《元史‧祭祀五》、《元史‧卷 65‧河渠二》、《元史‧卷 157‧

劉秉忠〉，台北：台灣商務印書館，1988 年。北京：中華書局，1976 年。

明‧郭大綸，陳文燭，萬曆《淮安府志》，明萬曆元年刻本，1573 年。

明‧宋祖舜，方尚祖，天啟《淮安府志》，北京：方志出版社，2006 年。

明‧楊宏、謝純，《漕運通志》，北京：方志出版社，2006 年。

明‧馬麟修，清‧杜琳，《續纂淮關統志：關口》，卷五，北京：方志出版社，2006 年。

明‧葉春及，《惠安政書‧附：崇武所城志‧碑記》，福州：福建人民出版社，1987 年。

明‧陳侃，《使琉球錄》，北京：中華書局，1985 年。

明‧李賢，《大明一統誌》卷 34《漢中府》，「國家圖書館藏萬曆萬壽堂刻本」。

明‧嘉靖《太倉州志》，《天一閣藏明代方志選刊續編（20）》。

明‧鄭和，〈天妃靈應之記〉碑文，《通番事蹟之記》，引自於百度文庫。

明末清初‧照乘，《天妃顯聖錄》，台灣文獻叢刊第 77 種，台北：台灣銀行發行，1961 年。

明末清初‧魏禧，《魏叔子文集‧外篇》，《續修四庫全書》集部第 1409 冊。

清‧阮元，《莆陽比事》（宋李俊甫編）卷七《鬼兵佐國神女護使》，上海：上海古籍出版社，1988 年。

清‧乾隆《海寧州志》，卷 14。

清‧乾隆《天津縣誌》卷之三「地輿志」，天津市地方誌編修委員會編《天津通志‧中》，南開大學出版社，1999 年。

清‧同治《蘇州府志》，《中國地方誌集成‧江蘇府縣誌輯（7）》。

清‧衛哲治，葉長揚，乾隆《淮安府志》，北京：方志出版社，2008 年。

清‧孫云錦，吳昆田，光緒《淮安府志》，北京：方志出版社，2010 年。

清‧周煌，《琉球國志略》（《台灣文獻叢刊》第 293 種），台北：台灣銀行發行，1971 年。

清‧魯一同，咸豐《清河縣誌》，卷三，清咸豐四年刻本，1854 年。

清‧袁枚，沈習康，《新齊諧續新齊諧》，北京：人民文學出版社，1996年。

清‧張元濟，《二十四史‧元史》，北京：北京出版社，2013 年。

清‧張廷玉，《明史卷五十‧禮志二十六》，台北：台灣商務印書館，1988 年。

清‧趙爾巽，《清史稿》，卷 122，北京：中華書局，1977 年。

清‧洪肇懋、蔡寅鬥，《寶坻縣誌》卷十八，清乾隆十年刻本，1745 年。

清‧翟灝，《通俗編》（卷十九）：〈天妃〉。

清‧趙翼，《陔餘叢考》卷三十五《天妃》，石家莊：河北人民出版社，1990 年；北京：中華書局，1963 年。

清‧李拔，《天后宮記》，民國‧徐友梧，《霞浦縣誌》（卷二十四）：〈祠祀志〉北京：方志出版社，1999 年。

《宋史》，卷 93，河渠三。卷 277《宋太初傳》。

《繪圖三教搜神大全》卷四，台北：聯經出版事業公司，1986 年。

《太上老君說天妃救苦靈驗經》，《正統道藏》傷十，台北：藝文出版社，1965 年。

《太上老君說天妃救苦靈驗經》，《道藏》第 11 冊，文物出版社，上海書店，天津古籍出版社，1988 年。

《上陽子金丹大要‧精氣神說下》，《道藏》第 24 冊。

《太上說天妃救苦靈驗經》，《藏外道書》第三冊。

《續道藏》第 1063 冊《碧霞元君護國庇民普濟保生妙經》。

《文殊師利問菩提經》，《大正藏》卷 14，石家莊：河北佛協出版社，2009 年。

《四庫全書電子版─原文及全文檢索版》文淵閣版，2016/9/1。

《景印文淵閣四庫全書》集部 1188、經部 199 四書類，台北：台灣商務印書館，1983、1987 年。

《（至順）鎮江志》卷 8《壇廟》。

《析津志》輯佚本，北京：北京古籍出版社。

《乾隆重修台灣縣誌》，上海書店，巴蜀書社，江蘇古籍出版社。

《宋會要輯稿》刑法二之一三七。

《太平御覽》卷 78《四部叢刊》三編影印宋刊本。

《重陽全真集》卷 1。

《孟子・盡心章句上》，《四書五經・上卷》，北京：北京古籍出版社，
　　1996 年。

《新譯昭明文選》，台北：三民出版社，1997 年。

二、專書：（依姓氏筆劃排序）

于民，《中國美學思想史》，上海：復旦大學出版社，2010 年。

王日根、陳支平，《福建商幫》，台北：萬象圖書股份有限公司，1995 年。

王三慶，〈重建「鳳藝宮」廟誌〉，《漁父編年詩文集》，台南：台南市文
　　化局，2004 年。

王小敏，〈草原與海洋的對接—由天津・元明清天妃宮遺址博物館說
　　起〉，載《內蒙古日報》第 12 版，2013 年 9 月 2 日。

中國民間文學集成全國編輯委員會，《中國民間故事集成》福建卷、浙江
　　卷，北京：ISBN 中心，1998 年。

中國民間文學集成全國編輯委員會，《中國民間故事集成・海南卷》，北
　　京：ISBN 中心，2002 年。

皮朝綱，《禪宗美學思想的嬗變軌跡》，成都：電子科技大學出版社，
　　2003 年。

何世忠等，《媽祖信仰與神蹟》，台南：世峰出版社，2001 年。

李澤厚，《華夏美學》，台北：時報文化出版公司，1989 年。

李澤厚，《美學三書》，天津：天津社會科學院出版社，2003 年。

李金明，廖大珂，《中國古代海外貿易史》，南寧：廣西人民出版社，
　　1995 年。

朱維幹，《莆田縣簡志》，北京：方志出版社，2005 年。

安平鎮文史工作室，《媽祖信仰與神跡》，世峰出版社，2001 年。

印尼興安同鄉會，《福莆仙鄉賢人物志》，莆田：福莆仙文化出版社，
　　1990 年。

吳正光，《女性與宗教信仰》，遼寧畫報出版社，2000 年。

金榮華整理，《澎湖縣民間故事》，台北：中國口傳文學會，2000 年。

卓鐘霖等編，《福建文學四十年選・民間文學卷》，福州：海峽文藝出版
　　社，1990 年。

林慶昌，《媽祖真跡》，廣州：中山大學出版社，2003 年。

林文濠，《海內外學人論媽祖》，北京：中國社會科學出版社，1992 年。

林聰明編撰，《敦煌學講義》，台北。

胡安（西班牙），《中華大帝國史》，北京：中央編譯出版社，2009 年。

俞信芳：《媽祖的早期文獻及與鄞縣之關係》，中華媽祖網。

高凌雯，《天津縣新志》卷二十五，天津市地方誌編修委員會編《天津通
　　志・中》，南開大學出版社，1999 年。

徐曉望，《媽祖信仰史研究》，海風出版社。

徐復觀，《中國藝術精神》，桂林：廣西師範大學出版社，2007 年。

袁國藩，《元代蒙古文化論集》，台北：台灣商務印書館，2004 年。

袁河，《中國神話史》，台北：時報文化出版公司，1991 年。

敦煌文物研究所主編，《敦煌藝術寶庫 5》，敦煌。

戚廷貴、劉坤媛、趙沛林，《美的發生與流變》，長春：吉林文史出版
　　社，1992 年。

曹銘宗，《台灣宗教之美迎媽祖》，台北：聯經出版社，2009 年。

張葵編訂，《天上聖母源流因果・天妃顯聖錄・天妃救苦靈驗經》（合訂
　　本第 2 版）台北：聖德寶宮、聖德雜誌社，台北茂榮印刷事業有限
　　公司，1987 年。

張煦侯，《淮陰風土記》，北京：方志出版社，2008 年。

許更生主編，《莆田詩詠》，福州：福建人民出版社，2000 年。

馮承鈞譯，《馬可波羅行紀》，台北：中華書局，1954 年。

馮承鈞譯，《多桑蒙古史》，台北：台灣商務印書館，1967 年。

虞集,《道園學古錄》卷 13《兩浙運使智公神道碑》,上海:中華書局,據通行本校刊。

楊佳蓉,《文藝美學論集》,台北:萬卷樓圖書公司,2014 年。

楊佳蓉,《論元代文人畫之人生意境》,台北:花木蘭出版社,2015 年。

楊佳蓉,《藝術美學—玄妙中西繪畫》,台北:萬卷樓圖書公司,2016 年。

楊佳蓉,《藝術與生活—視覺美學之翱翔》,台北:萬卷樓圖書公司,2017 年。

鄭志明,《台灣新興宗教現象—傳統信仰篇》,嘉義:南華管理學院宗教文化研究中心,1999 年。

鄭志明,《台灣民間的宗教現象》,台北:台灣宗教文化工作室,1996 年。

鄭志明,《中國意識與宗教》,台北:學生書局,1993 年。

劉文三,《台灣宗教藝術》,台北:雄獅圖書公司,1988 年。

劉禎,《勾欄人生》(《華夏審美風尚史》第七卷),鄭州:河南人民出版社,2000 年。

葛兆光,《唐代宗教信仰與社會》,上海:上海辭書出版社,2003 年。

葛兆光,《中國思想史》第二卷,上海:復旦大學出版社,2001 年。

陳培桂,《淡水廳志》,台北:國防研究院,1968 年。

陳器文,《玄武神話、傳說與信仰》,高雄:麗文文化事業公司,2001 年。

陳傳席,《中國山水畫史》,天津:天津美術出版社,2001 年。

陳懷恩,《圖像學:視覺藝術的意義與解釋》,台北:如果出版社 / 大雁文化事業股份有限公司,2008 年。

陳慶浩等編,《台灣民間故事集》,台北:遠流出版社,1989 年。

陳心亭編著,《媽祖在馬祖》,台北:泓文堂書坊,2006 年。

陳光榮,《尋根攬勝興化府》,福州:海風出版社,2000 年。

陳淑均,《噶瑪蘭廳志》,《台灣文獻叢刊史料》第一輯,台灣文獻叢刊第一百六零種。

陳開俊等合譯,《馬可·波羅遊記》,福建科學技術出版社,1982 年。

歐芻樓,《拾墨記》,卷十二《媽祖》。

錢鍾書，《談藝錄》，北京：中華書局，1984 年。

盧翰明編輯，《中國古代衣冠辭典》，台北：常春樹出版社，1990 年。

蔣維錟、周金琰輯纂，《媽祖文獻史料彙編》（第一輯）碑記卷、散文卷、檔案卷，北京：中國檔案出版社，2007 年。

蔣維錟、楊永占，《清代媽祖檔案史料彙編》，北京：中國檔案出版社，2003 年。

蔣維錟編校，《媽祖文獻資料》，福州：福建人民出版社，1990 年。

蔡相輝，《媽祖信仰研究》，台北：秀威資訊科技股份有限公司，2006 年。

蔡相輝，《《天妃顯聖錄》與媽祖信仰》，台北：獨立作家出版，秀威資訊科技股份有限公司，2016 年。

蔡相輝，《台灣的媽祖信仰》，台北：獨立作家，秀威資訊科技股份有限公司，2018 年。

蔡相輝等編，《媽祖傳記石雕之美》，台北：財團法人台北市關渡宮，2008 年。

蔡長奎，《天津天后宮的傳說：附碑文賞析》，天津：天津古籍出版社，2006 年。

戴炎輝，《清代台灣之鄉治》，台北：聯經出版事業公司，2005 年。

聶鋒，《敦煌莫高窟》，蘭州：甘肅人民美術出版社，1999 年。

瞿海源，《氾濫與匱乏》，台北：允晨圖書公司，1988 年。

羅春榮，《媽祖文化研究》，天津：天津古籍出版社，2006 年。

《浙江省民間文學集成‧寧波市卷》，北京：中國民間文藝出版社，1989 年。

《后村先生大全集》卷 91《楓亭新建妃廟記》。

《台州金石志》卷十二，杭州：浙江人民出版社，1986 年。

《航海女神與杭州的天妃宮遺址》，中華媽祖網 http://www.chinamazu.cn。

《安平縣雜記》，台灣文獻叢刊第五十二種。

《莆田賢良港天后祖祠春秋諭祭資料》，「海峽兩岸‧傳統視野下的媽祖信仰文化考察活動」資料彙編。

《福建通志台灣府》,《台灣文獻叢刊史料》第二輯,重撰《福建通志》卷
　　六十一。

〈歷代皇帝對媽祖的賜封〉,華夏經緯網,05/10/2007/14:18。

《泗陽縣誌》,《中國地方誌集成‧江蘇府縣誌輯（56）》。

《吳縣誌》,《中國地方誌叢書》華中地方第 18 號。

Erwin Panofsky 著,李元春譯,《造型藝術的意義》,台北：遠流出版
　　社,1997 年。

Kenneth Dean and Zheng Zhenman,Ritual Alliance of the Putian
　　Plain：Historical Introduction to the Return of the Gods,Leiden：
　　brill,2009.

Robert Hymes,Way and Byway：Taoism,Local Religion,and Models
　　of Divinity in Sung and Modern China,Berkeley：University of
　　California Press,2002.

Kang Xiaofei,"Women and the Religious Question,"in Vincent
　　Goossaert et el., eds. Modern Chinese Religion Ⅱ 1850-2015,vol.
　　1,Leiden：Brill,2014.

三、論文：（依姓氏筆劃排序）

于國華,〈元代京杭大運河的精神之魂:媽祖信俗〉,《媽祖文化研究》,莆
　　田：莆田學院媽祖文化研究院,2017 年。

卞梁、黃藝娜、胡棋,〈始母與天后：女媧與媽祖的異同比較〉,《媽祖文
　　化研究》,莆田：莆田學院媽祖文化研究院,2019 年第 4 期。

王玉,〈古漕今韻〉,《北京水利》,第一期,1999 年。

王小敏,《草原與海洋的對接－由天津‧元明清天妃宮遺址博物館說
　　起》,載《內蒙古日報》第 12 版,2013 年。

王文欽,〈媽祖崇拜與儒釋道的融合〉,《孔子研究》,第一期,1997 年。

王海冬,〈元代海上漕運與媽祖信仰的發展〉,《莆田學院學報》,莆田：
　　莆田學院,2016 年 4。

王蘭鳳，〈媽祖形象研究〉，《懷化學院學報》(6)，2013 年 6 月。

王福梅，〈媽祖信仰與道教關係調查研究〉，《研究生論壇‧宗教學研究》，2010 年第 4 期。

王永裕，《台灣媽祖造像群之圖像藝術研究》，嘉義：南華大學美學與藝術管理研究所，2002 年碩士論文。

王暎，〈從媽祖造像看中國神像造型美學的意涵〉，《福建師範大學學報（哲學社會科學版）》，2012 年第 3 期。

李舒燕、馬新廣，〈佛道介入與媽祖信仰的嬗變〉，《廣東海洋大學學報》第 28 卷第 2 期，湛江：廣東海洋大學，2008 年 4 月。

李伯重，〈「鄉土之神」、「公務之神」與「海商之神」———簡論媽祖形象的演變〉，《中國社會經濟史研究》，1997 年第 2 期。

李建國，〈媽祖信仰與媽祖精神〉，《八桂僑刊》，2004 年 3 期。

吳榮賜，《台灣媽祖造像美學研究》，台北：淡江大學中國文學研究所，2006 年碩士論文。

吳伯婭，〈陳昂父子與《海國聞見錄》〉，《清史論叢（2012 年號）》，北京：中國廣播電視出版社，2011 年。

孟建煌、張峭，〈論媽祖文化包含海洋精神〉，《媽祖文化研究》，莆田：莆田學院媽祖文化研究院，2018 年第 4 期。

周金琰，〈湄洲媽祖祖廟祭典及其當代意義研究〉，《世界宗教研究》，2015 年。

尚光一，〈論大運河文化帶的媽祖文化創意開發〉，《媽祖文化研究》，莆田：莆田學院媽祖文化研究院，2020 年第 1 期。

林亦翰，〈澳大利亞媽祖文化傳播歷史、現狀與展望〉，《媽祖文化研究》，莆田：莆田學院媽祖文化研究院，2018 年第 4 期。

俞黎媛，〈媽祖文化中海峽西岸經濟區建設〉，《媽祖研究學報》第三輯。

姜家君，〈媽祖信仰與儒家文化的互滲探析〉，《魯東大學學報（哲學社會科學版）》，魯東大學，2019 年 3 月。

徐業龍，〈論淮安清口惠濟祠的媽祖信仰及其遺產價值〉，《莆田學院學報》，莆田：莆田學院，2010 年。

黃浙蘇，〈論媽祖信俗在寧波的發展與傳播〉，《第四屆國際媽祖文化學術研討會論文集》，莆田：莆田學院媽祖文化研究院，2018 年。

黃瑞國、黃捷，〈京杭大運河的媽祖文化〉，《媽祖文化研究》，莆田：莆田學院媽祖文化研究院，2018 年。

張蓓蓓，〈媽祖形象考─兼論媽祖服飾及媽祖形象復原實踐〉，《民族藝術研究》，2017(1)。

張桂林、羅慶四，〈福建商人與媽祖信仰〉，《福建師範大學學報》（社會科學版，03 期），福建師範大學，1992 年。

賈珺，〈靈祠巍煥，飛閣凌空─淮安府清河縣惠濟祠、格局、祀神及御園仿建始末考略〉，《中國建築史論匯刊》，第一期，2013 年。

楊淑雅，《媽祖故事與媽祖文化研究》，台北：中國文化大學中國文學研究所，2011 年博士論文。

楊曉雙，〈海洋女神─媽祖形象研究〉，《大眾文藝》（1）。

楊佳蓉，〈敦煌莫高窟之元代石窟藝術探析〉《歷史文物》第 23 卷第 06 期，台北：國立歷史博物館，2013 年 6 月。

楊佳蓉，〈禪餘水墨畫─人物題材之賞析〉，《工筆畫》第 27 期，台北：工筆畫學會，2003 年 6 月。

楊莉，〈「女冠」芻議：一種宗教、性別與象徵的解讀〉，《漢學研究》，2001 年 6 月第 19 卷第 1 期。

鄭冰堯，《媽祖信仰與儒家思想關係之初探》，華中師範大學，2012 年碩士論文。

鄭永貴、孟建煌，〈論媽祖文化與海洋文明的關係〉，《國際媽祖文化學術研討會論文集》，莆田：莆田學院媽祖文化研究院。

劉福鑄、王連弟，〈國內各地信仰及宮廟研究〉（十二），《中國海洋大學學報》，2006 年第 4 期。

潘宏立，〈日本媽祖信仰之流佈及其類型演化〉，《媽祖的信仰、文化、傳統與創新》，台北：關渡宮，關渡宮媽祖信仰國際研討會，2019 年。

陳祖芬，〈佛教對媽祖文化的影響〉，《中國宗教》，2018 年 03 月。

陳清香，〈北港朝天宮內供像造形初探—以正殿媽祖像和觀音殿觀音像為例〉，《媽祖信仰國際學術研討會論文集》，台中：台灣省政府印刷廠，1997 年。

陳春木，〈湄洲媽祖遊台三大寶物亮相〉，《湄洲媽祖遊台灣紀念專刊》，台北：湄洲媽祖遊台灣活動籌備處，1997 年。

陳政禹，〈宋元以來江蘇媽祖信仰研究初探〉，《中國地方誌》，2017 年。

蔡天新，〈古絲綢之路的媽祖文化傳播及其現實意義〉，《世界宗教文化》，2015 年。

蔡相煇，〈媽祖與觀音〉，《錫口人文發展暨媽祖信仰學術研討會》論文集，台北：台北市政府，2007 年。

蔡相煇，〈媽祖信仰宗教基因解密〉，《空大人文學報》第 18 期，台北：國立空中大學人文學系，2009 年。

蔡相煇，〈媽祖信仰的宗教本質〉，《空大人文學報》第 19 期，台北：國立空中大學人文學系，2010 年。

蔡相煇，〈媽祖信仰的歷史考察〉，媽祖信仰與現代社會國際學術會議。

蔡相煇，《北港朝天宮志》，雲林：財團法人北港朝天宮董事會，2004 年。

謝重光，〈媽祖信仰與儒、釋、道三教的交融〉，《汕頭大學學報》，汕頭大學，1997 年 05 期。

謝清果，〈媽祖文化中道家元素與信俗傳播的社會功能〉，《媽祖文化研究》，莆田：莆田學院媽祖文化研究院，2017 年。

謝瑞隆，〈媽祖傳說在海上絲綢之路的傳衍、變異及其海洋文化質素〉，《媽祖文化研究》，莆田：莆田學院媽祖文化研究院，2019 年第 3 期。

謝金選，〈神秘的關渡媽祖〉，《台灣風物》第四卷第二期，台北，1955 年。

魏愛棠，〈媽祖神話的隱喻與歷史進程〉，《莆田高等專科學校學報》，莆田：莆田高等專科學校 2001 年 9 月第 8 卷第 3 期。

蕭一平，〈媽祖的歷代褒封〉，《媽祖研究論文集)，鷺江出版社，1989 年 7 月版。

羅謐、鄭永濤，〈淺談鄭和下西洋對亞非國家的文化影響〉，中國新聞網。

媽祖文化的傳說故事與形象美學之研究—

以元代漕運河海沿岸地區為例

作　　者　楊佳蓉

發　行　人　林慶彰

總　經　理　梁錦興

總　編　輯　張晏瑞

編　輯　所　萬卷樓圖書股份有限公司

排　　版　彩藝得印刷有限公司

印　　刷　彩藝得印刷有限公司

封面攝影　黃　勁

發　　行　萬卷樓圖書股份有限公司
　　　　　臺北市羅斯福路二段41號6樓之3
　　電話　(02)23216565
　　傳真　(02)23218698
　　電郵　SERVICE@WANJUAN.COM.TW

大陸經銷　廈門外圖臺灣書店有限公司
　　電郵　JKB188@188.COM

香港經銷　香港聯合書刊物流有限公司
　　電話　(852)21502100
　　傳真　(852)23560735

ISBN　　978-986-478-486-8
2021 年 7 月初版
定價：新臺幣 468 元

如何購買本書：

1. 劃撥購書，請透過以下郵政劃撥帳號：
　　帳號：15624015
　　戶名：萬卷樓圖書股份有限公司

2. 轉帳購書，請透過以下帳戶
　　合作金庫銀行 古亭分行
　　戶名：萬卷樓圖書股份有限公司
　　帳號：0877717092596

3. 網路購書，請透過萬卷樓網站
　　網址：WWW.WANJUAN.COM.TW

大量購書，請直接聯繫我們，將有專人為
您服務。客服：(02)23216565 分機610

如有缺頁、破損或裝訂錯誤，請寄回更換

國家圖書館出版品預行編目資料

媽祖文化的傳說故事與形象美學之研究：以元
代漕運河海沿岸地區為例/楊佳蓉作. -- 初版. --
臺北市：萬卷樓圖書股份有限公司, 2021.07
面；公分
ISBN 978-986-478-486-8(平裝)

1. 媽祖 2. 文化研究 3. 美學

272.71　　　　　　　　　　110011083